工业和信息化部“十二五”规划教材

U0817732

# 两化融合人才队伍建设与政策

何海燕 单捷飞 等 著

TALENT TEAM BUILDING AND POLICY RESEARCH ON THE INTEGRATION OF INFORMATIONIZATION AND INDUSTRIALIZATION

北京理工大学出版社
BEIJING INSTITUTE OF TECHNOLOGY PRESS

**图书在版编目（CIP）数据**

两化融合人才队伍建设与政策／何海燕等著．—北京：北京理工大学出版社，2015.12

ISBN 978－7－5682－1603－6

Ⅰ.①两…　Ⅱ.①何…　Ⅲ.①制造工业－人才培养－研究－中国　Ⅳ.①F426.4

中国版本图书馆 CIP 数据核字（2015）第 304180 号

出版发行／北京理工大学出版社有限责任公司
社　　址／北京市海淀区中关村南大街 5 号
邮　　编／100081
电　　话／（010）68914775（总编室）
（010）82562903（教材售后服务热线）
（010）68948351（其他图书服务热线）
网　　址／http：//www.bitpress.com.cn
经　　销／全国各地新华书店
印　　刷／保定市中画美凯印刷有限公司
开　　本／787 毫米×1092 毫米　1/16
印　　张／11.75
字　　数／269 千字
版　　次／2015 年 12 月第 1 版　2015 年 12 月第 1 次印刷
定　　价／32.00 元

责任编辑／梁铜华
文案编辑／梁铜华
责任校对／周瑞红
责任印制／王美丽

# PREFACE 前言

在当今工业转型升级和信息化步伐飞速加快的时代背景下，推进信息化与工业化融合发展的人才已成为先进生产力的集中体现者和先进文化的创造者，成为促进国家发展的强大的战略性人才资源之一。建设一支具备强大的两化融合创新能力、适合我国经济社会发展需要、规模适宜、结构合理的两化融合人才队伍，成为我们抓住机遇、迎接挑战、参与国际竞争与全球发展的必然选择。

两化融合人才是经济发展和社会进步的重要力量。两化融合人才是经济发展和社会进步的主要推动者。信息化建设和发展已成为时代文化的主题，而信息化知识和技术促进着国家经济建设与发展，推动着整个社会进步的步伐。随着工业经济的发展，面对由此带来的资源短缺、环境污染等全球问题，在科学认识人与自然和谐发展规律的基础上，人类逐渐形成了社会可持续发展的新的发展观。作为先进信息技术和新发展观的主要创造者和实践者，两化融合人才已成为社会进步的主导力量。

两化融合人才是国家创新竞争力的关键因素。两化融合人才的创新能力既决定着两化融合发展的总体水平，也决定着两化深度融合的进展程度。无论是发达国家，还是新兴工业化国家，都把两化融合人力资源视为战略资源，视为提升国家竞争力的关键因素而倍加重视，竞相争夺。全球人才竞争，尤其是高层次两化融合人才竞争日益激烈。两化融合人才已成为国家创新人才的重要组成部分。我国提高竞争力的主要途径已经不仅是产业结构调整、成本降低和产品质量提高，而更在于拥有高质量和大规模的两化融合创新人才。一个国家的两化融合人才的规模和水平决定了其创新能力的强弱，成为决定国家竞争力的关键所在。

两化融合人才是推进工业化和信息化发展的根本。两化融合人才是工业信息技术传播的源头与推动者。近代以来，人类社会经济建设与工业化和信息化进步的联系日益紧密。在潜热理论和蒸汽动力技术的支撑下，人类社会在19世纪实现了第一次产业革命，由农业经济跨入工业经济时代；在电磁学原理和电力技术的支撑下，人类社会在20世纪初实现了第二次产业革命，跨入大规模工业经济时代。20世纪70年代以来，依赖物质结构理论与电子学理论以及相应的信息技术体系，人类社会实现了第三次产业革命。在跨入知识经济时代的今天，信息化技术知识成为经济发展的坚实而不可或缺的基础。作为信息化知识的生产者与主要传播者的两化融合人才已成为工业化和信息化发展的重要生力军。

两化融合人才是工业转型升级和产业结构调整的核心资源。在工业化转型和产业结构调整中，两化融合人才利用自身的知识体系和专业技能，运用信息技术原理和技术手段，推动工业转型的成功实施，提高产业结构调整的总体步伐。竞争优势取决于一个国家、地区和企业的创新能力，以及将新产品和新工艺商品化、产业化的速率。战略性、前瞻性和基础性研究成为提高一个国家的产业竞争能力、技术竞争能力和国际竞争力的关键。

我国目前积极部署人力资源的国家战略，通过法律、政策和经济杠杆等手段，采取各种措施培养、吸引两化融合人才，积极进行两化融合人才队伍建设。推进信息化与工业化融合发展是走中国特色新型工业化道路的必然选择，是调整经济结构、转变经济发展方式的必然要求，是促进工业转型升级的重要举措，是构建现代产业体系的有效途径，是贯彻落实科学发展观的具体体现。

在两化融合发展战略中，人才是最宝贵、最重要的战略资源，是两化融合未来发展的最重要的核心资源之一，而人才队伍建设是两化深度融合以及工业转型升级的根本保障。国家非常重视两化融合人才的培养和人才队伍的建设。十八大报告指出，坚持走中国特色新型工业化、信息化、城镇化、农业现代化道路，推动信息化和工业化深度融合，工业化和城镇化良性互动，城镇化和农业现代化相互协调，促进工业化、信息化、城镇化、农业现代化同步发展。在改善民生和创新管理中加强社会建设，提高社会管理科学化水平，必须加强对社会管理法律、体制机制、能力、人才队伍和信息化的建设。同时，近年来陆续颁布了《国家中长期科学和技术发展规划纲要（2006—2020 年）》《国家中长期人才发展规划纲要（2010—2020 年）》和《国家中长期教育改革和发展规划纲要（2010—2020 年）》3 个纲领性文件，均把培养造就复合型人才摆在突出重要的位置。2011 年，工业和信息化部（简称“工信部”）以贯彻落实《国家中长期人才发展规划纲要（2010—2020 年）》为重点，积极推进人才队伍建设，为走中国特色新型工业化道路，推进两化深度融合提供了人才保障。2013 年，工信部推出《信息化和工业化深度融合专项行动计划（2013—2018 年）》，为两化融合人才培养制定了切实可行的举措。因此，我们要毫不动摇地抓好两化融合人才的队伍建设工作，提高两化融合人才发展能力，全面推进信息化与工业化深度融合；我们要坚持人才优先发展，大力加强两化融合人才队伍建设的规模和质量；我们要坚持党的群众路线，坚持理论与实践相结合，使两化融合人才成为走新型工业化道路的生力军和中国特色社会主义道路的接班人。

目前，我国两化融合人才队伍在规模、结构和质量上呈现出良好的发展态势，成为两化融合战略和企业转型的生力军，对经济和社会发展的贡献和作用不断增强。随着两化融合的深度发展，企业和社会对人才提出了新的要求。两化融合需要一大批符合中国工业化与信息化发展需要，具有中国自身特色的创新型人才。传统制造业的人才与信息技术产业人才难以有效融合。两化融合背景下的工业经济发展需要具有工科知识和技能的复合型管理人才。同时，两化深度融合还需要以工程技术专家、工程师和技术开发人才为主要代表的工程技术型人才和综合管理者，能够将信息技术更深入、全面地应用于相关领域。所以，如何吸引复合型人才，建设两化融合人才队伍，就成为两化融合发展战略以及两化融合人力资源规划的主体内容。

本教材的主要内容：第一章从两化融合的时代背景出发，界定了两化融合人才的内涵及其相关概念，并重点论述了两化融合人才队伍建设中应处理的若干关系；第二章首先梳理了两化融合人才队伍建设的历史沿革与政策梳理，然后重点阐述了我国两化融合人才队伍建设的现状和问题；第三章借鉴发达国家关于IT人才的一些做法，结合我国具体国情，提出建设我国制造业两化融合人才队伍的政策与措施；第四章从高校视角探讨了高校促进两化融合人才队伍建设的重大问题；第五章论述了产、学、研、用促进两化融合人才队伍建设研究；第六章论述了工业化、信息化人才国际案例比较研究；第七章阐述了我国两化融合人才队伍建设的规划与建议。

本教材是一次对两化融合人才队伍建设与政策再认识的过程，由何海燕教授负责拟订编写大纲及总纂，由单捷飞、吴杨组织协调和校对。写作人员分工：何海燕、朱东华、单捷飞负责第一章撰写，张丽红、蔡静静、姚思宇、陶冬梅负责第二章撰写，单捷飞、王道平、周玲负责第三章、第四章撰写，姜李丹、王奋、李芳负责第五章撰写，韩伯棠、蔡静静负责第六章撰写，王道平、姚思宇、单捷飞、张萌负责第七章撰写。

本教材旨在体现我国工业化和信息化领域最新技术水平和教学水平，固化教学改革、科研创新成果，提高我国工业和信息化人才培养水平。本教材力求强化信息化发展特色，推动两化融合，紧密结合高校教学改革、课程建设和学科专业建设的实际，能够适应国际化趋势，能够体现当代工业和信息化领域最新成就和教学课程体系改革成果，满足有关学科专业教学需要。

本教材具有以下几个特色：

(1) 突出了相关理论的梳理，以及两化融合人才队伍建设与管理理论体系的归纳和构筑。本教材系统阐述了两化融合人才的概念与内涵，详细介绍了两化融合人才队伍建设的理论基础、基本原理等，在对国外两化融合人才队伍建设现状与问题等进行深入研究的基础上，重点结合我国两化融合进程特色对我国两化融合人才队伍建设的问题进行了重点而深入的阐述。

(2) 体现了教学需要，层次适用，从国家、制造业、高校与教育体制机制改革等几个层面进行分析，以宽广的视角阐述了我国两化融合人才队伍建设的问题，脉络清晰。本教材充分考虑跨学科的研究生教学特点，为实现我国人才发展，培养、造就规模宏大，结构优化，布局合理，素质优良的人才队伍，确立国家人才竞争比较优势，推进两化融合人才队伍建设，落实我国人才强国战略，具有重要推动作用。

(3) 时代感强，真实反映当今两化融合人才队伍建设的现状与实践。本教材在阐述理论的同时，注重穿插丰富的案例和知识点，以例证说明相关内容，基础性、系统性、规范性、实践性和前沿性并重。

本书适合作为高等院校教育学、管理学类研究生的教材，同时亦适于为领导干部、企业领导、学者以及相关专业大、中专学生更深层次认识和把握两化融合人才队伍建设提供参考，也可以为政府部门制定信息化与工业化融合人才队伍建设相关政策提供借鉴和参考。

# 目 录
# CONTENTS

# 第一章
# 绪　论

**本章提示**

信息化与工业化融合是人类社会两个重要发展历史进程的交汇。其所引发的生产方式变革和生活方式调整正在形成人类社会发展的新秩序。谁在这场变革中占据主动权，谁就会拥有全球化时代下国家竞争的新优势，而这场全球化竞争中最重要的筹码是人才。

## 1.1　我国两化融合的时代背景与两化融合人才

### 1.1.1　两化融合的时代背景

从发达国家工业史分析角度，可以将人类近代文明划分为3个阶段，相应产生3种文明形态，分别是农业经济和初级商业经济的商业时代，工业革命后形成的工业时代，以及互联网带来的信息时代。现代工业的发展经历了3次工业革命。第三次工业革命的标志是以互联网、计算机等信息工具与技术的发明为代表的信息技术，它已经深度地融入了社会生活、社会生产；工业化与信息化逐步融合，并深刻影响着人类社会经济、政治、文化、军事等各个方面；人类社会的生产、生活方式也发生着深刻变革。

世界一些发达国家充分认识到信息技术的重要性，加大促进两化融合的力度。近10年来，特别是金融危机爆发以来，工业发展下行压力加大，发达国家希望通过信息化促进工业企业管理精细化、成本集约化，调整产业结构，促进现代工业的发展。美国前总统克林顿早在1993年就发表了AMT计划（先进制造技术计划），之后连续出台了多项发展先进制造业技术的计划，包括1996年提出的美国先进制造技术发展重点计划、2006年美国竞争力计划等。这些计划都旨在推动美国信息技术业的发展，并促进信息化在工业和社会经济中的应用。作为发达国家的美国在完成工业化后正处于信息化的历史发展中。美国整个产业结构已经发生了重大变革。它依靠其信息技术和高科技抢占了世界经济、政治和军事的先机和制高点，进而在全球竞争中占据信息、资本、知识和技术垄断地位，控制全球产业链研发的中上游位置，以期主导未来世界经济、政治发展的方向。2008年法国发布了《2012年数字法国5年计划》和《信息社会行动计划》，希望在当前全球经济萎缩的情况下推动数字化社会发展，促进法国工业经济发展。德国的21世纪信息社会计划等，也推动了德国信息化与工业化的融合。随着这些计划的实施，各国信息技术已经广泛渗透到各个工业门类中去，对工业发展起到了重要作用①。

小案例 1.1

## 信息技术，正改变人类生活模式

互联网历史的三个里程碑：微软、谷歌和云计算

21 世纪信息技术将对社会发展起到一个什么样的推动作用？信息技术从根本上改变了我们的现代文明，主要体现在三个重要阶段，我们称之为三个里程碑。第一个非常重要的里程碑就是微软的出现。它改变了人们使用电脑的方式。微软的巨大贡献在于，它看到了个人电脑的巨大发展潜力，首先推出了 Windows 操作系统，使人们在同一时间做多种事情成为可能。这就把计算机巨大的功能激发、体现了出来。

1997 年 Google 的出现被定义为第二个里程碑。这是因为 Google 解决了庞大的信息没办法很好使用的问题。Google 提出的第一个战略就是搜索引擎，它旨在帮助人们很好地使用互联网上的信息。这就好比一本百科全书有了目录，从而改变了人们使用互联网的概念。

第三个里程碑是“云计算网”的出现。通常意义上的互联网是指分享数据和资源，而云网则不仅可以提供信息和数据的分享，还可以实现计算机资源和功能的共享。这就意味着，你不需要花很多钱买一台很昂贵的超级计算机，而只要连上网络，世界上所有强大的计算机功能就都可以通过云网得到一个虚拟的实现。在互联网飞速发展的背景下，“梅特·卡菲定律”进入人们的视野。它说的是，网络价值的增速等于用户数量的平方。这是信息技术的一个新定义。它意味着，互联网的开发还只是处于初级阶段，远远没有达到尽头，物联网才是我们的方向。世界上所有资源，包括日常生活都可以通过物联网涵盖。这是计算机的发展方向和真正的意义所在。

信息技术的“四化”改变人类商业和生活模式

在信息技术飞速发展的过程中，出现了一些非常重要的特征，总结为“四化”——移动化、依存化、融合化和虚拟化。移动化指计算机是在朝小型和移动式的方向发展。移动式计算机，特别是移动手提电话的出现不仅改变了计算机的传统模式，而且重新定义了电子商务专业这个概念。韩国在 2005 年宣布，由电子商务（E-commerce）时代进入了移动电子商务（M-commerce）时代。前提是该国高度的无线网和移动式的 IT 技术的应用，特别是无线射频识别系统的应用。这是物联网一个最主要的基础。整个人类的商业模式和生活方式都在改变。对依存化很好理解。只有大家互相依存，联合在一起，才能让全世界来分享巨大的资源，比如互联网和云网的相互依存，量子计算机与材料技术发展的相互依存等。依存性也是我们今天一个非常重要的特征。融合化体现得非常深远——传统电视与互联网的融合，传统电视与手机的融合，传统电脑与手机的融合等。现在戴尔和微软这两家原本和手机没关系的企业也进入了手机这个行业。原因就是它们看到融合化是大势所趋。出版业和印刷业的竞争与融合也相当明显。在互联网背景下，传统的读书看报的概念已经变了，取而代之的是电子阅读器的风行。值得一提的是，2010 年 3 月，英国牛津大学花费 12 亿欧元研制成功了一种

① 信息化和工业化深度融合知识干部培训丛书编写委员会：信息化与再工业化知识干部读本．北京：电子工业出版社，2012.

智能资料阅读器。这个智能报纸是塑料制的，读完以后可以被折叠起来，不占空间，更没有污染。可以预想，这种新兴的IT技术可能会替代报纸出版和报纸印刷。另一项传统工业与互联网的融合就是电力工业。只要有互联网，就可以通过它来载电。这项技术听起来不可思议，但在美国一些偏僻的地区已经开始实施。特别令人震惊的是，一位美国科学家在2007年发明了无线载电的技术，并已实现了突破。现在美国在某些场所，如机场、火车站、地下车库等，提供无线充电的服务，收到了不错的社会效应。虽然这项技术尚不成熟，但思想非常可贵。最后一个是虚拟化。对于传统的电脑，一台电脑只能使用一个操作系统，而虚拟化的出现使得一台电脑可以同时使用多种操作系统，大大地节省了电脑、资源和能源的使用。"绿色IT"的理念正是体现在这里。同时虚拟化还有更深层次的含义，就是它提示人们新一代互联网的无数种使用可能。

[资料来源：邢陆宾．信息技术，正改变人类生活模式．新华日报（节选）]

工业化经历信息化和第三次工业革命的浪潮，其内涵也不断发生变化。当前，我国正处于准工业化的中后期，即新中国成立、特别是改革开放30多年来，我国工业实现了跨越式发展，建立了独立完整的工业体系。但是我国与其他发达国家还有不小的差距，我国尚未完成工业化阶段。面对信息化的迅猛发展对世界经济和社会发展产生的深刻影响，我国既不能越过工业化阶段直接进入信息化社会，也不能先完成工业化后再启动信息化，因此必须将信息化的时代特征与工业化的进程紧密结合，大力推进信息化与工业化融合，加快转变经济增长方式，调整产业结构，使我国工业在世界经济结构调整中把握发展主动权，提升国际竞争力。

在我国加速发展工业化的重要阶段，通过大力推进"两化融合"，推进信息技术与传统工业改造结合，促进工业由大变强，提升我国工业竞争水平，为我国跨入后工业时代奠定基础，走新型工业化道路。由于这种跨越式发展方式是在工业化尚未成熟，信息化技术、生产和设施尚未普及和完善，社会文化还未完全认同，人们的思想观念还未根本转变的情况下推行的工业发展模式，因此在发展过程中会体现政府推进、政策引导、典型引路、观念改变等特点。

两化融合是我国社会发展客观规律的必然选择，是科学总结我国信息化与工业化发展的实践经验，是适应新形势和发展要求做出的战略部署。我国对两化融合的认识，从最初的"信息化带动工业化"到"新型工业化道路"的提出，"两化融合"战略的构建，再到推动工业化和信息化深度融合，从最初的"工业化部与信息产业部的分列"到"两国家级部门的融合"，无不反映中国政府对两化融合这一人类根本客观规律的伟大认识和推进，对于深入贯彻落实科学发展观，全面建设小康社会，加快推进社会主义现代化具有重大意义，是推动产业升级，转变经济增长方式，实现两型社会的重要手段。

党的十六大做出了以信息化带动工业化，以工业化促进信息化的重要论断。党的十七大提出大力推进信息化和工业化融合的重大命题。十七届五中全会进一步提出信息化和工业化要深度融合。2012年胡锦涛同志就中国特色工业化道路推进经济结构战略性调整提出6个着力推进，明确指出要着力融合、发展、深化信息技术在工业领域的集成推进。信息化与工业化融合发展是我国新兴工业化必由之路，既是重大的理论问题，也是重大的现实实践问题。党的十八大报告指出，坚持走中国特色新型工业化、信息化、城镇化、农业现代化道路，推动信息化和工业化深度融合，工业化和城镇化良性互动，城镇化和农业现代化相互协调，促进工业化、信息化、城镇化、农业现代化同步发展。2013 年工信部发布的《信息化和工业化深度融合专项行动计划（2013—2018 年）》，是为进一步贯彻《2006—2020 年国家信息化发展战略》《工业转型升级规划（2011—2015 年）》和《国务院关于大力推进信息化发展和切实保障信息安全的若干意见》，细化落实《关于加快推进信息化与工业化深度融合的若干意见》，全面提高工业发展的质量和效益，促进工业由大变强而提出的行动计划。计划的出台照亮了我国两化融合发展之路。信息化与工业化融合是走中国特色新型工业化道路的必然选择，是调整经济结构、转变经济发展方式的必然要求，是促进工业转型升级的重要举措，是构建现代产业体系的有效途径，是贯彻落实科学发展观的具体体现。

### 1.1.2 两化融合人才的培养

随着工业转型升级和信息化步伐的加快，人才队伍建设成为推进工业化与信息化深度融合的重要力量，而两化深度融合人才发展成为促进国家发展的强大的战略性资源之一。建设一支具备强大的两化深度融合创新能力，适合我国经济社会发展需要，规模适宜、结构合理的两化深度融合人才队伍，成为当今时代发展和参与全球竞争的必然选择。

信息化与工业化融合型人才培养对于“两化融合”事业具有重大意义和直接性影响，是各个国家参与国际竞争的重要砝码。关于两化融合复合型人才的界定，目前尚无统一定义，但是 IT 人才一定是形成制造业两化融合复合型人才必不可少的重要的人才资源基础。IT 人才是两化深度融合持续、快速、科学推进的关键因素。

当前世界各个国家正在密切关注信息化人才的培养，通过多种举措，吸引世界信息化人才，注重本国 IT 人才的培养。当代 IT 的持续快速发展使得激烈的人才争夺成为全球 IT 人才市场的一大特征。在这种形势下，许多国家的政府积极参与本国 IT 人力资源的规划，更多地肩负起制定 IT 人力资源政策的责任。在这场人才争夺战中，发达国家政府为大量吸引国外 IT 人才制定了一系列相关政策，并导致发展中国家严重的 IT 人才外流；一些发展中国家为保证本国 IT 产业的健康发展，也制定相应对策，以留住人才，应对激烈的国际竞争。

美国通过制定相关政策，如美国国家科学基金会开展 IT 教育项目 CCLI - EMD（Education Materials Development Track of NSF's Course，Curriculum and Laboratories Improvement Program）等培养美国的 IT 人才。美国航空航天局、能源部和科学基金会推出航空航天局大学生研究计划、能源部杰出科学家计划等。2006 年布什提出《美国竞争力计划》。2009 年美国国家科学委员会致奥巴马公开信提出《改善所有美国学生的科学、技术、工程和数学教育》。2011 年奥巴马政府提出《美国创新战略》。2011 年美国第 73 届国际技术教育大会的会议主题为“准备 STEM 劳动力：为了下一代”，旨在培育信息化人才，强化信息化以及国家整体工业实力，提升国家信息化产业能力，增强国家产业安全防御力。日本政府把信息化人才培养作为实现国家信息化的战略性举措来实施。日本政府在其推出的“e-Japan 战略”“240 万科技人才开发综合推进计划”等国家计划、战略中，多次强调培养适应信息时代的 IT 人才。印度软件业高速发展，离不开印度始终高度重视对信息技术人才的培养，尤其是对软件业技术人才的培养，成了世界上最大的“软件人才库”和全球软件人才输送基地。印度政府将 IT 人才培养当作长期战略任务实施，加大对 IT 精英培养摇篮印度理工学院的资金投入，在全国所有邦都设立信息技术学院，鼓励民间和著名信息技术公司办学，开展培训等，同时印度还推行以职业教育为主、学历教育为辅的模式培养 IT 人才。

我国随着两化融合进程的加快，信息化人才储备不足的问题日益凸显，特别是实用型人才的短缺正成为阻碍企业信息化建设的重要“瓶颈”。富士康集团在 2013 年提出了“百万机器人计划”，旨在用 100 万台智能机器人代替工人。虽然该计划进度已经过半，但是其百万机器人计划推行受到巨大阻碍。目前投入生产的机器人不足 10 万台。除了机器人高昂的造价成本外，阻碍计划实施最重要的原因还是人才“瓶颈”，即严重缺乏操作机器人的高级工程师。中、小企业由于受到资金、生产力、技术水平、地理位置等诸多因素的制约，一方面难以吸引实用型人才，另一方面也难以靠自身力量在企业内部培养实用型人才，因此导致两化融合在企业，特别是中小企中推行困难。

根据《国家中长期人才发展规划纲要（2010—2020 年）》和《工业和信息化部所属高校教育事业改革和发展“十二五”规划》的战略部署，为实现我国人才发展，培养并造就规模宏大、结构优化、布局合理、素质优良的人才队伍，确立国家人才竞争比较优势，进入世界人才强国行列的总体目标，以我国两化深度融合为抓手和切入点，积极推进两化融合人才队伍建设，对于优化我国人才队伍整体结构，提升我国人才队伍整体素质，落实我国人才强国战略，加强我国新型人才战略布局，具有重要意义和推动作用。

目前我国两化深度融合人才队伍建设初见成效，两化深度融合人才队伍总体规模不断扩大，两化深度融合人才需求十分旺盛；但是，在两化深度融合人才发展战略、人才梯队建设、体制机制等方面仍存在一些重大问题。两化融合人才不能满足我国两化融合发展进程的需求，突出表现在：我国目前对于两化深度融合人才队伍建设的重要意义仍缺乏全局性的重视；针对两化深度融合人才的战略布局缺乏顶层设计和规划，缺乏针对两化深度融合人才培养培训的布局和规范；我国两化深度融合人才培养与市场不能有效对接，存在供需矛盾等。可见，两化融合人才队伍亟待建设、壮大、维护。

## 1.2 两化融合与两化融合人才的相关概念与内涵

### 1.2.1 两化融合

两化融合是中国在已进入信息化阶段但未完成工业化进程的背景下提出的跨越式发展战略和任务。工业化正在经历信息化和“第三次工业革命”浪潮，其内涵也在不断地发生变化。两化深度融合是在新形势、新趋势和战略新需求下，围绕“稳增长，调结构，惠民生”战略部署而提出的全面提升两化融合发展层次和发展水平的更高要求。金江军等①认为，两化深度融合是指信息化与工业化在更大的范围、更细的行业、更广的领域、更高的层次、更深的应用、更多的智能方面实现彼此交融。

“两化融合”是中国在已经进入信息化阶段但仍未完成工业化进程的背景下而提出的跨越式发展战略和任务，是走中国特色新型工业化道路的必然选择，是调整经济结构，转变经济发展方式的必然要求，是促进工业转型升级的重要举措，是构建现代产业体系的有效途径，是贯彻落实科学发展观的具体体现。

“两化融合”是一个抽象宽泛的概念，涉及不同的层面、领域和内容。本研究认为“两

① 金江军，沈体雁：信息化与工业化深度融合——方法与实践．北京：中国人民大学出版社，2012：8－82.

化融合”的概念分为狭义和广义两种。

狭义的两化融合是指工业生产和信息技术应用相结合的过程，包括行业或企业在战略、观念、技术、装备、产品、业务（工艺）流程、人才、资源、产业衍生等各方面实现信息化与工业化相互渗透、交融与结合。

通过信息技术的广泛应用和对传统工业的改造，促进了工业向着高附加值的方向发展；工业发展又给信息技术提供了广泛的应用平台和发展的基础，促进了计算机、通信等信息技术和信息产业的发展和进步；工业化和信息化相互融合的过程中产生并发展出战略新兴产业、新兴服务业等衍生产业。通过工业化和信息化的融合过程，实现经济和产业规模化、专业化、自动化、标准化、数字化、网络化、智能化、服务化和绿色化。①

广义的两化融合，是工业化社会进程和信息化社会进程相互融合、渗透、促进的创新发展方式，是一个社会经济发展的动态演进过程，且其过程始终伴随着企业、产业、国家等各个领域、层面的转变，伴随着生产力和生产方式，生产体系组织结构、经济运行方式及政府管理运行方式，社会价值形态和生活方式等方面发生全面剧烈的变革，最终实现经济、社会、环境、政治和文化领域全方位的一体化。

两化融合本质上是一场产业优化和升级革命的过程，是一个推动社会转型的过程，而且是一个长期的过程，其动力来自“需求牵引，技术推进，政策引导”，其特征是多层次、宽领域、全方位和一体化。

### 1.2.2 两化融合人才

两化融合人才就是推进信息化与工业化融合的专业人员，包括两化融合的战略规划者、关键技术攻关及工业软件产品研发人员、业务系统建设与支撑服务人员、标准规范制定与评测评价人员以及业务系统使用人员等。工业企业是两化融合的主体。从工业企业来讲，两化融合人才是企业信息化建设的战略规划与管理者、系统建设者、运行维护服务者，以及系统建成以后的使用者等。两化融合人才的主要特征是复合性（融合性）。这也是两化融合人才作为两化融合主要内容的内涵特征的继承。两化融合人才的复合性是指这些人员既懂所从事工业领域的专业知识，也熟悉（精通）信息技术与信息化建设的背景知识，同时还具备企业管理的专业知识。

两化融合的复合型人才是多功能人才，包括两化融合知识的复合，两化融合能力的复合，以及两化融合思维的复合等多方面。不仅需要在信息技术、经营管理和传统工业技术三方面的专业领域具备一定的深度，而且需将以上三种领域和技能加以整合，实现一体化，具备两化融合知识、能力和思维的宽度。工业化与信息化的融合，需要一大批符合中国工业化与信息化发展需要，具有中国自身特色的创新人才。根据专家深度访谈、多位专家研讨座谈以及文献分析，本文提出两化融合人才队伍主要包括四个层次的人才：战略层次人才、组织层次人才、操作层次人才和应用层次人才。

（1）两化融合战略层次人才。

两化融合战略层次人才是在我国两化融合中取得巨大成就、做出卓越贡献的主导人物。这类人才对两化融合发展的趋势进行了战略思考，对信息化实现进程进行了战略设计，对工

---

① 于乐，潘新兴：“两化融合”相关问题研究综述．价值工程，2012（5）.

业化和信息化的未来前景有预见性和精辟分析。

（2）两化融合组织层面人才。

两化融合组织层面人才既是开发、运用信息技术能力很强，又具备专业工业生产知识，既懂信息化，又懂相关领域工业化的复合型人才，同时也是具有组织协调、产业发展与经营管理能力的管理型人才。

（3）两化融合操作层面人才。

两化融合操作层面人才是以计算机科学家、技术专家、软件专家为代表的学术创新型人才，以及以工程技术专家、工程师和技术开发人才为主要代表的工程技术型人才。这类人才不仅拥有坚实的专业知识和突出的创新能力，而且具有明确的目标选择能力，长期的优势积累，以及创新业绩。

（4）两化融合应用层面人才。

两化融合应用层面人才是指能够将信息技术和理论应用到实际生产的技能人才。应用型人才拥有满足一线生产实际需要的，基础、成熟和适用的工业化技能和信息化知识。这类人才拥有专门技术，掌握核心业务技能，对企业绩效和未来发展起到关键性作用。

两化融合人才队伍应包括以上四个层次的人才，且每个层次的人才都有不同的权责与特征。在工业化和信息化发展的不同阶段，以及整个两化融合的发展进程中，各层次人才相互协同，发挥着不同的作用和职能。

## 1.3 两化融合人才队伍建设的战略意义

我国工业要转型升级，经济发展方式要转变，由制造到创造，人才是主体；从制造到“智造”，人才更是基础。两化融合发展规律和发展趋势也表明，两化融合人才队伍建设始终是影响工业化与信息化融合成效的重要因素，是制约两化融合深度发展的“瓶颈”。他们不仅是两化融合的开拓者，更是将两化融合理念落到实处的实践者。只有通过两化人才队伍建设研究，分类、分层加快信息化与工业化复合性人才培养，才能培育两化融合产业大军。普及两化融合发展理念，提高推动两化融合的能力和水平，促进信息技术人才熟悉工业技术，工业技术人才熟悉信息技术；加强两化融合人才队伍建设，出台相关政策措施，培育适应工业转型升级的创新团队和两化融合产业大军，成为当前一项重大而迫切的任务。加强融合人才队伍建设，具有以下重要的现实意义：

（1）全面融入国际人才竞争体系，提高我国两化融合人才的国际竞争力。

当今世界，信息化已全面渗透到社会的各个方面。发达国家已迈入信息化社会，在全球范围内抢夺新一轮的资源；而人才成为关键的核心资源。中国肩负着工业化尚未完成和实现信息化的双重任务。只有全面融入全球范围内的人才竞争体系，培养出具有国际竞争力和沟通力的两化融合人才，建设成一支高水平的、充满创新活力的两化融合人才队伍，才能成功把握和应对“第三次工业革命”浪潮的机遇和挑战。

（2）建立科学的两化融合人才培育体系，为实现中国特色的信息化社会提供强大的人力资本支持。

人才是第一资源，是科技创新先导者、经济发展引擎、社会文明领跑者。国家的发展归根到底是人才的发展。中国特色信息化社会需要培养一大批通晓信息技术的工业化技术人才和通晓工业技术的信息化技术人才。两化融合人才培养需要高校、企业和政府三方联动，共同推进教育体系和社会培养机制改革，转变人才培养思路和观念，增强高等教育学科设置调整的灵活度，形成人才供需一体化机制，加强创新型人才、复合型员工培养。这将成为中国更好融入新一轮工业革命的最有力支撑。

(3) 加强两化融合人才梯队建设，促进工业转型升级和产业结构调整。

两化融合发展是工业转型升级和产业结构调整的必然要求。两化融合的本质和内涵就是运用现代化的信息技术武装劳动者，提高劳动者素质，进而提高劳动生产率，使劳动者从生产工具中解放出来。两化融合领军人才、拔尖人才及创新团队建设强调的是效率与协作；而组织的分工、协调能力是完成任务的重要保障。两化融合创新团队能够形成人力资源的有效凝聚，促进人才共同完成工业化与信息化重大项目的科技攻关，高效率地完成企业和社会的各项工作，并在交流和合作基础上不断产生创新思想和创新成果。

(4) 合理优化两化融合人才队伍结构和质量，推进两化的深度融合与创新整合。

我国两化融合人才队伍建设始终是工业化与信息化有效融合的重要因素。两化融合水平的高低主要由信息技术在工业领域应用的程度决定。两化融合人才是信息化技术应用的使用者和传播者。两化融合水平高的企业或行业普遍建立了公司级信息化工作领导小组和决策层信息化常设机构。信息化部门主管具有较高的决策权。加强两化融合人才队伍建设，逐步形成高、中、低端人聚集的梯队结构，不仅合理配置了两化融合人才资源，而且进一步优化了我国整体人才队伍的结构和质量。

(5) 构建两化融合人才队伍终身学习机制，增强企业核心竞争力。

两化融合的人才很难在学校里直接培养出来。这种复合型人才的培养是需要在工作实践中训练出来的。在这个过程中，两化融合的终身学习机制，将使两化融合人才在实践中进行科学训练，同时根据工作任务的需要不断地进行自我学习和工业化及信息化综合知识的积累，进而提升两化融合人才的工作效率，降低人力资源成本，最终形成企业自身综合性人才培养基地，增强人力资源的整体实力。

(6) 加强两化融合人才队伍建设的政策研究，开展两化融合人才发展战略规划，科学引导企业、高校和社会两化融合人才队伍建设。

两化融合人才政策缺失，制约了两化融合的发展。对于加强两化融合人才队伍建设的政策措施研究，摸清人才培养的机制和当前人才结构性短缺的症结所在，立足企业需要，提供具体可行、切实有效的政策措施，科学引导企业、高校和社会两化融合人才队伍建设，本研究具有重大的理论和现实意义。

## 1.4 两化融合人才队伍建设中应处理的若干关系

为了对两化融合人才队伍建设进行更加深入和系统的研究，本研究认为两化融合人才队伍建设过程中有几种重要的关系需要我们理清和揭示。其中包括两化融合人才与人才队伍之间的关系，政府引导与市场主导的关系，人才培养和实践的关系，以及人才流动与人才流失的关系。

(1) 两化融合人才与人才队伍之间的关系。

两化融合人才是两化融合人才队伍的组成要素。人才队伍由不同层次和不同特征的人才组成。纵观我国工业化与信息化发展的历程，两化融合人才起到了十分重要的作用。他们产生于工业化和信息化人才队伍之中，又引领工业化与信息化融合走向深度与创新发展之路。两化融合各个层次人才在我国两化融合中取得了巨大成就，做出了卓越贡献。这些人才对两化融合发展趋势进行了战略思考，对工业化和信息化进程有着清晰的认识。

两化融合战略层次人才是人才队伍建设的领军人物。这类人才对两化融合发展趋势进行了战略思考，对信息化实现进程进行了战略设计，对工业化和信息化的未来前景有预见性和精辟分析，是两化融合发展的掌舵人和引领者。两化融合组织层次人才是人才队伍的关键人物。在两化融合水平较高的行业，普遍建立了公司级信息化工作领导小组和决策层信息化常设机构。重点企业基本都设立了信息化主管（CIO）。部分进入两化深度创新融合阶段的重点企业，其信息化建设工作多数由董事长亲自抓，或是建立起完善的信息化管理体系。信息化部门主管具有较高的决策权。两化融合操作型人才是人才队伍的核心人才。两化融合操作人才的引领和带动作用，促进产业结构调整和工业转型升级，使两化融合人才队伍成为企业核心竞争力提升的主要因素和动力。两化融合发展阶段也表明，两化融合操作层次人才是人才队伍建设的核心，对两化融合发展起到了极大的推进作用。两化融合应用层次人才是人才队伍的基础人才和后备力量。应用层次人才工作在企业生产的第一线，将其信息技术应用在工业化生产中，成为人才队伍的基础；同时，应用层次人才通过自身的工作实践和训练，不断提高自身的各方面能力，锻炼综合性技能和素质，成为两化融合其他层次人才的后备力量。

（2）政府引导与市场主导的关系。

政府与市场都是两化融合资源配置的主体。“政府引导”与“市场主导”两种模式相辅相成，是市场经济体制下两化融合资源配置的基本模式。“政府引导”模式从战略上和政策规划上提供了制度保障。它可以通过中长期的计划指导，制定相关产业政策，制定保护知识产权、鼓励创新、吸引并鼓励人才流动的政策，加大国家在信息技术的基础设施、基础科研和人才培养方面的投入，集中并整合全国两化融合优势资源，在短期内完成重大两化融合项目，保障两化融合的发展方向、规模和速度；但“政府引导”模式在推进两化融合具体的工作和项目的过程中，可能存在一定的盲目性，导致管理滞后或者僵化，不利于资源在微观项目之间实现合理、迅速、有效的配置。“市场主导”模式可以有效解决劳动力数量与质量之间的矛盾，同时引导人力资源需求方向，优化人力资源配置结构，因此“市场主导”模式恰恰弥补了“政府引导”模式的缺憾。

伴随两化融合进程的推进，特别是信息技术在工业领域的颠覆性革命，产业模式、创新路径的变革对现有的人才培养和配置方式提出挑战。两化融合有其自身的发展规律：一是工业化发展规律；二是信息化发展规律。这是两化融合发展的基础和决定性因素。在市场经济条件下，人力资源的配置方式必须摒弃计划经济体制下人事管理的模式和弊端，明晰政府、市场和创新主体在两化融合人才队伍建设中的职能与作用。政府必须从国家需要和公共利益出发，加强对高层次两化融合人才的宏观管理：制定相关法律政策，保障两化融合人员、科研主体等各方面的合法权益；根据国家重大工程需要，组织调配各类急需高层次人才；负责两化融合人才队伍的监测、预测和规划；通过对做出突出贡献人员的奖励和激励，形成人才活动和人才工作的导向。市场应成为人才资源配置的主渠道，遵从市场规律，评价和使用人才。

（3）两化融合人才队伍中人才培养和实践的关系。

两化融合人才队伍建设的整体思路是以教育夯实基础，以培养加强融合，以实用促进成熟。不能将两化融合人才的培养与实践割裂开来。二者在两化融合人才队伍建设过程中应当有机结合，达到“教、学、做”相统一，“政、产、学、研、用”相结合，整合多方面的资源和力量，共同建设适应工业转型升级的两化融合产业大军。

两化融合人才的培养有两条途径：一是高校的教育和输送，这是培养的基础；二是企业的培训与合作，这是人才的强化和使用。培养人才要始终立足企业的要求、市场的需求，以及国家的发展，不仅要重视两化融合企业、行业和区域的案例分析，而且要重视调查研究和实践。在培养两化融合人才过程中，高等院校应当鼓励人才长时间介入企业的经营管理活动之中，使培养的两化融合人才与市场需求相匹配；在两化融合人才队伍建设中，企业要注重整合原有的人力资源，通过企业的项目和实践，加强工业知识背景和信息化背景人才的复合，从而使他们真正成为企业两化融合发展的主力军。

两化融合人才的成熟在于能够主动将自己原有的工业、企业知识与信息化技术有机结合起来，促进企业生产力的发展，提高劳动生产效率，提高企业核心竞争力。从现状来看，目前企业的信息技术人才并不缺乏，但是大部分人员仍然只会单一的信息技术，没有转向信息化技术应用，产出的绩效还比较低。部分企业注重两化融合人才的强化和使用，因而在企业发展中的地位明显提升。例如钢铁业中的产销一体化就是两化融合发展成效的生动例子。两化融合人才主动运用信息化手段，让生产面向市场的消费来组织生产，规避了市场不稳定的风险，达到了效益的最大化，使企业的核心竞争力显著提高。因此，两化融合人才在企业发展中的作用不仅潜力巨大，而且已经发挥了积极作用。加强两化融合人才的培养和实践是当前及未来工业化与信息化人才发展战略的着力点和重要抓手。

（4）两化融合人才流动与人才流失之间的关系。

两化融合人才流动是指两化融合人才在供求总量、空间分布、结构层次等方面进行调配，实现优化，进而实现人力资本效益最大化。它既是工业化与信息化发展的客观要求，也是社会价值与人才价值的共同诉求。“马太效应”决定人才资源的优势积累。两化融合人才因此也形成自己的“马太效应”。在两化融合水平较高的企业、行业和区域，两化融合人才在数量和质量上较之其他都存在显著优势；但是，当优势资源过剩，人才流动不合理时，就会导致两化融合人才流失。

两化融合人才流失既是人力资源配置的问题，也是企业发展兴衰的“晴雨表”，直接影响到企业和社会效益的产出情况。据调查显示，最近几年上海的金融咨询等高端服务业迅猛发展。相比而言，工业行业由于利润率较低，其对资金和人才的吸引力有所下降。两化融合人才更愿意进入金融咨询等收入较高的现代服务业。同时，许多企业由于担心人才流失而不愿投入资源去培养人才，只愿雇用成熟的复合层次人才，因而造成了两化融合复合层次人才的缺乏。两化融合人才流失的区域性也比较明显。例如：我国的中西部地区受地域和收入水平的制约，不仅难以吸引外地人才，本地人才也流向东部沿海地区，导致两化融合人才奇缺。当前，促进两化融合人才合理流动，防止人才流失，已经成为我国两化融合发展人才队伍建设的重要议题。加快两化融合人才培养，改革选拔和用人机制，建立合理的管理机制等措施在长期规划上可以起到留住和巩固两化融合人才的作用。政府出台相关政策鼓励 IT 人才向实体经济回归，在引进国外两化融合人才方面给予更优惠的条件，以及工业企业给予两化融合人才更大的发展空间等，都是目前防止两化融合人才流失比较切实有效的措施。

## 思考题

（1）什么是两化融合？为什么在世界范围内普遍重视信息化发展？
（2）如何界定两化融合人才的概念和内涵？
（3）我国两化融合发展历程对你的启示是什么？
（4）为什么我国大力培养两化融合人才刻不容缓？
（5）如何正确处理两化融合人才培养与实践的关系？

# 第二章 两化融合人才队伍建设现状与问题

**本章提示**

信息化是当前世界发展的大趋势，是我国应对严峻经济形势，进行产业升级，提高国际竞争力的关键。在信息化和工业化深度融合的背景下，迫切需要信息和其他领域交叉的专业人才。两化融合人才队伍建设对于整个产业的发展具有非常重要的战略支撑作用。

## 2.1 我国两化融合人才队伍建设历史沿革与政策梳理

### 2.1.1 我国两化融合人才队伍建设的历史沿革

信息化与工业化融合是党中央的重要决策。在2002年党的十六次全国代表大会上第一次提出了坚持以信息化带动工业化，以工业化促进信息化，走出一条科技含量高，经济效益好，资源消耗低，环境污染少，人力资源优势得到充分发挥的新型工业化道路。① 党的十七大提出大力推进信息化和工业化两化融合的重大命题。十七届五中全会进一步提出了推动工业化与信息化深度融合，积极发展结构优化、技术先进、清洁安全、附加值高、吸纳就业能力强的现代产业体系，并就中国特色工业化道路，推进经济结构战略性调整，提出6个着力推进，明确指出要着力推进融合、发展、深化信息技术在工业领域的集成。② 党的十八大提出坚持走中国特色新型工业化、信息化、城镇化、农业现代化道路，推动信息化和工业化深度融合，工业化和城镇化良性互动，城镇化和农业现代化相互协调，促进工业化、信息化、城镇化、农业现代化同步发展。推进信息化与工业化融合发展是走中国特色新型工业化道路的必然选择，是调整经济结构，转变经济发展方式的必然要求，是促进工业转型升级的重要举措，是构建现代产业体系的有效途径，是实现中华民族伟大复兴的必由之路。③

人才资源是第一资源，而人才队伍建设是工业转型升级的根本保障。我国工业要转型升

① 胡锦涛在中共中央政治局第三十三次集体学习时强调着力提高我国工业发展质量效益，努力从工业大国向工业强国转变——《中国经济和信息化》，2012-06-10.

② 同上.

③ 何海燕，单捷飞：基于三链动态模型的我国两化深度融合发展战略体系研究. 科技进步与对策，2013.

级，经济发展方式要转变，由制造到创造，人才是桥梁；从制造到“智造”，人才更是桥梁。两化融合发展规律和发展趋势也表明，两化融合人才队伍建设始终是影响工业化与信息化融合成效的重要因素，是制约两化融合深度发展的“瓶颈”。自2002年党的十六大起，我国陆续推出了一系列两化融合人才队伍建设的计划与工程，为走中国特色新型工业化道路，推进两化深度融合，提供了人才保障。两化融合人才队伍在规模、结构和质量上呈现出良好的发展态势，成为企业战略转型和变革的生力军，对经济和社会发展的贡献和作用不断增强。目前我国在两化融合人才队伍建设方面的计划与工程如下：

（1）2003年，国家中小企业银河培训工程。

“国家中小企业银河培训工程”是2003年以来工业和信息化部、财政部组织实施的，为提高中小企业经营管理人员素质的公益性和基础性的培训项目。“银河培训工程”以中小企业经营者和小企业创业者为培训重点，兼顾中小企业政府管理人员和服务机构从业人员，依托各地区中小企业管理部门和各类服务（培训）机构，从企业经营、企业人力资源、企业创新、投融资、企业知识产权、信息化管理方面展开全方位培训工作。主要开展的培训活动有对创业者开展创业知识和创业技能培训，对小企业经营管理及专业技术人员开展工商管理基础知识、法律法规、产业政策、企业信息化建设等培训，对中小企业服务机构从业人员开展专业知识和服务技能培训，对各级政府部门中直接从事中小企业管理工作的人员开展法律法规和相关促进中小企业发展政策措施培训等。①

（2）2004年3月，全国信息技术人才培养工程。

为适应产业发展的需要，信息产业部（现更名为“工业和信息化部”）启动了“全国信息技术人才培养工程”。该工程的推出既是适应信息产业新形势发展，全面提高信息产业整体素质，增强行业国际竞争力的需要，也是进一步满足国民经济和社会信息化发展对信息技术人才的需要。该工程旨在通过优化整合涵盖学历教育、职业资格、技术水平、高新技术培训等各种教育培训资源，通过行业政府引导，推进教育培训的社会化，开辟教育培训新途径，围绕信息技术人才创新能力建设，改革教育培训的内容、方法和机制，深化信息技术人才管理制度的改革，培养大批符合行业发展需要的创新型人才。②

（3）2005年“653工程”，国家专业技术人才知识更新工程。

为加快培养创新型专业技术人才，2005年9月，人事部会同有关部门正式启动专业技术人才知识更新工程，即从2005年到2010年的6年时间里，要在现代农业、现代制造、信息技术、能源技术和现代管理五大重点领域，培训300万名紧跟科技发展前沿、创新能力强的中高级专业技术人才，又被称为“653工程”。在信息技术领域，针对我国经济社会发展和科技创新的需要，紧跟世界信息技术发展的步伐，以中高级信息技术人才为重点，在通信工程、集成电路、软件技术、网络、信息安全、数据库、电子政务、电子商务、信息资源管理等重点领域，开设相关培训项目，逐步建立起适合我国国情，与世界接轨的信息行业继续教育体系。根据不同行业和岗位的实际需要，分门别类地培训不同行业领域的信息化人才。举办系列信息化技术高研班和学术、技术论坛，加强信息产业培训基地建设和师资力量培养，开发现代化的培训教材、远程多媒体培训课件。每年培训10万~15万名信息技术领域

① 工业和信息化部人才交流中心，http：//www. miitec. org. cn/rcgh/showclass. asp？classid = 120.

② 工业和信息化部全国信息技术人才培养工程，http：//www. ccedu. org. cn/zgks/CEIAEC/.

各类中高级复合层次、实用型人才。①

（4）2006 年 1 月，国家信息技术紧缺人才培养工程。

国家信息技术紧缺人才培养工程（National Information Technology Education Project，NITE），是信息产业部（工业和信息化部）软件与集成电路促进中心组织国内众多软件与集成电路企业、研究机构和教育培训机构在全国范围内推出的专业人才培养计划，旨在突破制约我国信息产业发展的人才瓶颈，于 2006 年 1 月 1 日起正式启动。推进国家信息技术紧缺人才培养体系建设的目的是解决大学生就业难、企业找人难的问题。其培养对象是刚毕业的大学生或者即将毕业的大学生、研究生，以及企业在职的需要提升的员工。其培养特点是通过实训强化理论与实践的结合，提升学员实际动手能力，满足企业用人的需要。其培养方式是短期线下培训和利用互联网长期线上培训。通过信息技术紧缺人才培养体系建设，期望建设一支适应产业发展的高素质人才队伍，推动信息产业持续、健康、快速发展。②

（5）2011 年 9 月，企业经营管理人才素质提升工程。

企业经营管理人才素质提升工程是由国务院国有资产监督管理委员会与工业和信息化部联合颁布，着眼于提高我国企业现代经营管理水平和国际竞争力，以培养造就优秀企业家为重点，到 2020 年，培养 500 名具有世界眼光、战略思维、创新精神和经营能力的企业家，培养 1 万名精通战略规划、资本运作、人力资源管理、财会、法律等专业知识的企业经营管理人才，为我国企业加快转变发展方式，实现又好又快发展，提供强有力的人才支持。③

（6）2011 年 9 月，国家高技能人才振兴计划。

国家高技能人才振兴计划是由人力资源社会保障部与财政部联合颁发，以培训技师、高级技师为重点，以提升职业素质和职业技能为核心，培养、造就一批具有精湛技艺、高超技能和较强创新能力的高技能领军人才。国家高技能人才振兴计划将重点实施技师培训、高技能人才培训基地建设和技能大师工作室建设 3 个工作项目。④

小案例 2.1

### 五年新增 860 万人，我国专业技术人才队伍更加壮大

专业技术人才是我国人才队伍中数量最大、专业水平最高、创新能力最强的一支队伍，是整个人才队伍的骨干和中坚力量，也是推动我国科技创新和发展方式转变的关键因素。最近 5 年来，我国专业技术人才队伍建设工作取得了显著成绩，队伍规模日益壮大，政策措施趋于完善，管理服务不断创新，整体素质稳步提高，在推动创新型国家建设，服务经济社会发展等方面发挥了积极而重要的作用。

**队伍规模不断扩大，整体实力不断增强**

经过多年努力，我国专业技术人才总量已达 5 550 多万人，占我国人才队伍总数的 45.6%，高、中、初级专业技术人才比例达到 11∶36∶53，大专以上学历占到 68.6%，结构不断优化。特别是最近 5 年来，全国新增专业技术人才 860 万人，博士后研究人员近 6 万

① 专业技术人才知识更新工程，http：//653. openedu. cn/rczsgxgc/gcjj/webinfo/2009/06/1245046301291769. htm.

② 国家信息技术紧缺人才培养工程，http：//www. nite. org. cn/NITEjj/201312/t20131228_ 87290. html.

③ 国家中长期人才发展规划纲要（2010—2020 年）[N]. 人民日报，2010 - 06 - 07.

④ 我国将实施国家高技能人才振兴计划，http：//www. gov. cn/fwxx/wy/2011 - 11/17/content_ 1995517. htm.

人，留学回国人员105.57万人，取得专业技术职业资格人员945.15万人，队伍发展的基础不断增强。专业技术人才队伍建设坚持高端引领，吸引、培养、造就了一大批高水平的创新型领军人才，专家队伍不断壮大。目前，全国共有两院院士1 500多人，国家有突出贡献中青年专家5 600多人，享受国务院政府特殊津贴专家16.7万人，"国家百千万人才工程"入选者4 500多人，引领带动作用不断增强。从创新能力看，每万名劳动力研发人员达到42.3人/年，已经接近2020年的规划目标。人社部专技司负责人介绍，在中央统一部署和要求下，各地区各部门结合实际大力加强专业技术人才队伍建设，全国专业技术人才队伍规模不断扩大，结构不断优化，初步形成了一支规模宏大、结构合理、素质优良、具有一定开拓创新能力的专业技术人才队伍。

**创新完善政策措施，人才环境日益优化**

5年来，着眼于推动专业技术人才队伍科学发展，国家加大了政策创新和制度改革力度。围绕贯彻落实人才规划纲要，国家颁布实施了专业技术人才队伍建设中长期规划和博士后、留学人员回国两个专项工作规划，印发了18个经济社会发展重点领域人才规划，全国有29个省区市颁布各自专业技术人才规划，上下衔接、左右配套的专业技术人才规划体系不断健全。同时，国家颁布了事业单位人事管理条例，稳步推进事业单位岗位绩效工资制度，深化职称制度改革，全面开展中小学教师职称制度改革扩大试点，减少职业资格许可和认定工作取得重要成果。在完善高层次人才选拔培养制度方面，国家进一步改革并完善政府特殊津贴制度、博士后制度，加强企业博士后工作，初步建立了以院士制度、"国家百千万人才工程"中青年专家制度、政府特殊津贴专家制度为主体的国家级专家选拔体系。在健全海外人才引进制度方面，国家制定出台外国人在中国永久居留享有相关待遇，为外籍高层次人才来华提供签证和居留便利等政策措施，加快建立与国际接轨的海外高层次人才签证居留制度。为全面推进继续教育制度建设，国家还研究制定《专业技术人员继续教育规定》，建立健全继续教育登记制度，颁布实施了培训证书管理办法、高级研修项目管理办法、国家级专业技术人员继续教育基地管理办法等，专业技术人员继续教育制度体系初步形成。据统计，国家共制定专业技术人员政策法规文件400多项，各省市落实中央政策制定出台创新性具体措施770多项，专业技术人才培养开发、评价发现、选拔任用、流动配置、激励保障政策体系不断完善，政策环境日益优化。

**实施重点人才工程，增强引领示范作用**

5年来，以实施专业技术人才知识更新工程为龙头，专业技术人才队伍的整体素质和创新能力全面提升，现已累计举办高级研修项目1 000多期，培养培训高层次急需紧缺人才6.5万人次，带动专业技术人才参加继续教育2亿多人次。梯次递进的高层次人才选拔培养体系不断健全。配合实施"万人计划"，国家全面启动新一轮国家百千万人才工程，大力选拔培养国家战略发展需要的中青年学术技术领军人才，入选万人计划首批百千万工程领军人才96人。随着长江学者计划，博士后国际交流计划，新疆、西藏特培等人才项目的大力推进，5年来，博士后日常经费累计投入15亿元，博士后科研基金累计投入13亿元，选拔派出300多名博士后赴国外（境外）学习交流，近1 000名优秀外籍博士来华从事博士后研究工作，累计为新疆、西藏培养少数民族专业技术科技骨干1 773人和600人，有力支持了新疆、西藏人才队伍建设和经济社会发展。5年来，以海外高层次人才为重点，国家实施"千人计划""百人计划""长江学者""中国留学人员回国创业启动支持计划"等专项人才计划，加强留学人才科研项目择优资助支持，带动全国引进各类高层次人才3万多人；同时，以服务发展，服务基层为导向，大力实施万名专家服务基层行动计划、海外赤子为国服务行动计划，每年组织1万多名高级专家和高层次留学人才深入基层一线，解决民生和发展难题，5年来累计组织实施专家、留学人员服务项目400多个，为基层中小企业、医院、学校等解决了一大批技术难题。

**投身现代化主战场，取得大批突出成果**

5年来，广大专业技术人才积极投身现代化主战场，在引领推动经济社会发展中的作用日益凸显。随着人才强国战略的深入实施，各地各部门始终把经济社会发展主战场作为发现人才、培养人才、锻炼人才的基础阵地，放手支持广大专业技术人才在航天航空、深海探测、高性能计算机、量子通信等领域取得了一批标志性成果，推动高温超导、中微子物理、纳米科技、人类基因组测序等基础科学取得重大突破，创造了三峡工程、探月工程、北斗导航、载人深潜、高速铁路、航空母舰等一大批工程技术成就，在理论创新、制度创新、科技创新、文化创新等方面做出了突出贡献，为我国经济社会发展提供了坚强支撑，为国防安全做出了历史性贡献。在实施创新驱动发展战略中，高层次人才发挥了重要的引领支撑作用，人力资本对经济增长贡献率继续攀升，达33.7%，人才贡献率达29.8%，成为提高原始创新、集成创新和引进消化吸收再创新能力，推动教育、科技、文化、卫生等事业现代化发展的重要力量。

[资料来源：盛若蔚．五年新增860万人，我国专业技术人才队伍更加壮大．人民日报，2014年9月．]

### 2.1.2 我国两化融合人才队伍建设的政策梳理

信息化与工业化融合是促进经济转型，推动产业升级，支撑社会发展的重要途径。国家政策作为企业自主创新和信息化升级的重要保障，其运用的好坏直接影响到两化融合进程和产业发展的快慢。两化融合人才队伍是推进两化融合的重要支撑。当前我国中央政府和地方政府为加大力度建设两化融合人才队伍，发挥两化融合人才的交叉学科优势，出台了一系列方针、政策、法律和措施。各中央部委与相关部门也对两化融合人才队伍的建设给予了全方位的支持，出台了《国家中长期人才发展规划纲要（2010—2020年）》《国家中长期科技人才发展规划（2010—2020年）》《信息化和工业化深度融合专项行动计划（2013—2018年）》等，并举办了全国两化深度融合干部培训班，在建设两化融合人才队伍过程中进行了大胆的尝试，取得一定突破。我国两化融合人才队伍不断壮大，服务地方经济和促进地方社会发展的能力得到不断提升。

（1）国家出台的政策。

从国家政策支持而言，通过搜集和整理，目前我国中央政府共出台与两化融合人才培养相关的政策法规共30份，详见表2.1。我国针对两化融合人才培养出台的相关政策包括规划、规定、决定、意见、办法等多种形式，政策颁布种类较多。在这30份政策中，共有4份政策是以长期人才规划的形式颁布的，7份政策是以人才计划的形式颁布的，为我国两化融合人才培养奠定了良好的基础并营造了良好的宏观环境。

**表 2.1　国家出台的支持两化融合人才培养的政策**

| 序号 | 政策名称 |
| --- | --- |
| 1 | 《国家中长期人才发展规划纲要（2010—2020 年）》 |
| 2 | 《国家中长期科技人才发展规划（2010—2020 年）》 |
| 3 | 《信息化和工业化深度融合专项行动计划（2013—2018 年）》 |
| 4 | 《促进就业规划（2011—2015 年）》 |
| 5 | 《国家中长期生物技术人才发展规划（2010—2020 年）》 |
| 6 | 《国家高层次人才特殊支持计划》 |
| 7 | 《青年拔尖人才支持计划实施办法》 |
| 8 | 《海外高层次人才交流基金——社会管理专项实施细则（试行）》 |
| 9 | 《青年海外高层次人才引进工作细则》 |
| 10 | 《中关村国家自主创新示范区建设人才特区的若干意见》 |
| 11 | 《中国科协出台关于加强人才工作的若干意见》 |
| 12 | 《赤子计划》 |
| 13 | 《留学人员科技活动择优资助办法》 |
| 14 | 《高层次留学人才回国资助计划》 |
| 15 | 《专业技术人才知识更新工程（“653 工程”）实施方案》 |
| 16 | 《教育部长江学者奖励计划》 |
| 17 | 《中科院百人计划》 |
| 18 | 《中科院创新团队国际合作伙伴计划》 |
| 19 | 《关于加强高校毕业生职业培训促进就业的通知》 |
| 20 | 《关于进一步加强人力资源市场监管有关工作的通知》 |
| 21 | 《国务院关于加强职业培训促进就业的意见》 |
| 22 | 《关于全国专业技术人员计算机应用能力考试科目更新有关问题的通知》 |
| 23 | 《关于进一步加强公共就业服务体系建设的指导意见》 |
| 24 | 《关于海外高层次留学人才回国工作绿色通道有关人出境及居留便利问题的通知》 |
| 25 | 《新世纪百千万人才工程实施方案》 |
| 26 | 《关于加强专业技术人才队伍建设的若干意见》 |
| 27 | 《专业技术人才知识更新工程实施方案》 |
| 28 | 《关于在重大项目实施中加强创新人才培养的暂行办法》 |
| 29 | 《关于加强农村实用科技人才培养的若干意见》 |
| 30 | 《国家基础科学人才培养基金项目资助经费管理办法》 |

在已出台的这 30 份国家层面的政策中，人才规划方面的政策有《国家中长期人才发展

规划纲要（2010—2020）年》。该政策明确提出："我国正处在改革发展的关键阶段，深入贯彻落实科学发展观，全面推进经济建设、政治建设、文化建设、社会建设以及生态文明建设，推动工业化、信息化、城镇化、市场化、国际化深入发展，全面建设小康社会，实现中华民族伟大复兴，必须大力提高国民素质，在继续发挥我国人力资源优势的同时，加快形成我国人才竞争比较优势，逐步实现由人力资源大国向人才强国的转变。"① 人才工程方面的政策有《专业技术人才知识更新工程（"653 工程"）实施方案》。在该政策中明确提出："按照以信息化带动工业化，以工业化促进信息化的要求，在现代制造领域广泛开展信息化、机电一体化、计算机辅助设计等面向行业的关键技术、共性技术知识培训，推进信息技术和机械装备的融合，传统工艺与现代技术的结合，促进传统产业的改造升级，大力提升我国现代制造业的水平。""针对我国经济社会发展和科技创新的需要，紧跟世界信息技术发展的步伐，以中高级信息技术人才为重点，在通信工程、集成电路、软件技术、网络、信息安全、数据库、电子政务、电子商务、信息资源管理等重点领域，开设相关培训项目，逐步建立起适合我国国情，与世界接轨的信息行业继续教育体系。"② 人才特区方面的政策有《中关村国家自主创新示范区建设人才特区的若干意见》。该政策明确提出："在节能环保、新一代信息技术、生物、高端装备制造、新能源、新材料和新能源汽车等战略性新兴产业领域，在人才特区布局和优先支持一批国家科技重大专项、重大科技基础设施、战略性新兴产业重大工程和项目。"③ 从以上的政策可以看出，我国政府高度重视两化融合人才队伍的培养和建设，构建并完善符合科技发展规律和社会主义市场经济规律，有效调动各方面力量共同推进人才队伍建设的政策制度。

### 2.1.3 地方政府出台的政策

从地方政府出台的政策来看，目前各地方政府根据《国家中长期人才发展规划纲要（2010—2020 年）》《国家中长期科技人才发展规划（2010—2020 年）》、《信息化和工业化深度融合专项行动计划（2013—2018 年）》等政策措施已经出台了相应的实施细则和指导意见。通过调研和整理，共搜集到我国地方政府已经出台的与两化融合人才培养相关的政策 20 份，见表 2.2。

**表 2.2 地方政府出台的支持两化融合人才培养的政策**

| 序号 | 政策名称 |
|---|---|
| 1 | 《关于印发长春高新区"长白慧谷"英才计划实施办法的通知》 |
| 2 | 《河南省百万专业技术人才知识更新工程实施方案》 |
| 3 | 《关于印发我省专业技术人才知识更新工程 2012 年高级研修项目计划的通知》 |
| 4 | 《海口市专业技术人才知识更新和综合素质提升工程实施方案》 |
| 5 | 《关于印发山西省专业技术人才知识更新工程实施意见的通知》 |

① 国家中长期人才发展规划纲要（2010—2020 年）. 人民日报，2010-06-07.

② 专业技术人才知识更新工程，http://653.openedu.cn/rczsgxgc/gcjj/webinfo/2009/06/1245046301291769.htm.

③ 中关村国家自主创新示范区建设人才特区的若干意见，http://www.1000plan.org/qrjh/article/14486.

续表

| 序号 | 政策名称 |
| --- | --- |
| 6 | 《江西省新世纪百千万人才工程实施方案》 |
| 7 | 《河北省新世纪“三三三人才工程”实施方案》 |
| 8 | 《湖北省引进海外高层次人才实施办法》 |
| 9 | 《陕西省青年高层次人才引进实施细则》 |
| 10 | 《浙江省“新世纪151人才工程”（2001—2010年）实施意见》 |
| 11 | 《关于印发四川省引进海外高层次人才“百人计划”实施办法的通知》 |
| 12 | 《江苏省引进优秀人才工作实施办法》 |
| 13 | 《广东省人民政府关于进一步加强高技能人才工作的意见》 |
| 14 | 《印发关于加强专业技术人才队伍建设的实施意见的通知》 |
| 15 | 《广州开发区“千人科技骨干人才计划”实施办法》 |
| 16 | 《广州开发区吸引科技领军人才实施办法》 |
| 17 | 《重庆市高技能人才队伍建设中长期规划》 |
| 18 | 《上海市实施海外高层次人才引进计划的意见》 |
| 19 | 《关于济南市实施“百千万海内外人才引进工程”的意见》 |
| 20 | 《无锡市人民政府关于创新“四高”人才工程深化“人才特区”建设》 |

整体来看，我国许多地方政府都出台了与两化融合人才队伍培养和建设相关的政策。其中，以上海的人才培养较为有特色。在2010年，作为全国第一个“两化融合”培训基地的上海，重点开展“两化融合2200人才培训计划”，完成200个高级管理人员及2 000个专业技术人员的培训。通过“两化融合”培训计划的实施，研发系列课程与教材，建立一支教培师资队伍，建设一批人才实训基地和专业培训机构，充分发挥上海“两化融合”研究中心、重点实验室以及专业机构的人才资源优势，逐渐形成布局合理，覆盖广泛的培训网络。

总体来看，从国家层面我国已经形成了一系列的人才规划和支撑计划，各中央部委大都出台了相应的政策措施；但从政策的总体布局来看，仍然缺乏具体可操作的政策措施。从地方政府来看，虽然日前针对两化融合人才培养的问题制定了相关细则，但是缺乏具有当地特色的政策。

小案例2.2

## 济南高新区面向全球引才引智

为了高起点搭建政策平台，延揽全球高端人才，提升区域竞争实力，近日，济南高新区相继出台了《济南高新区高层次人才扶持计划实施办法》《济南高新区高层次人才创新创业专项资金管理办法》《关于对海内外高层次人才创新创业给予扶持的意见》等一系列文件，计划利用5年时间组织实施“高层次人才扶持计划”，将引才和引智相结合，面向全球重点引进100名以上能推动高新技术产业发展的高层次创新创业人才。

近年来，济南高新区作为“齐鲁人才特区”建设的主阵地备受关注，担负着集聚大量人才的重任。根据济南市委、市政府建设“齐鲁人才特区”的规划，近3年来累计从财政资金中拿出上亿元用于高新区引进高层次人才创业资助、科研补助、待遇补贴、住房安置、引进奖励等方面。《济南高新区高层次人才扶持计划实施办法》的出台，不仅构建了国家、省、市、区四位一体的人才扶持体系，还将切实发挥济南高新区作为国家海外高层次人才创新创业基地在全省的示范带头作用。

**构建四位一体人才扶持体系**

从国家出台“千人计划”人才引进计划，到山东省出台“泰山学者海外特聘专家”人才引进计划，济南市出台“百千万海内外人才引进工程”，再到高新区出台《高层次人才扶持计划实施办法》，国家、省、市、区四位一体的人才扶持体系，已经在济南高新区构建形成。四重政策扶持，将充分释放高层次人才的创业激情。

据了解，《济南高新区高层次人才扶持计划实施办法》具有三大优势。一是围绕高新区重点发展的新一代信息技术、生物医药、高端装备制造、新能源、新材料、现代服务业以及国家战略性新兴产业，引进从事科技创新、成果转化的高层次创新创业人才和团队。围绕高新区主导产业，集聚各类人才，促进重大科技成果转化和产业化。

二是金融服务类企业具备了引进创新人才的资格。对金融企业实施一揽子人才扶持政策，在各级扶持政策中尚属首次。这表明了对金融人才的重视程度。目前，高新区依靠科技创新和机制创新，全面推进汉峪金谷建设。加快聚集金融人才将为汉峪金谷建设提供强有力的智力支撑。以汉峪金谷为标杆的一批龙头重点项目的强力推动，也将对以金融业为优先发展导向的多产业形成聚集与支撑效应。

三是为了提高高层次人才企业的成活率，济南高新区还规定创业人才申报必须在企业已经注册的基础上。这就要求引进的人才要拥有一定的企业运作经验。这样才能为企业发展选准方向，掌好舵。

**完善政策平台招纳全球英才**

根据《济南高新区高层次人才扶持计划实施办法》规定，来济南高新区创新创业的高层次人才将享受“155”的政策扶持。对创办高新技术企业或符合高新区产业规划的企业，且其项目具有独立自主知识产权，产品具有较大市场潜力并能够带动相关产业发展，收益前景较大的给予最高100万元的扶持资金。对受聘来高新区工作的高层次人才，给予扶持资金最高可达50万元。另外，对来高新区发展的创新创业团队，符合高新区产业发展需要，具有明确的主攻方向和研究开发目标，团队核心领军人才能够引领产业发展，成员之间有合理的专业结构和职责分工，可稳定合作3年以上的，给予最高500万元的资金扶持。

此外，济南高新区还不断加大对前来创新创业的高层次人才在创新创业、融资贴息、人事代理、租用办公场所和居住配套等方面配套政策的优惠力度。配套资金扶持：为鼓励高层次人才申报更高层次的人才引进计划，高新区按照上级扶持资金的1∶1或1∶0.5的比例给予配套扶持，扶持资金最高可达500万元。融资贴息扶持：高层次人才经认定并落户高新区创业，入选国家“千人计划”、山东省泰山学者海外特聘专家、济南市“5150引才计划”项目，其具有市场需求的高新技术产品，在产业化生产过程中因流动资金不足向银行申请项目贷款的，给予贷款贴息。免费开展人事代理，减免高层次人才创办企业的所有人事代理费用。

**引才育才并重助推人才发展**

济南高新区高层次人才扶持计划人选创办的企业，可以直接被认定为高新区留学人员企业，享受双重政策扶持。对于已入选国家“千人计划”、山东省“泰山学者海外特聘专家”、济南市“5150引才计划”人选的高新区高层次人才将直接被认定为高新区高层次人才扶持计划人选。

据了解，济南高新区此次重点引进的人才，主要是具有领军作用的学科带头人和项目负责人，能够在高新区重点发展信息技术、生物医药、高端装备制造、新能源、新材料、现代服务业以及国家战略性新兴产业，被引进从事科技创新、成果转化的高层次创新创业人才和团队，掌握自主知识产权，有望形成新的经济增长点的创新创业人才和团队，具有金融管理、国际运营和资本运作经验的高层次管理人才等。

人才的流动已成为世界性的趋势。济南高新区的开放、发展也离不开大量人才的支撑。截至目前，高新区共引进市“5150引才计划”人选249人，省泰山学者海外特聘专家38人，国家“千人计划”专家20人，分别占全市的92.7%，97%和100%。在212名创业人才的企业中，已有152家企业完成工商注册，注册资金达4.5亿元。今年上半年，已实现销售收入9 840万元，纳税447.66万元。

［资料来源：刘民．济南高新区面向全球引才引智．经济导报，2013年10月．］

## 2.2　两化融合人才队伍建设现状

### 2.2.1　两化融合人才队伍建设初见成效

（1）企业大力推进两化融合人才队伍的建设。

企业是国家工业化和产业升级的关键主体。众多大型企业已经非常重视本企业两化融合人才队伍的建设，积极制定本企业两化融合人才队伍建设规划，围绕创新体系建设、经济发展方式转变和产业结构调整的需要，根据本地区和本企业的实际要求，加大各类紧缺急需人才的引进工作力度；同时，结合企业自身情况，适应转变经济发展方式的需要，把培养和造就大批两化融合人才作为当前人才队伍建设的重中之重，以人才结构优化引领产业结构优化升级，全面提升企业转型跨越式发展。

通过调研，发现众多大型企业一方面通过制定一系列引进高层次两化融合人才的措施，借助引进一批能够突破关键技术，解决关键管理问题，带动本企业实现两化深度融合的两化融合领军人才（或团队），解决了企业两化融合实践中的发展“瓶颈”；另一方面，紧密遵循两化融合人才的成长规律，营造人尽其才、才尽其用的成长环境，坚持两化融合人才必须在“干中学”的理念，坚持在实践中培养本企业的两化融合人才。事实证明，企业两化融合人才队伍的建设，直接推动了企业在业务层面实现信息化与工业化的有效融合。

**小案例2.3**

**两化深度融合　力促石化企业效益提升**

“目前石化行业两化融合正由单项业务系统深入应用向综合集成方向发展，部分重点企业已完成综合集成工作，进入深度融合发展阶段。行业两化融合未来关注和发展的重点：一是综合集成与深化应用；二是数据自动采集与系统优化；三是数字化、智能化企业建设；四是大数据、云计算、物联网等新技术的应用。”

这是2014年石油和化工行业两化融合报告（以下简称报告）中对石化行业两化融合未来发展的重要判断。以“两化融合促进企业效益提升”为主题的2014石油和化工行业两化融合推进大会日前在山东淄博召开。工业和信息化部原材料工业司、中国石油和化学工业联合会、中国工程院相关人士共同就两化融合促进企业效益提升、数据中心建设、信息安全管理等问题进行了深入交流和研讨。

报告指出，在工信部等主管部门的主导下，“十二五”期间，特别是在2013年，石油和化工行业两化融合工作取得了显著成效。两化融合在促进行业转型升级，提升企业竞争力方面起到了积极的推动作用。

从行业两化融合整体发展形势来看，根据中国石油和化学工业联合会调研统计显示，目前行业两化融合正由单项业务系统深入应用向综合集成方向发展，部分重点企业已完成综合集成工作，进入深度融合发展阶段。企业信息化组织架构、专业人员配置、设备设施管理、两化融合意识等两化融合发展基础要素已趋于成熟，具备了向更高阶段发展的条件。

自动化应用方面，超过90%的生产企业都应用了过程控制系统（PCS），生产过程基本实现了自动化控制。生产优化系统（APC）在企业的应用，进一步提高了能源使用效率，保证了装置的平稳运行。生产管理方面，目前行业大中型生产企业中超过30%的企业不同程度地应用了生产制造执行系统（MES），为管控集成创造了有利条件。经营管理层面，全行业超过80%的企业应用了企业资源计划管理系统（ERP），很好地支撑了采购、销售、财务、资金等业务的高效运作，极大地提高了企业经营管理效率。同时，一些新技术、新应用的出现，尤其是互联网与传统工业的融合，正深刻改变着石化工业的发展模式。

报告指出，石油和化工行业是应用信息技术最早，也是应用领域最深的行业之一。石化企业两化融合已经具备了较好的基础，企业信息化组织队伍建设和规划能力不断加强，信息设施和数字化生产装备水平以及单项业务系统应用覆盖率逐步提高。两化融合工作正逐渐向深度融合方向发展。

来自国家统计局的资料显示，2013年石油和化工全行业规模以上企业28 652家，主营收入约为13.32万亿元。按照国内石化企业信息化投资占总营收2‰的平均标准计算，2013年行业信息化总投资额约为266.4亿元。具体到细分行业，石油天然气开采业约27亿元，原油加工业约69.4亿元，化学工业约162亿元。石油、石化行业企业信息化投入略高于行业平均投入，大约占全行业投入的一半以上，约为133亿元。从信息化投入细分领域看，基础建设投入在逐年下降，约占信息化全部投入的20%，主要投入以数据中心建设、自动化控制和数采为主。软件应用和系统集成投入在逐年增加，占信息化全部投入的40%以上，主要以系统深度应用和管控集成为主，同时随着大量信息系统的建设和应用，信息化运维投入在逐年上升。还有一小部分投入在新技术的开发和应用研究领域。

数据显示，大量的信息化投资进入石化企业经营管理和生产管理的各个领域，实际效果是一大批各种规模的信息化平台陆续建成、不断完善并且被加以整合和运用，重点企业办公自动化（OA）应用比例超过89%，财务管理系统应用比例达到97%，生产企业底层自动化比例达到了90%以上。油田涵盖勘探、开发、经营管理的全油田生产运营数字一体化集成的整体水平已经接近或超过国际水平，石化企业生产和经营水平在逐年提高，产生了一批两化融合典型企业。目前行业两化融合工作已进入建用并重、系统集成的阶段。

根据行业部分重点领域两化融合发展水平调查显示，大部分大型石化企业集团的两化融合水平都进入了成熟发展期，少数企业已经提前进入深度融合发展阶段。这些典型企业将信息化作为公司发展战略的重要组成部分，在不同发展时期制定与公司发展战略相匹配的信息化发展战略，从上、中、下游各板块，生产经营管理决策各层面，全面实现信息化管理，通过不断加强信息化组织管理和深化应用，持续推进两化融合发展，不仅领跑于石油和化工行业，甚至在全国工业企业中都处于领先的水平，在提升行业两化融合整体水平过程中发挥了积极的作用。

[资料来源：陈祎淼．两化深度融合，力促石化企业效益提升．中国工业新闻网，2014年10月．]

（2）高校在两化融合后备人才培养中发挥了重要作用。

高校在促进信息化与工业化的融合上能否发挥其得天独厚的优势，在人才培养及梯队建设方面具有举足轻重的作用。近年来，在政府的统筹规划和引导下，各地区和主要城市的产业联盟合作不断深入。企业与高校、科研院所进行资源的有效对接，使得高校的专业技术人才培养更加具有方向性。一方面，高校结合两化融合人才产业发展的实际情况，以人才需求市场为导向，全面革新人才培育观念，注重产业人才的创新能力与应用技能的培养；另一方面，学校不断地调整专业结构，使得学校原有专业得到优化，积极创造条件新增产业相关专业，更有利于产业人才的后续培养和人才输出。

高校人才培养的几种模式包括综合型大学“宽口径、厚基础、重理论、高素质”的人才培养模式，[①] 理工类高校的“实践技能型”培养模式，财经类高校的“专业核心型”培养模式，以及高职高专类院校的“订单式”人才培养模式。在此基础上，部分院校经过有益的调整和引导，均可培养出适应两化融合需求的各类型人才。

目前，工业和信息化部已经组织部属高校申报两化融合重点学科，初步建设了信息化与工业化融合的学科专业体系，有效地推进了信息化和工业化的深度结合。其中重点建设了物联网、云计算、下一代互联网、移动互联网、能源管理、电子政务、电子商务、产业经济学、宏观经济学、物流工程、电磁空间管理与无线电频谱工程、数字音视频、数字电视和显示技术、智能制造、智能机器人技术、信息安全，以及促进工业转型升级等领域的相关学科。工信部还将进一步拓展两化融合服务范围，提高拔尖创新人才和高素质专门人才的培养能力，更好地服务于国家工业化、信息化建设。

小案例2.4

## 培养两化深度融合人才

在信息化和工业化深度融合的背景下，高等教育将出现哪些新的趋势和变化，对人才培养提出怎样的要求，部属高校又将在其中发挥怎样的作用？全国政协委员、中国科学院院士、北京理工大学校长胡海岩在接受《中国电子报》记者专访时说：“培养一大批通晓信息技术的

① 彭本红，张丹平：一般工科院校经济管理专业“工科特色”人才培养模式探讨．商场现代化，2008.

工业化技术人才和通晓工业技术的信息化技术人才，是推进两化深度融合的关键。为适应两化深度融合的新形势，北京理工大学将重点培养研究工程师、普通工程师和各类复合型人才。”

胡海岩说，就一般意义的两化融合来说，其本质是需求牵引，即工业化需求牵引信息技术的发展，而信息技术的发展驱动工业化的进步。两化深度融合要在上述基础上促进并解决两化相互依存、渗透与牵引的问题，主要体现为工业产品在设计、制造、集成、控制、管理、服务等领域的全面信息化，及其对信息技术发展本身的支撑与促进。“未来的制高点，既可能是服务于先进工业产品的信息化技术，也可能是服务于先进信息技术产品的工业技术。以超大规模集成电路产业为例，它的产品是信息产业的基础，而它的进步则依赖于先进装备业和信息业的相互支撑。没有先进工业化支撑，信息技术不可能‘先进’起来；反之亦然，”胡海岩对记者说，“在两化深度融合中，高等学校将发挥重要作用：一是高校的学科布局广泛性是一般科研单位所不具备的。以北京理工大学为例，其专业领域覆盖了机械、电子、信息、材料等工科，数学、物理等理科，以及经济、管理、法律等文科。因此，作为科学与技术研究的重要基地，高校在两化深度融合领域的科学研究与相关成果培养方面具有优势。二是高校作为人才培养的重要基地，培养出真正适应两化深度融合所需要的各类人才，既是高等学校的根本任务，也是高等学校能够发挥重要作用的一个主要方面。在这方面，工业和信息化部所属高校担当着国家赋予的使命。”

胡海岩表示，“十二五”期间，北京理工大学将重点在人才分类培养、提升创新能力、拓展国际视野3个方面发力。在人才分类培养方面，将重点培养3类人才：第一类是研究工程师，旨在培养具有深厚理科基础和创新研究能力的，在工业和信息化领域具有未来领军人物潜质的拔尖人才，如目前在飞行器工程、安全工程、电子信息3个领域设立“本硕博贯通培养”的模式。第二类是普通工程师。为适应两化深度融合的需求，将在课程教学体系和内容方面进行较大改革，包括在工业领域各专业中加强信息化方面的教学内容，在信息领域各专业中加大相关工业学科知识的扩展。第三类是复合型人才。主要是在管理制度上加强灵活性，使理工融合、工管融合、文理融合的培养模式通过双学位、转专业、辅修专业等政策的实施得以实现。

[资料来源：胡海岩．培养两化深度融合人才．中国电子报，2011年3月．]

（3）工信部等出台相关政策措施，支持两化融合人才队伍建设。

工信部以及其他部委紧密围绕企业两化融合人才队伍建设工作，制定相关政策措施，为推动两化融合人才建设体系的构建起到了重要作用，充分体现了工信部等相关部委推动企业实现工业化和信息化两化深度融合的决心，标志着对两化融合人才队伍建设的关注上升到国家层面。

一方面，工信部等部委依托优势培训资源，建成示范性高技能人才培训工程或项目。比如，工信部在近年来推出各种培训工程：2003年，国家中小企业银河培训工程；2004年3月，全国信息技术人才培养工程；2005年“653工程”，国家专业技术人才知识更新工程；2006年1月，国家信息技术紧缺人才培训工程；2010年5月，工业和信息化部举办部属单位局级干部培训班；2011年9月，工业和信息化部、人力资源和社会保障部、中华全国总工会、共青团中央联合举办了“全国通信行业职业技能大赛”等。

另一方面，其他部委相关人才建设规划或措施的出台为人才的发展提供了政策保障。比如：①2012年7月，国务院学位办批准招收工程博士专业学位研究生。工程博士的培养目标，是培养具有相关工程技术领域坚实宽广的理论基础和系统深入的专门知识，具备解决复杂工程技术问题，进行工程技术创新，具备规划和组织实施工程技术研究开发工作的能力，以及在推动产业发展和工程技术进步方面做出创造性成果的工程技术领域领军人才。②科技部实施的“优秀科技创新人才培养工程”在重大科技计划中加大对青年创新人才支持力度。③在“973 计划”中，重点加大对优秀的科学家或研究团队的稳定支持。④在“863 计划”中，重点支持优秀青年工程技术人才承担高技术研究项目。⑤在攻关计划中，每年划出经费，重点支持产、学、研合作，培养人才。

小案例 2.5

### 首期“全国两化深度融合干部培训班”举办，工信部两化深度融合人才库建设拉开序幕

11 月 4—8 日，工业和信息化部信息化推进司在北京理工大学举办了首期“全国两化深度融合干部培训班”。各省、市、自治区经信委、工信厅的代表，各行业协会、两化融合典型企业代表，以及专业媒体记者代表共 120 余人参加了本次培训。工业和信息化部副部长杨学山 11 月 5 日为学员授课，题为“信息化发展的趋势和任务”，重点介绍了国家信息化发展战略、推进两化融合是当前信息化的重点工作以及认识信息技术和产业发展趋势，提高推进信息化的主动性等方面内容。此次培训班整体课程体系设计和师资水平被杨学山评价为“国内一流”。

**系统学习两化融合重大理论问题**

工信部成立以来，按照中央关于走中国特色新型工业化道路的战略部署，一直把推进两化融合作为立部之本。今年 8 月，工信部出台了两化深度融合行动计划，提出了到 2018 年，信息化条件下的企业竞争能力普遍增强，信息技术应用和商业模式创新有力促进产业结构调整升级，工业发展质量和效益全面提升，全国两化融合发展水平指数达到 82 的工作目标。实现上述目标的基础，首当其冲是培养一支高素质、高水平的两化融合复合型人才队伍。这也是专项行动计划的一项重点工作。

杨学山在授课中为学员们重温了我国信息化发展历程和国家战略，并从全球工业革命、信息革命的历史，美国等发达国家成功背后的技术创新因素，中国解决当前问题的路径和抓手等角度，分析指出推进信息化与工业化融合是当前信息化的重点工作，要认识信息技术和产业发展趋势，提高推进信息化的主动性。

部信息化推进司副司长董宝青等领导、专家在课堂上从全球化演进历史、中国近代以来落后的经济技术原因等角度，鲜明地提出了信息化是实现中国梦的重要途径等富有新意的观点。在培训后期举行的学员论坛上，不少学员在畅谈体会时深有感悟地说，这次培训给他们的最大收获是认识到每一次科技革命能否把握好都会改变一个民族和国家的命运，认清了信息化是当今最重要的人类历史潮流，要真正从立部之本、立国之本和个人立命之本的高度来加深对两化融合重要性、紧迫性的认识。

**深入探索两化深度融合推进策略**

此次培训的组织单位北京理工大学的纪委书记、两化融合发展研究院院长杨蜀康表示，所谓高层次两化融合人才，就是那些能够突破关键技术，熟悉关键管理流程，带动本单位实现两化深度融合的人才。本次培训班的大多数学员来自各级政府两化融合推进单位，作为两化融合工作的政策制定者和引导者，尤其需要在战略上对两化融合发展趋势有深入的思考，

对信息化与工业化的未来发展有前瞻性和准确的分析，在技术层面对工业生产的整体运行过程有基本的认识。

本次培训班共设计了9个板块，18门课程。其中：国家宏观顶层路线设计板块重点介绍了我国信息化总体发展方针、路线；两化融合政策与方法概论板块，分别从两化融合政策导向、关键共性技术、工业转型升级与两化融合关系、新一代信息技术的发展等角度，剖析我国两化融合发展的整体趋势与关键路径；行业与企业推进两化融合实践与分享板块，通过对主要行业、重点企业的典型案例分析，拓宽视野，提升素质；区域推进两化融合实践与体会板块，总结并交流前两批国家级两化融合试验区的经验；两化融合促进绿色工业发展板块，使学员系统地了解节能减排、安全生产工作对信息化的内在需求，以及两化融合对节能减排、安全生产的促进作用；军民融合与两化融合板块，探讨推进两化融合、军民融合互动发展的途径；两化融合促进生产性服务业发展板块，通过对电子商务和现代物流理论基础与实践进展的分析，掌握两化融合促进生产性服务业发展的主要方法；两化融合保障措施板块，介绍如何通过服务体系建设开展两化融合评估，来推进区域与行业两化深度融合；工业控制系统信息安全管理板块，介绍当前我国工业控制系统信息安全管理的重大意义和现存的潜在风险，以及如何应对。同时，本次培训还组织了分组讨论。学员们就课程理解和工作中的经验问题等进行交流讨论。

**创新方法，规模定制两化融合人才**

作为“全国两化深度融合干部培训班”的班主任，董宝青表示，此次培训是两化融合领域第一次高层干部培训，通过整合全国最优秀、顶级的两化融合专家名师资源，努力学习高级管理人员MBA（EMBA）的教学方法，打造一批两化融合精品课程，将有规模地培养一批高水平、高层次的两化融合领军人才。培训结束后，由工信部信息化推进司统一发放结业证书。

工信部人教司处长朱峰称，这次培训拉开了工信部培训两化深度融合高级人才的序幕。下一步，人教司将把两化融合人才培养作为工作的重中之重。一方面对企业高层管理人员、首席信息官（CIO）、技术骨干、相关政府部门工作人员等开展培训；另一方面建立两化融合人才的社会化服务体系，探索第三方人力资源外包服务和管理模式。

记者也有幸参加了首届培训班，亲身体会了EMBA式的“两化深度融合”培训模式。一是授课老师层次高。工信部副部长杨学山，部信息化推进司、规划政策司、军民结合推进司与国家安监局的领导，中航工业、中石油、海尔等大型企业的高管和CIO们，来自中国电子学会、北航等科研院所的专家学者，以及沈阳、唐山等推进区域两化融合的典型示范单位的负责人为学员授课。二是课程与两化融合密切相关，从国家信息化方针路线，两化融合总体概论，行业和企业两化融合推进，区域两化融合推动，两化融合促进美丽工业，即节能减排和安全生产，两化融合促进生产性服务业发展及两化融合保障措施等板块进行培训，兼顾了理论学习和实践探索。三是学员代表面广，覆盖“官、产、学、研、介、金、媒”。首期130多位学员中，全国副省级以上工业和信息化主管部门的厅、处级干部，各地大中型企业的高级管理人员，各行业协会、各大型企业的相关负责人，也有来自科研单位、中介机构、新闻媒体的代表，覆盖了与两化融合工作息息相关的主要环节。四是互动效果好。每一堂课，老师和学员的提问互动环节，气氛都最为热烈，反响也最好。不同行业、专业背景的学员在两化融合实践中遇到的各种困惑难题，通过公开的讨论，课上课下的互动，剖析得更为深刻，也获得了很多不同角度的解题思路。培训进行到一半，有不少闻讯赶来的地方的政府主管部门、大中企业 IT 部门负责人参加旁听与讨论，并表示将派员报名参加后续开展的培训班。

[资料来源：管虎．工信部两化深度融合人才库建设拉开序幕．人民邮电，2013 年 11 月．]

### 2.2.2　两化融合人才队伍的总体规模和结构特征

（1）两化融合人才队伍总体规模。

1）信息行业人才队伍发展壮大，推动两化融合的进程。根据工业和信息化部组织电信研究院发布的中国两化融合发展报告（两化融合蓝皮书），通过对 2010 年不同地区两化融合指数的分析发现，不同地区信息行业的从业人数及工资与两化融合综合指数①、硬度指数、软度指数及深度指数高度相关，如表 2.3 所示。这充分说明信息化队伍规模及薪酬待遇对两化融合起到有力的推动作用。通过对相关关系显著性检验，信息行业和全行业的平均指标相比，与两化融合各项指标的相关关系更强。由此推断，信息行业对全国两化融合进程的推动显著高于全行业平均贡献水平。

**表 2.3　信息从业人员规模、工资与两化融合指数相关关系矩阵**

| 项目 | 相关系数 | 信息传输、计算机服务和软件业人员 | 全行业从业人员 | 信息传输、计算机服务和软件业工资 | 全行业平均工资 |
|---|---|---|---|---|---|
| 融合综合指数 | 相关系数 | 0.643** | 0.841** | 0.639** | 0.465** |
| | Sig.（显著水平） | 0.000 | 0.000 | 0.000 | 0.008 |
| 融合硬度指数 | 相关系数 | 0.418* | 0.841** | 0.448* | — |
| | Sig.（显著水平） | 0.019 | 0.000 | 0.011 | — |
| 融合软度指数 | 相关系数 | 0.588** | 0.775** | 0.571** | 0.435* |
| | Sig.（显著水平） | 0.000 | 0.000 | 0.001 | 0.014 |
| 融合深度指数 | 相关系数 | 0.766** | 0.732** | 0.743** | 0.599** |
| | Sig.（显著水平） | 0.000 | 0.000 | 0.000 | 0.000 |

注：“**”表示高度相关（显著性指标 Sig. <0.01）。“*”表示中度相关（显著性指标 0.01 < Sig. < 0.05）。

Sig. 值越接近于 0，表明相关关系越显著。“—”指相关性不显著。故未列出相关系数。

2）信息化人才呈现明显上升势头，两化融合人才需求旺盛。作为两化融合评估中软实力的代表，信息传输、计算机服务和软件业（后简称信息行业）的从业人数从 2003 年②至 2010 年呈现明显上升势头（如图 2.1 所示）。截至 2010 年，信息行业从业人员达到 185.8 万人，增幅迂回式上升，年均增幅达到 6.4%，远远高于全行业平均增长水平 2.4%，这充分说明了我国对信息化人才及与此相关的两化融合人才的需求旺盛，信息化队伍的建设也为两化融合人才队伍建设储备了大量有生力量。

---

① 融合综合指标取自《中国两化融合发展报告》（2011）的两化融合概念模型．融合综合指数是基于两级指标融合硬度、融合软度、融合深度的加权求得．其中，融合硬度反应工业化发展水平，融合软度衡量信息化软环境建设，而融合深度则反映工业与信息一体化程度．该指标体系中的所有数据均来源于客观指标．

② 鉴于 2002 年国家对行业划分标准进行调整，故 2002 年以前没有对信息传输、计算机服务和软件业的行业数据加以统计．本研究仅从 2003 年开始统计．

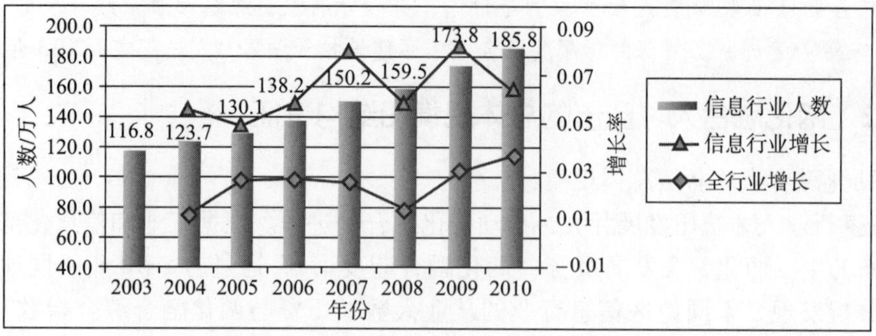


**图 2.1　信息传输、计算机服务和软件业城镇单位就业人数统计**

资料来源：《中国统计年鉴》(2003—2010 年)

3）信息行业职工规模与全国职工分布结构差别明显。按登记注册类型，将企业划分为国有企业、城镇集体企业和其他企业。全国范围内，国有企业单位的职工人数最多，远远高于城镇集体及其他类型企业职工数，占全部职工总数近 50%，是全国就业大军的主力（如图 2.2 所示）。信息行业的职工分布结构与全国职工分布结构存在显著差异。信息行业中（如图 2.3 所示），国有单位就业人数的绝对数量从 2003 年到 2010 年基本没有变化，一直维持在 60 万人左右；而其他非国有、集体的职工却从 2003 年的 38.4 万人增长到 2010 年的 122.2 万人，规模增长了 2 倍以上，占全行业的 65.8%。因此，在信息行业中其他非国有、集体企业人员是信息行业的主力军，带动着整个行业不断发展。

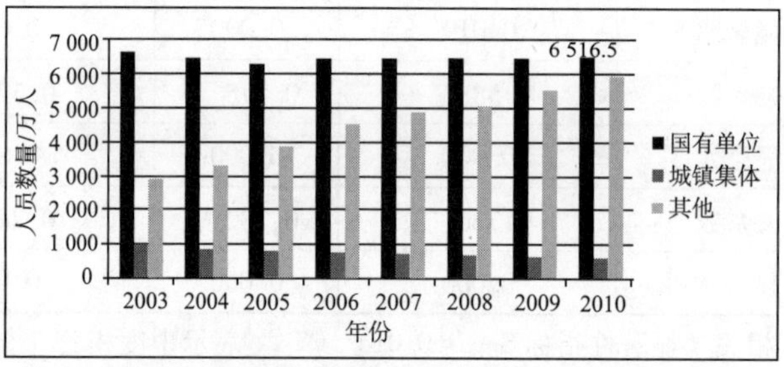


**图 2.2　按登记注册类型全国从业人员数量**

资料来源：《中国统计年鉴》(2004—2010 年)

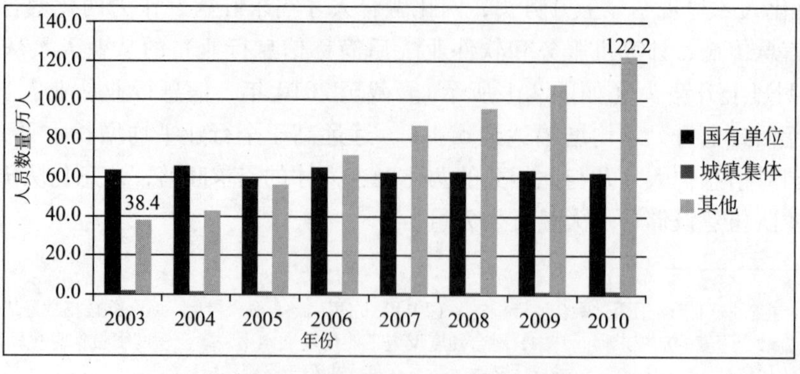


**图 2.3　按登记注册类型信息行业从业人员数量**

资料来源：《中国统计年鉴》(2004—2010 年)

4）信息行业内薪酬领先于国内平均水平。薪酬方面（如图 2.4 所示），信息行业的平均工资远远高于全行业平均水平，2003 年为 32 244 元，是全行业平均水平 14 040 元的近 2.3 倍。截止到 2010 年，信息行业的平均工资达到 64 436 元，较 2003 年翻了一番，比行业内平均工资高出 27 897 元。从工资的增长趋势看，与全国工资增长趋势一致，呈现波动式变化；由于其基数较高，增幅低于全行业平均增幅。

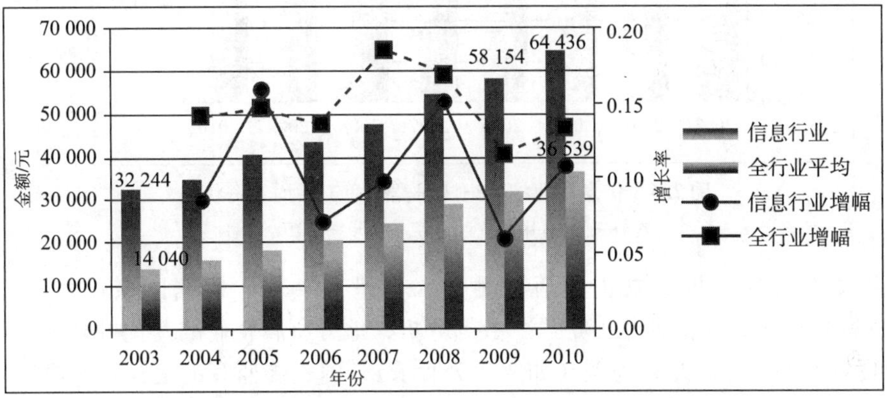


**图 2.4　信息行业及全行业城镇单位就业人员平均工资**

资料来源：《中国统计年鉴》（2004—2010 年）

5）信息行业在非国有、集体企业中的工资远高于行业平均水平。按登记注册类型划分，信息行业在非国有、集体企业中的工资远高于行业平均水平，而全行业高工资主要集中在国有单位（如图 2.5 和图 2.6 所示）。这与信息行业的企业性质有较为紧密的关系。我国的信息传输、计算机服务和软件业成立之初多为非中小企业。随着互联网、电子商务的兴起，公司规模增大，中小企业通过优厚的工资待遇吸引了大批 IT 精英，并逐渐成为信息行业中最为活跃的生力军。

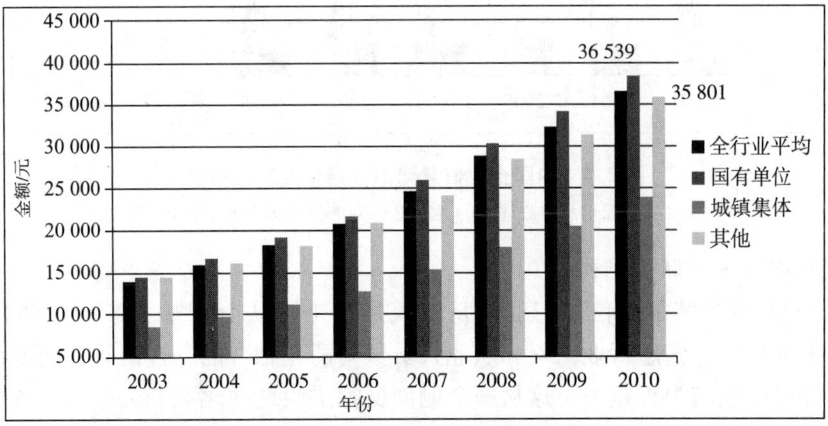


**图 2.5　按登记注册类型职工平均工资状况**

资料来源：《中国统计年鉴》（2004—2010 年）

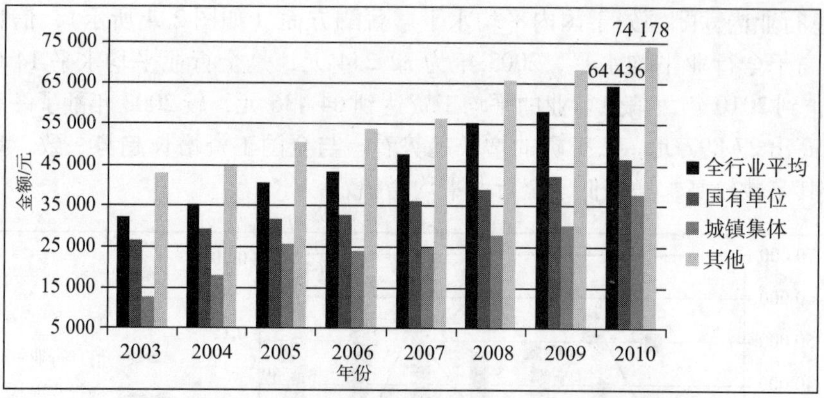


**图 2.6　信息行业按登记注册类型职工平均工资状况**

资料来源：《中国统计年鉴》（2004—2010 年）

6）中央直属企业与地方企业两化融合水平呈现差异。根据国家信息中心评选的《2003—2008 年中国企业信息化 100 强》数据分析，地方所属企业的两化融合水平与中央直属企业呈现较大差距。以北京为例（如图 2.7 所示），国资委监管的上榜企业数目处于逐年递减状态，2008 年只有 5 家北京市国资委监管的上榜企业。与此相反，中央企业的数目却是逐年递增，在 2008 年总部在北京的中央企业上榜数量有 40 家之多。可见，两者数量相差很大。由此可以看出，地方企业的两化融合人才队伍建设急需进一步加强，以促进工业与信息化的融合和产业的调整升级。

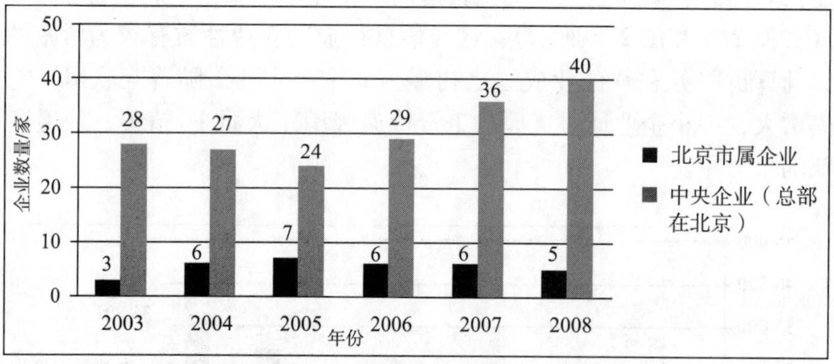


**图 2.7　中国企业信息化 100 强企业对比情况**

资料来源：国家信息中心评选的《2003—2008 年中国企业信息化 100 强》

（2）两化融合人才队伍结构。

1）分区域的现状特征。信息行业的从业人员及工资状况反映了该地区两化融合的程度。通过相关性分析，信息行业工资和从业人员数与两化融合的综合指数、硬度指数、软度指数及融合深度指数均为正相关，这从一个侧面反映了当地两化融合进程的快慢。由此，本研究将信息行业从业人员的相关数据作为反映当地两化融合人才建设的指标进行分析。根据 2010 年信息行业从业人员数及工资的高低，将全国 31 个省、市、自治区划分为 3 个梯度①，

① 梯度划分依据是根据统计学水平聚类的思想，按照事物的某些属性，把事物聚集成类，遵从同类之间相似性最大，异类之间相似性尽可能小的聚类原则，将不同地区划分为 3 类．为了表述清晰，本文以“梯度”概念呈现．

如表 2. 4 和图 2. 8 所示。

**表 2. 4　2010 年全国各地区按信息行业从业人员数量及工资梯度划分**

| 梯度 | 信息行业工资/元 | 信息行业/万人 | 代表省、市、自治区 |
|---|---|---|---|
| 第一梯度 | 110 542. 0 | 24. 223 | 北京、上海 |
| 第二梯度 | 61 748. 30 | 6. 180 | 广东、浙江、天津、江苏、山东、福建、辽宁、重庆、海南、西藏① |
| 第三梯度 | 37 976. 74 | 3. 975 | 四川、河南、湖南、陕西、安徽、宁夏、河北、湖北、甘肃、江西、云南、吉林、广西、山西、贵州、黑龙江、内蒙古、青海、新疆 |

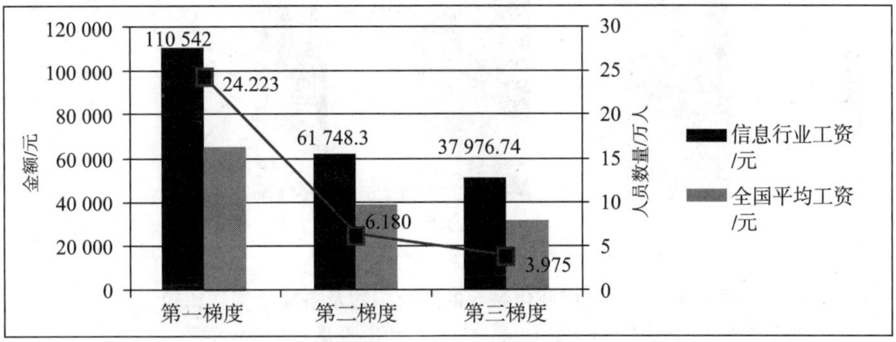


**图 2. 8　不同梯度信息行业从业人员数量、工资汇总比较**

资料来源：《中国统计年鉴》（2011 年）

从信息行业人员规模及工资水平看，北京、上海的信息化水平位居全国前列。作为第一梯度省、市、自治区的代表，其平均工资远远领先于第二、三梯度省、市、自治区，且信息化人员越密集，信息行业的工资优势越显著。作为信息化人员规模最少的第三梯度所在省、市、自治区，其信息行业工资仅高出全行业平均工资 20%。可见，薪酬激励对信息化人员集聚起到一定的推动作用。

作为信息化人才规模、工资待遇第一梯度的代表省、市、自治区，北京、上海的两化融合综合指数及各项分指数（融合硬度、融合软度、融合深度）等指标均高于第二、三梯度省、市、自治区（如表 2. 5 所示）。从各项二级指标的结构看（如图 2. 9 所示），融合深度指标高于融合综合指标。融合深度反映了两化融合一体化的过程，即工业化需求和信息化供给曲线达到相对均衡的状态，是两化融合的直接表现形式。北京、上海的融合深度指标远远领先于全国其他省、市、自治区，这充分说明在工业化和信息化水平较高的基础上，通过市场主体的努力，两化融合绩效显著。

① 西藏之所以被划分到第二梯度，是因为其信息人员工资较高，且从业人员在全行业的比重较高，处于全国中等水平. 这为西藏两化融合软环境建设提供了有力支撑. 事实证明，2011 年西藏两化融合软度指数排名提升 9 位，位列全国第 20.

**表 2.5　2010 年全国各地区按信息行业从业人员数量及工资梯度各指标对比**

| 梯度 | 融合综合指数 | 融合硬度指数 | 融合软度指数 | 融合深度指数 | 全国平均工资/元 | 全国从业人员/万人 |
|---|---|---|---|---|---|---|
| 第一梯度 | 0.471 50 | 0.490 5 | 0.403 00 | 0.520 50 | 65 636.50 | 519.754 |
| 第二梯度 | 0.378 50 | 0.487 9 | 0.338 30 | 0.309 40 | 38 783.10 | 532.289 |
| 第三梯度 | 0.279 42 | 0.387 7 | 0.239 89 | 0.211 16 | 31 584.16 | 352.058 |

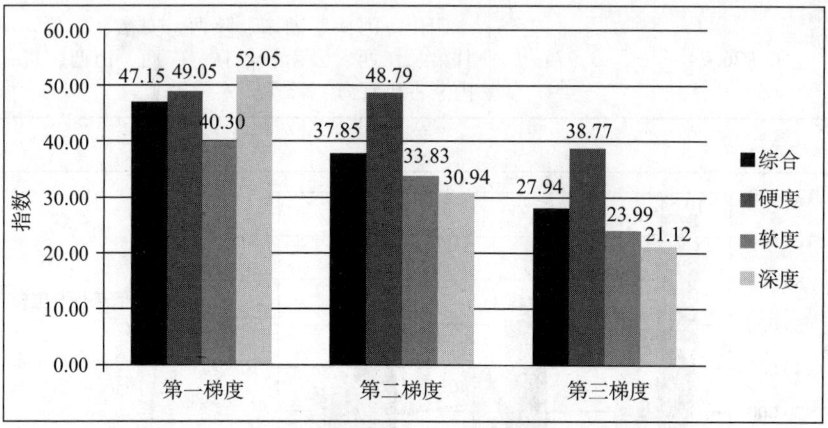


**图 2.9　不同梯度两化融合的综合指数及各项分指数比较**

资料来源：《中国统计年鉴》（2011 年），《中国两化融合发展报告》（2011 年）

作为第二、三梯度的其他省、市、自治区，在 3 个二级指标得分方面，呈现出“融合硬度 > 融合软度 > 融合深度”的趋势，这说明在两化融合中工业化水平还高于其信息化水平。

2）分层次的现状特征。作为组织层面上两化人才的代表，CIO 是企业推进信息化、实现两化融合的主要力量，是直接带动两化融合发展的领军群体。本研究重点对其特征进行了梳理及分析。

第一，CIO 人群特征。我国 CIO 群体多为 36 ~ 45 岁的男性，理工科背景出身，担任 CIO 工作之前一般从事 IT 相关工作。大多数 CIO 已经在现任岗位上工作长达 5 年以上，其中约 1/3 在当前岗位已经任职 10 年以上，具有相对的稳定性。①

第二，CIO 在企业中的作用日益提升。2004 年一项关于 CIO 生存状况调查②的结果显示，CIO 在企业中的受重视程度明显不足。85% 的 CIO 把自己定位为部门经理级，而只有 15% 的 CIO 自认是企业副总级。与之匹配的是，只有 4.17% 的 CIO 在战略决策中拥有决策权，大多数的 CIO 只拥有建议权。即使在 CIO 工作职责内的 IT 投资上，也只有 7.65% 的 CIO 拥有决策权，更多的 CIO 只拥有建议权。

在 2008 年中国 CIO 调查中③，CIO 的地位和作用得到明显提升。在我国大中型企业中，

① 2008 年度中国 CIO1000 调研报告．信息方略，2008－11－08.

② 数据来源：左美云，毛金叶：中国企业首席信息官的状况和影响研究．管理科学，2005（04）：48－53.

③ 数据来源于2008 年 CIO 领导力中心主持，IBM 及清华大学经济管理学院联合执行的针对中国 CIO 领导力的调研《中国 CIO 从 IT 支持到领航创新》.

普遍设置了 CIO 职务。CIO 对于企业高层管理者的影响也在增加，企业高级管理者的信息化知识和能力正在不断提高。超过半数的 CIO 认为企业的高管对本企业的信息系统已经比较了解或非常了解，而且越来越多的 IT 决策由企业的 CEO 直接做出。

第三，CIO 的战略决策地位仍待提高。我国企业大部分 CIO 属于 IT 主管，作为技术咨询的比例非常高，而作为高层团队成员的比例并不高。由业务部门来进行 IT 最终决策的占 60%以上，而直接由 CIO 来进行决策的仅占 15.7%。CIO 在战略决策的地位没能充分发挥出来。总体上，与世界其他国家相比，我国的 CIO 在高层主管团队中的比例不高，参与企业战略决策的程度较低。信息技术部门更多作为一个降低运营成本的辅助部门，而没有以推动企业业绩的重要战略部门出现。

（3）两化融合人才供给和需求的特征。

1）人才区域集聚效应明显，区域差异较大。随着区域间竞争的加剧，人才资源已成为夺取战略制高点的第一资源。掌握两化融合核心技术的人才作为两化融合发展的重要载体，对技术创新和产业升级起着重要作用。

从两化融合产业人才区域供给情况来看，我国当前两化融合产业主要集中于东部沿海经济发达地区。这些地区的社会、经济信息化水平普遍较高，教育、技术、人才、区位、资源等优势明显，往往能够吸引优秀的产业人才集聚。以中西部为首的欠发达地区，尽管这些区域相继制定了两化融合产业发展的规划或行动计划，但鉴于经济、信息、社会发展相对滞后，一方面教育资源相对短缺，使得两化融合产业人才的培养力度不够；另一方面缺乏产业人才的有效激励措施，人才外流现象依然存在，从而导致东西部地区两化融合产业人才供给失衡，西部地区的人才供给压力加大。两化融合人才的流动又加剧了供给和需求的矛盾。

2）人才供给结构与产业链不匹配。目前，在两化融合人才缺口较大的背景下，人才的供给缺乏系统性和完整性，供给结构不均衡。两化融合人才的供给多集中于产业链的中上游，而下游产业链人才的供给相对偏弱，从而造成应用层产业链环节出现人才供给短板，人才供给结构基本呈橄榄型分布。未来随着两化融合产业在应用领域的侧重发展，橄榄型的人才供给结构不足以支撑未来产业的发展需求。从两化人才结构的金字塔来说，第一层级是高层次复合型两化人才，需求量不多，但是很紧缺；第二层级是能够结合行业或企业实际应用的开发、设计、分析的中高级人员，约占两化融合产业人才需求总体数量的两到三成；第三层级是技能型、应用型的企业信息技术人才，约占总体需求的六到七成。只有培养大量符合两化融合产业发展趋势的技术与应用开发人才，才能够确保两化融合产业未来发展重点领域的突破和发展目标的实现。

3）高端复合层次、应用层次人才急缺。应用产业作为两化融合发展的重点领域，面对未来两化融合产业的飞速发展，企业人才急缺的问题日益显现。据工信部预测，未来几年的人才缺口将达百万人。以云计算产业应用领域相关的 IT 人才需求为例，截至 2011 年上半年，IT 人才的需求量已突破 30 万人。其中，一线城市 IT 人才需求最为明显。上海 IT 人才缺口将近 7 万人。其次分别为北京、深圳和广州，分别突破 6 万人、3 万人和 2.5 万人。①

造成两化融合产业应用领域企业人才急缺的主要原因在于：一是随着信息技术的发展，企业管理软件正朝着智能化方向发展，而企业的软件和网络高级设计人才尚未跟上两化融合

① 赛迪顾问人力资源战略咨询中心宋双：云计算产业人才需求热点凸现．通信产业报，2012－05－28.

的发展速度。二是由于两化融合让计算机技术应用和企业应用的界限变得越来越模糊。对于IT企业而言，未来懂得最新两化融合技术的运营人才需求激增。三是在两化融合方面，未来企业所有的管理思想、方法、工具都要适应两化融合时代的特征，因此导致企业对既了解计算机技术，又懂企业管理的复合型人才需求加大。四是当企业广泛应用网络和管理软件成为其最基本的管理要求的时候，无论是IT企业，还是传统企业，对于能够应用两化融合技术的人才都会产生爆发式增长的需求。

### 2.2.3 两化融合人才队伍建设面临的机遇与挑战

（1）人才需求与供给的矛盾加深。

我国两化融合市场即将进入产业规模高速增长阶段，届时对满足产业发展的人才需求将呈现空前增长态势，尤其是对优质产业人才的需求将不断扩大。未来3年将是我国两化融合产业人才需求相对集中的时期，两化融合产业人才的需求每年将呈现数十万人的产业人才缺口。以信息产业人才为例，2010年我国信息产业人才资源总量达到1 050万人，而到2015年和2020年，人才资源总量将达到1 300万人和1 800万人，产业发展对人才的需求呈现急剧增长的态势（如图2.10所示）。造成两化融合产业人才需求数量迅猛增长的主要原因在于：一是两化融合产业市场规模快速增长，使得两化融合产业人才的需求数量不断增加；二是随着两化融合新市场、新业务、新应用的不断出现，相关两化融合企业加大了对核心技术的投入，对高精尖人才需求巨大。

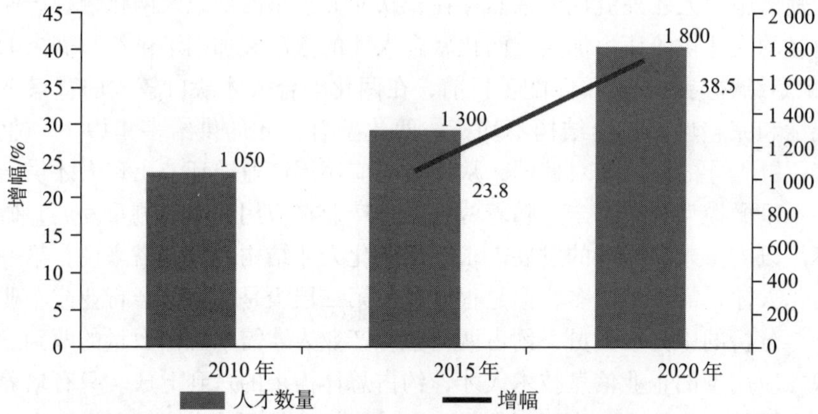


**图2.10 信息产业人才资源总量发展趋势**

当前，就目前国内两化融合产业人才开发与培训体系而言，针对从业人员的优秀培训教育机构十分有限，无法系统性地满足现有从业人员能力提升、职场晋升和高端技术的需求，且现有培训机构的课程体系、培训模式、培训理念、师资队伍等尚有待全面完善和提升，从而制约了现有两化融合产业人才的社会供给，不能有效满足产业发展对高端人才和复合层次人才的需求，从而成为影响两化融合产业人才供给的瓶颈之一。

两化融合产业的发展亟需高层次、专业化、综合化且具有良好的教育背景与专业技术技能的人才。众多高校还正处在积极筹备两化融合相关专业设置的阶段，使得两化融合对口专业的人才供给暂不能满足未来产业发展的需要。尽管清华大学、北京大学、中国科学院、上海交通大学、浙江大学、北京理工大学、哈尔滨工业大学等一流高等院校和科研机构每年培养大量诸如计算机科学、软件、通信工程等的两化融合产业相关产业人才，但人才的实际成长却需要一个不断实践的过程，所以尚不能全面满足当前两化融合产业发展的需要。因此，随着两化融合产业链的不断延伸和扩展，产业发展的后备人才亟待培养与储备，以改善当前产业人才供给严重不足的现状。

小案例2.6

## 工业化信息化融合遇人才“瓶颈”

推进工业化与信息化融合是国家产业升级的重要战略。记者最近在“两化”融合试点城市沈阳，同沈阳两化融合发展促进中心联合对40余家沈阳制造业企业调查发现，专业人才严重缺乏成为“两化”深度融合的最大“瓶颈”。

2014年3月20日，沈阳一家制造企业的大件一车间正在紧张工作的10 m立车床突然停工，一停就是半天。原来，在进行第二道工艺——镗削时，计划员在操作企业新上的软件MES（制造执行系统）时下错了指令。“我们经常出现因员工不熟悉软件而产生的各种问题，甚至会严重影响生产进度。”这家企业两化融合办公室主任无奈地说。

作为沈阳市“两化”融合推动的实体力量，沈阳两化融合发展促进中心对包括特变电工（8.39，-0.05，-0.59%）、北方重工、沈阳防锈包装等40余家制造企业进行的调查显示，缺少懂得企业业务与IT知识的复合型人才，已成为沈阳推进“两化”融合的最大“瓶颈”。

另一份由沈阳两化融合发展促进中心提供的网络调研数据显示，2014年2月，沈阳市42户重点企业共发布招聘人才数量2 479名。其中“两化”融合型人才岗位1 325个，占总招聘人数的53.4%，“两化”融合人才岗位成了目前企业需求量最大的岗位。

三洋重工信息部负责人说：“现在企业网络信息化人才缺口巨大。这样的人才有多少我们要多少。”中瑞汽车零部件企业技术部负责人表示：“企业一线员工对信息化技术很陌生。我们迫切需要高素质的‘两化’融合人才加盟。”

IBM［微博］公司为特变电工沈阳变压器厂规划的“两化”融合人才匹配报告显示，像特变电工沈变这样年销售收入超过50亿元的企业，融合人才团队要达到30人。沈阳“两化”融合走在最前头的是三一重装，从2004年成立到现在，年销售收入从几千万元到突破50亿元，融合起到了巨大的支撑作用，该企业“两化”融合人才专业队伍有近40人。

依据这两个公司的标准，考虑到企业类型及信息化复杂程度等，企业每亿元销售收入配两三名独当一面的专业素质强的“两化”融合人员是人才需求的底线。

当“两化”融合让企业生产车间进入数字化，物流进入信息化，远程监控进入管理系统后，企业对复合型人才的需要将越来越多。

“‘两化’融合，就本质而言，是补上工业化的短板，通过标准化等核心内容，让企业效率提高。”“两化”融合专家宋岩松坦言，“补工业化短板就要熟悉企业内部的所有业务，并能寻找到与信息技术的结合点。没有10年的企业工作经历和五六年的IT工作经验，很难做到。”

“靠企业自己培养人才显然来不及，也不够用，更跟不上已进入产品融合、技术融合、管理融合和产业融合阶段的‘两化’深度融合的脚步。”沈阳北软信息职业技术学院院长张桂平指出，“两化”融合人才缺失的解决之道，就是高等院校适应“两化”融合发展需要，尽快设立“两化”融合专业，建立“两化”融合的思维体系和知识体系。

可喜的是，沈阳市有关方面已开始制定激励培育“两化”融合人才的文件，希望通过政策引导，推动“两化”融合人才培养。

[资料来源：编辑益清．工业化信息化融合遇人才瓶颈．新华网，2014 年 4 月．]

（2）人才趋于专业化与综合化的发展对培养提出新的要求。

企业两化融合的发展也给企业传统 IT 人才、工程技术人才、管理人才等的知识结构带来了重大挑战。随着人才需求的迅速增加和行业分工越来越细，两化融合产业人才的知识体系更新速度越来越快。比如供应商合同管理、云计算、分析学、网络应用技术、移动应用技术、现代管理理论等，构成了两化人才未来 10 年需要重点掌握的知识和技术。同时，两化融合产业链涵盖的各个环节对人才的专业要求不尽相同，但专业性与综合性要求普遍较强，各产业链人才均需以自身主导专业知识为基础，同时兼顾产业链上、下游相关专业领域知识，以实现两化融合产业人才能够沿各产业链专业化发展方向演进。另外，随着两化融合产业的飞速发展，对两化融合核心人才的特质要求也正在逐步发生改变。丰富的想象力，卓越的创新能力，优秀的学习能力，以及全面的应用能力，越来越成为未来两化融合核心人才的重要特征。

## 2.3　两化融合人才队伍建设存在的问题

### 2.3.1　两化融合人才发展战略缺乏总体规划，政府引导力不足

（1）缺乏两化融合人才的战略规划。

推进两化融合是国务院赋予工信部的重要职责。总体规划是制定发展战略、目标、任务和措施，关乎全局性、战略性、前瞻性的问题研究，但是自 2009 年在全国推行两化融合以来，工信部和各个行业尚缺乏有关两化融合人才发展的战略规划型文件。两化融合人才战略规划是对可能的人员需求、供给情况做出预测，并据此储备或减少相应的人才资源的总体性、指导性文件，旨在解决两化融合人才资源供需动态平衡的大问题。

由于人才资源缺乏全局性的战略布局，调研发现，工信部推行的两化融合 16 个试点区域在验收总结报告中普遍提到了一个共性问题，即两化融合人才短缺已经成为制约两化融合深层次推进中的瓶颈。这也是当前两化融合人才队伍建设迫切需要解决的首要问题。

（2）缺乏良好的政策环境。

工信部是我国推动两化融合的最高行政部门，从国务院赋予工信部工作的职责看，主要是做好三方面事情，即工业化、政策和标准。随着信息技术（IT）的持续快速发展，许多国家的政府认识到激烈的人才争夺在这次产业革命中具有举足轻重的作用。近两年，关于两化融合，工信部也相继出台了一系列的规定、文件，但是有关两化融合人才建设方面，尚缺乏明确的政策支持导向。如高端人才的引进政策，两化人才的评价标准，社会培训机构的规范，以及后备人才的专业建设等，远没有形成建立以企业为主体，市场为导向，产、学、研、用相结合的有利于人才成长的政策环境体系。

（3）组织协调问题。

两化融合人才队伍建设是一项系统工程，需要多部委、多部门之间的协调与合作。产、

学、研分割，缺少两化融合的系统，以及全面的规划。相关部委各自独立地组织专家制定中长期发展规划及相关政策，缺乏足够的协作与沟通，尚未形成一个协同统一的国家两化融合人才发展总体规划。结果是教育系统培养出来的人才可能在规模或素质上不能满足我国两化融合的发展需要。①

再者，要建立人才培养结构与两化融合发展需求相适应的动态调控机制，就必须做好两化融合对人才需求的评估，而这一工作也需要包括工信部、人社部、发改委、教育部等多部委的深度合作。尽管工信部在组织协调方面做了大量的努力，也取得了一些经验，但从试验区域总结报告来看，组织协调问题仍然是人才工作推进过程中的主要障碍之一。

### 2.3.2 部分企业推进两化融合的需求动力不足，人才建设难度大

（1）认识不透彻，不够重视。

企业是两化融合的主体。信息化和工业化融合是党和国家根据我国建设现代化进程的实际而提出的具有中国特色的发展战略之一。两化融合人才队伍建设是企业能否实现两化融合的根本，特别是两化融合度低的中小企业对两化融合理解不透彻，进而会影响到对两化融合人才建设重要性的认识以及两化融合人才队伍的建设。主要表现在：其一，企业的各级业务领导，特别是“一把手”对两化融合的效益认识不透彻。他们还没有完全了解两化融合到底能帮助企业解决什么现实问题，怎样解决，如何与企业的发展战略相结合，又如何能带来企业核心竞争力的提升。其二，对两化融合人才在两化融合发展中的作用认识不足，不能深刻认识到两化融合人才在两化融合发展中的巨大推动作用及其为企业带来的创新力量。没有把两化融合作为生产力，把两化融合投入作为生产性投入，把人员的培训作为人力资本投入来认识，而往往只作为消费性投入，建设积极性不高。两化融合的最终是实现社会意识和社会价值模式的改变。在企业内部，两化融合也绝不仅仅是 ERP、CRM、SOA 等管理系统的简单应用，而是将信息管理与科学管理思想融入企业的各个部门和不同阶段。由于缺乏两化融合人才，我国多数企业内部战略决策层并不能通过信息管理系统降低交易成本、解决管理问题，造成信息系统与管理过程的“两张皮”现象。② 这也是我国部分企业管理融合效果不佳的原因。其三是两化融合人才建设的需求动力不足，导致两化融合人才未得到应有的尊重。企业对两化融合人才建设的原动力是来自企业自身推动两化融合发展的需要。我国两化融合进展可以分为三个阶段，即局部应用阶段、集成应用阶段和深度融合创新应用阶段。不同阶段对两化融合人才的需求程度有着明显的差异。局部应用阶段也称信息孤岛阶段。在此阶段，企业推动两化融合是被动的，对两化人才的需求也是被动的，非常有限；而目前我国多数企业在没有把信息化普及所有业务，进入集成应用，甚至融合创新阶段时，企业对两化人才的需求动力明显不足。究其根本是因为没有把握两化融合人才队伍建设的成长规律，即没有把握根据两化融合不同发展阶段的不同需求进行规划，根据企业、行业和区域两化融合水平的高低进行人才建设的这一规律。

（2）两化融合人才缺失严重，技能单一。

对企业而言，两化技术融合是靠人力资源的推动实现的。这就要求人力资源除了掌握两

---

① 蒋朝惠，许石青：我国信息化人才建设现状、问题及对策．信息化建设，2005－02－25.

② 王金杰：我国信息化与工业化融合的机制与对策研究．南开大学硕士论文，2009－05－01.

种技术的特征外，还能够熟悉两种技术之间的渗透、衍生、替代、交互的作用模式；同时，要求技术人才具有技术融合创新的本领。目前，多数企业的人才现状是专业技能单一，懂业务但缺乏信息技术，或懂信息技术但缺乏从事专业业务的背景。2003 年我国信息产业从业人员超过 400 万人，比 2002 年要高出 11%。在这些人中从事制造业的有 350 万人，而从事软件业的有 60 万人。这 400 多万从业人员占中国劳动力总数尚不到 1%；与美国、英国等国家相比，这一比例非常小。据美国商务部统计，2006 年美国就业人口有一半在信息技术公司或者信息密集型企业从事研究开发工作。在我国能够满足信息化与工业化融合工作需要的人数不足 10%。①

此外，在企业中，对以上单一技能的两种人才的固化认识，不利于两化融合人才的成长：一种是认为两化融合仅仅是技术层面的问题，强调以 IT 技术为核心，忽视信息技术只有与经营、管理专业技术、流程相结合，才能发挥出其潜在能量；另一种是传统的经营、管理人才，容易形成因循守旧、墨守成规的理念。持有这种认识的人尚未看到 IT 技术对传统产业的渗透性、连贯性和融化性，因此认识不到两化融合人才对促进产业结构升级及节能减排目标实现所起到的巨大的推动和创造作用。

（3）信息化与专业化融合的组织在企业中的定位不清晰，作用尚未发挥。

从发展的眼光看，要想真正把两化融合推向深入，收到实效，在两化融合人才队伍建设上就必须重视组织建设的定位和落实。随着两化融合的逐步深入推进，信息化建设组织（机构）要能够逐渐管理并掌握业务咨询、流程分析以及信息技术开发应用的多重功能，要为实现企业所有业务需求提供更加全面深入的服务。近几年，工信部与有关部委虽然出台了相应的政策措施，但从企业层面看，普遍缺乏两化融合专职部门，或者责成了相关部门负责，但权责定位落实不到位，有的有名无实，有的有责无权，对我国两化融合人才队伍层次的高、中、低端人才定位和权责还没有进一步明确，特别是两化融合人才的培育、引进和使用的人才队伍建设机制尚未健全，导致两化融合在销售、设计、制造、财务等全过程中所起的作用远不能或没有充分发挥出来。以工信部 2011 年出台的“工业企业‘信息化和工业化融合评估规范’”为例，规范中有明确的关于两化融合人才的建设指标，但部分地方主管部门、企业主管部门没有落实相应的考核指标。这种情况导致政府的相应政策、规范起不到引导企业重视两化融合人才建设的作用。

### 2.3.3 企业对 IT 人才向实体经济回归的吸引力不足

（1）国家层面：人才流失现象严重。

截至 2002 年年底，全国约有 58 万人前往世界 100 多个国家和地区的高等教育机构学习研究，而目前仅有 15 万多名留学人员学成后回国工作，回归率与滞留率为 1∶3。这与一些发展中国家在经济起飞时期的 2∶1 形成鲜明反差。2001 年，美国移民局发放的 20 万个用于招聘科技人员的签证中，中国人占 10%。另外，在华外资企业凭借一些优越条件吸引高科技人才。许多外国公司在中国设立的研发机构甚至成了外资企业争夺中国高层次人才的桥头堡。人才流失，特别是关键 IT 人才的流失已经影响到国家安全，对包括电子信息产业在内

① 王金杰：我国信息化与工业化融合的机制与对策研究．南开大学硕士论文，2009－05－01.

的高科技产业的积累和再循环带来了损害。①

（2）薪酬问题。

本研究通过对2010年不同地区两化融合指数的分析得出结论，信息化队伍规模及薪酬待遇对两化融合起到有力的推动作用。通过相关关系显著性检验，信息行业的平均工资远远高于全行业平均工资水平。换句话说，实体经济对IT人才的薪酬低，可能是吸引力不足的首要问题。

（3）管理机制问题。

IT产业是充满活力的新兴产业，IT人才也成为极具鲜明个性特征的人才。IT产业内的人才高流动率已经成为一种普遍现象，但IT人才向实体经济回归的占极小比例。

关于IT人才跳槽的原因，有调查数据（采集了3万个本科以上学历人才的样本）显示，33%的人关注个人发展，31%的人关注工作自主性，28%的人关注成就感，8%的人关注收入。国家鼓励IT人才向实体经济回归，可以考虑从以上几个方面出台相应的政策措施，引导实体经济增加IT人才回归的吸引力。目前，对两化融合人才管理机制不健全，与上述IT人才的个人发展需求相矛盾，严重影响了实体经济对两化人才的吸引力，其突出表现在用人制度、分配制度、评价制度等未能从根本上克服计划经济残留的弊端：人才选拔与用人机制的不健全，尤其是标准的模糊性和暗箱操作，直接造成了任人唯亲和人才的埋没；人才评价机制不完善，尤其是评价指标及指标权重不规范，考评规程不透明，挫伤了人才的积极性；激励机制、竞争机制和薪酬制度不健全，助长了“大锅饭”，不利于发挥人才的最大效能；②观念落后，重学历、职称，轻能力、业绩，重人才使用，轻人才投入等，人才资源不能适当配置在需要的岗位上，人才难以在实践中锻炼并脱颖而出，致使IT人才在推动两化融合进展中的创新价值未能得到应有的回报。

（4）人才资源配置中的基础作用发挥不足。

1992年诺贝尔经济学家得主、美国经济学家贝克尔深刻地指出，发达国家的资本75%以上不再是物资资本，而是人力资本。人力资本成了信息经济时代人类财富增长和经济进步的源泉。人力资本在人类经济生活中的这种核心地位，决定了国与国之间，企业与企业之间的竞争，将更主要地体现为人才的竞争。IT人才是推动我国企业两化融合，走新型工业化道路的重要力量，而现行市场机制与两化劳动力市场相配套的社会保障体系未能建立，两化人才资源流动不畅，市场在两化人才资源配置中的基础作用发挥不足，尤其是户口、档案、社会保险、子女就学等社会保障制度以及流动争议制度与商业秘密保护措施不完善，严重限制一部分人才的合理流动，导致结构性的人才供需矛盾日益突出，造成人才总体缺乏，局部过剩，甚至闲置浪费，“人尽其才”受到制约。

（5）人才分布不合理，人才流动不畅。

根据统计资料，目前中国有超过八成的IT人才分布于华东、华北、华南和华中四大区域。华东地区经济较为发达，人口稠密，有超过1/3的IT人才来自该地区。以北京为中心的华北地区拥有近1/5的IT人才。北京有着号称“中国硅谷”的中关村，以及围绕高等院校集群的IT校企产业圈。北京市有68所高校，还有包括中国科学院在内的200多所科研机

---

① 朱学琪，沈兰：我国信息产业人才短缺4大对策．中国信息界，2007－03－31.

② 蒋朝惠，许石青：我国信息化人才建设现状、问题及对策．信息化建设，2005－02－25.

构，聚集着众多的科技和专业人才。每年大学毕业生有100万人，而且近年来国内外许多名牌院校的人才都开始往该地区流动。另外，不到1/5的IT人力资本集中在华南地区（深圳）。①

目前，高校毕业生大多向北京、上海、广州、深圳等大都市汇集，而西部地区、小城市对毕业生的吸引力非常有限。西部原有的电子人才知识老化，新生代补充不力；东部发达地区电子信息人才资源充足，甚至有人才过剩、人才浪费现象，且这种状况仍有继续加剧的趋势。

从行业来看，在航空航天、电信、石化、钢铁等行业，IT人才与两化人才分布相对集中，但不同行业之间人才的流动很少。

从企业层面看，央企的IT人才与两化人才分布相对集中，地方企业与央企人才差距大，在制造型企业，特别是国有控股企业和民营企业之间IT人才的流动性较差。

总体来看，两化人才在区域、行业、企业之间的分布不合理，流动不畅，也是影响IT人才向实体经济回归的重要因素。

### 2.3.4 两化融合人才梯队质量亟待提高

（1）世界级战略领军人才严重缺乏。

如果说两化融合是关系我国工业企业发展的战略目标，那么培育世界级的两化领袖人才就是必须同步实施的战略。两化融合是关系全局的重大问题，既关系到产业发展、创新环境、建立机制等关键问题，也关系到系统建设、应用与服务的具体问题。因此，两化融合的发展战略设计需要由了解多种技术、懂得管理和需求的领军人才和骨干力量的通力合作来完成。我国工业企业要在新一轮的全球竞争中获得优势，重要的是两化领袖人才要有战略眼光、全球视野，并从本企业实际出发制定并实施良好的两化融合发展战略。要做到这一点，关键是领军人才应具备相应的领袖才智和创新能力。长期以来，学校人才培养往往与社会需求脱节，产、学、研合作培养人才的机制还不健全，妨碍了领军人才和骨干力量的培养与成长。这成为制约两化融合推进的重要因素。就目前情况而言，跨领域，跨学科，既懂技术，又懂管理的领军人才和骨干力量的培养仍在积累过程中，短期内人才缺乏成为制约两化融合的重要因素。②

（2）作为企业管理层的CIO没有真正成长起来。

CIO是专业素质相当高的人，是复合型人才代表，既要懂IT技术，又要懂业务，还要有创新能力、执行能力和沟通能力。我国目前的CIO生存环境、人员素质、权责定位等与发达国家同行也有很大差异，远未实现应有的权力价值，并缺乏清晰的升迁路径，我们称之为潜在的CIO更加合适。从“量”上看，我国CIO阶层的相对规模也偏小。我国的CIO阶层应超过40万人，实际情况却没这么乐观。在信息化发达国家，CIO地位很高，位于企业的核心层；国内目前CIO的地位还不高，多数CIO有责无权。所以，中国的CIO制度尚未形成，缺乏相应的法律保护。③

---

① 麻敏杰：IT行业专业技术人才流动性分析．东北财经大学硕士论文，2010-11-01.

② 张成芬，李娟：我国信息化与工业化融合发展现状和趋势．西安邮电学院学报，2011-05-10.

③ 郭立甫：浅谈中国信息化人才结构问题及对策．经济与管理，2005-04-15.

（3）能够胜任的操作层面和使用层面的两化融合人才能力不足。

目前，我国两化融合水平较高的行业和企业中，能够胜任操作层面和使用层面的人才不管在质量上，还是在数量上相对都还比较充裕。例如，我国军工行业、钢铁行业，两化融合的操作层和使用层人才基本能运用信息化技术革新传统工业和企业经营方式。钢铁行业目前已经实现了产销一体化。但是，对于我国大部分企业和行业，操作和使用层面的两化融合人才还比较缺乏，特别是将信息技术、传统产业和现代信息管理这3个领域的专业知识进行整合，达到一体化，并熟练应用于实践的能力还不足。例如，在我国的化肥行业和纺织行业，两化融合水平还比较低，处于信息技术局部覆盖阶段。最重要的原因就是业务应用程度比较低，即操作层面和使用层面的人才没有充分地复合和融合，没有将两化融合的知识和能力运用到实践中。

（4）两化融合的人才结构不合理。

一方面表现在高端技术专家和复合人才还很缺乏，另一方面也表现在缺乏低端技术人才和熟练技能人才。从教育部关于紧缺人才的报告中可以看出，中国人才结构呈两头小、中间大的橄榄型结构，不仅缺乏既懂技术，又懂管理的“金领”，而且缺乏一大批能从事操作和应用性工作的“蓝领”。合理的人才结构应该是呈金字塔形状。[①] 人才基数由小到大，形成梯次。以ERP为例，很多企业在实施ERP的过程中，能够理解ERP应用的员工很少，而能够胜任岗位的操作人才和应用人才就更显不足。这种情况势必阻碍了ERP的具体实施和应用效果。

（5）信息安全人才缺乏。

从当前看，信息安全问题已经愈来愈突出。信息化与工业化融合的趋势，将使信息安全直接关系到各行各业的安全，诸如金融安全、能源安全、食品安全等。这些无一可以离开信息安全的保障。如果依赖于外国的信息技术、产品和服务，那么在信息安全方面就存在隐患。前不久，美国政府宣布不允许涉密部门采用联想电脑。这说明在信息安全方面，各国对采用进口产品都是存有戒心的。因此，为了确保信息安全和各行各业的安全，强调依靠自主信息技术，培养信息安全人才是非常必要的。[②]

据不完全统计，国内对信息安全专业人才的需求高达30余万人，但目前全国仅有的信息安全专业人才（含硕士生、博士生、博士后）供需缺口特别大。2000年教育部首次批准武汉大学开办信息安全本科专业，2001—2003年教育部又相继批准上海交通大学等41所高校开设信息安全本科专业。虽然目前我国已基本形成了从专科、本科、硕士、博士的信息安全高等教育人才培养体系，每年培养信息安全专业高级专门人才近万人，但无论从数量上，还是从质量上，距离两化融合需要的信息安全专业人才规模还有很大的差距。[③]

### 2.3.5　两化融合产业大军的成长缺乏产、学、研联合培养的社会平台

（1）人才培养模式不尽合理。

之所以形成人才结构不合理，高层次人才过分缺少等诸多问题，很大程度上与我国人才

---

① 党芬，王敏芳：我国信息化人才培养的问题与对策．成才之路，2014-07-25.

② 倪光南：发展自主信息产业事关“两化”融合．企业改革与管理，2008-05-05.

③ 蒋朝惠，许石青：我国信息化人才建设现状、问题及对策．信息化建设，2005-02-25.

培养模式有关。目前，国内信息化与工业化人才的培养主要依靠正规院校的学历教育，并集中在本科阶段。虽然我国高校每年都会输出大量信息技术相关的毕业生，却无法满足高速增长的信息产业和信息化的需求，而且高校毕业生的知识结构和工作能力与高价值人才之间还存在不小的沟壑。以软件业为例，据统计，中国当前软件从业人员3/4以上来自于全国各大高校和科研机构的计算机与软件相关专业，来自职业技术学院及各社会培训机构的软件从业人员尚不足总数的1/4。印度的经验值得我们借鉴。其软件产业的快速发展与其人才培养模式关系不无密切。在印度软件人才的培养模式中，占据主导地位的是职业教育，而非学历教育。在教学方面，采取的办法是让学生先从“做”开始，在做的过程中，如遇到问题，再以此问题为基点去学习专业理论，在“做中学”。当前我国无论是学历教育，还是职业教育，其模式几乎千篇一律，都是从理论到实践。我们的信息化人才培养和评价体系还无法支撑信息产业和信息化领域的人才需求，缺少一些方向性的指引和实用可行的体系建设。①

再者，目前的两化融合人才主要来源于大专院校的计算机、信息类专业。这些学科设置普遍存在的问题是忽视专业交叉，忽视实践教育和专业钻研，不利于两化融合需要的复合型人才的培养。这样带来的结果是这些专业培养的博士、硕士，学科交叉知识薄弱，很难直接成为两化融合人才队伍中的骨干力量。

（2）人才培训缺乏规范的专业机构支撑。

两化融合建设离不开相当数量的中观层次的信息化人才，如系统分析员。系统分析员一般通过专门考试来获得资格，考试难度较大，需要有丰富的实践经验。这些人才一般来源于培训班。目前我国除了200多所正规大专院校外，社会各种职业院校、认证或资格培训机构多达数千家。其中，很多培养或培训机构是为了赶时髦、拉生源、挣钱。当然，不具备基本办学条件的（包括师资、实验环境和教学管理等）不是主流，更多的培养机构培养目标模糊，教学内容滞后于实际应用，培养过程比较单一，课程设置与使用教材不规范，培养质量评价指标不健全，缺乏统一的标准，缺少有效的教学方式锻炼学员的实践能力和动手能力。②

（3）“干中学”的人才成长模式缺乏提高信息技术技能的平台建设。

两化融合需要复合型人才，但从需求的实际状况来看，人才的复合型培养更重要、更现实。企业中大量业务人员的信息化培训，如两化融合人才中的使用层、操作层，以及组织层人员的成长，相当一部分来源于企业信息技术技能的再培训、再教育，而从目前来看，企业内一线职工的信息化教育和信息化知识的普及程度远远跟不上信息化技术发展的脚步，普通就业人员的信息化参与度也有待提高。两化融合工作需要大量的来自工业部门的普通就业人员，原有的从业经历为他们在信息化工作提供良好的基础，因此企业应加强员工信息化知识和技能的再培训，提高从业人员素质，提高企业内信息化从业人员占职工总数比例和职工接受IT培训的比例，培育新一代产业大军快速成长。

### 2.3.6 缺乏两化融合人才成长的社会环境

（1）我国公众缺乏信息化意识。

人类发展的历史表明，人力资源是国民财富的最终基础。资本和自然资源是被动的生产

---

① 党芬，王敏芳：我国信息化人才培养的问题与对策．现代情报，2005－11－25.

② 同上．

要素，而人则是积累资本，开发自然资源，建立社会、经济和政治组织，并推动国家向前发展的主动力量。当前我国大力推进信息化和工业化融合，是党中央在全面总结国内外工业化经验的基础上，充分考虑我国基本国情而做出的重大决策。两化融合内容丰富。其最终目的是实现社会价值模式、经济增长方式、运行方式的转变，而促成社会层面发生变化的主要途径是日常人们工作、学习、文化传播生活中应用融合的平台；只有充分意识到信息资源的价值，对信息资源进行投资和利用，才能达到两化融合最终的目的。由于信息技术设施建设水平不高，计算机、互联网络、电子商务在我国部分地区使用局限性，公众接受、使用、需求融合产品的意识还未完全形成。两化融合推进社会进步，提升生产率水平的认识尚没有形成全社会共识，两化融合人才的成长缺乏丰沃的土壤。

（2）两化融合人才的职业发展缺乏专业职称支撑。

职称也称专业技术资格，是专业技术人员学术、技术水平的标志，代表着一个人的学识水平和工作实绩，表明劳动者具有从事某一职业所必备的学识和技能，同时也是自身专业素质被社会广泛接受、认可的证明。但是，目前两化融合人才无论在企业，还是在高校，都没有相应的专业职称系列进行评聘。对个人来说，职称与工资福利挂钩，同时也与职务升迁挂钩，是求职的敲门砖，同时也是聘任专业技术职务的依据。我国著名数学家华罗庚受到国际数学界推崇的不仅是他青年时代的数论、多变复函数等纯理论研究，更包括他整个后半生都致力于普及的统筹法和优选法。他的数学理论研究成果在工农业生产中的普遍应用，及其对提高工作效率，改变工作面貌所产生的影响难以估量。所以说，两化人才的职业发展缺乏相应专业职称系列的晋升制度，在很大程度上阻碍了两化融合人才的工作积极性和创新能动性的发挥。

（3）两化融合人才建设缺乏基本的人才库资源。

两化人才的统计工作是两化人才建设最基础的工作。为了准确把握两化人才市场的供求变化，首先要高度重视两化人才市场的调查。现在由于我国对两化人才的界定尚没有统一标准，所以两化人才的数据库资源仍是空白。这给两化人才队伍建设政策措施的出台带来很大障碍。人才建设做不到有的放矢的推进，就很难针对不同区域、行业、企业的需求，解决两化融合人才短缺的问题。

小案例2.7

## “两化融合”，更需要“人才融合”

在日前举行的全国两化融合促进节能减排经验交流会上，佛山新明珠陶瓷集团被确定为国家“两化融合”促进节能减排55家示范企业之一。该集团也成为全国建筑陶瓷行业唯一获此资格的企业。

这也是对禅城“两化融合”工作的认可。实际上，新明珠、强辉陶瓷等5家企业就入选了2009年广东省信息化与工业化融合“4个100”示范工程，数目居五区之首。禅城的“两化融合”成效可以说走在全市前列。

成绩固然可喜，但禅城更应该借这个机会总结并思考一下信息化与工业化融合的下一步工作应该怎么走，要解决哪些问题。这是一个涉及面很广的课题。笔者结合平日采访在此只谈一点，那就是，两化要融合，最需要解决的是“人才融合”。

不少业内人士和政府工作人员都谈及一个问题，制约“两化融合”的“瓶颈”是人才问题。以陶瓷产业为例，作为传统优势产业，禅城的陶瓷产业发展水平可以说走在全国前列，也因此培养了一大批产品研发能力和营销能力都很强的陶瓷业内人才，而信息技术产业经过近几年的发展也诞生了不少业内新秀。因此，如果单从独立的行业来说，禅城在陶瓷业、信息技术产业的人才不会逊色，但缺乏的是既懂陶瓷生产，又懂信息技术的复合型人才。

有企业负责人强调，工业化与信息化融合不只是企业多几台电脑，把各种数据输入电脑就完事，而是需要运用信息技术对企业的整体生产、销售和管理进行改造，甚至整个生产过程都会因为信息技术的运用而重新组合。"目前的问题是，懂软件的不熟悉陶瓷，结果开发的软件或其他信息技术产品不适合陶瓷企业；而懂陶瓷的又不熟悉信息技术，导致引入的信息系统不能发挥最大的效用，'两化融合'见不到实实在在的效果。"该负责人说。据了解，即使是"两化融合"做得较好的新明珠、强辉等企业，同样也面临着缺乏这种复合型人才的情况。

传统制造业的人才与信息技术产业人才难以有效融合，正是影响两化融合成效的关键因素。禅城区经济促进局有关负责人在接受记者采访时认为，作为政府部门，更多的是为企业之间、企业和科研机构之间搭建平台去促进"两化融合"，最终落脚点还是企业。"企业看重的是经济效益，目前缺乏跨信息技术产业、传统制造业的复合型人才，使企业推进'两化融合'的动力并不明显。有的企业在前期投入大量资金却没有得到相应的经济效益，积极性大打折扣。其他企业尝试两化融合时的热情也会受到影响。这就会影响到'两化融合'工作的推进。"

目前，虽然佛山已提出促进信息化、工业化、城市化、国际化的"四化融合"，但作为一个制造业大市，"四化"当中最核心的部分仍然是工业化与信息化的融合。禅城作为智慧佛山示范区的探索者，在推进"两化融合"，乃至"四化融合"的过程中，应该重视解决不同行业人才的"融合"问题。这样才能体现真正的"智慧"，实现更好的融合。

[资料来源：沈文金．"两化融合"，更需要"人才融合"．南方日报，2010年10月．]

## 思考题

（1）关于两化融合人才队伍建设我国政府出台了哪些政策？

（2）我国两化融合人才队伍建设的历史沿革是怎样的？

（3）我国两化融合人才队伍建设的现状如何？

（4）目前我国在建设两化融合人才队伍时存在哪些困境？

（5）你认为应如何建设两化融合人才队伍？

# 第三章

# 我国制造业两化融合复合型人才开发与管理

**本章提示**

关于两化融合复合型人才的界定，目前尚无统一定义，但是IT人才一定是形成制造业两化融合复合型人才必不可少的重要的人才资源基础。这一点毋庸置疑。本章研究的目的是借鉴发达国家关于IT人才的一些做法，结合我国具体国情，提出建设我国制造业两化融合人才队伍的政策措施。

## 3.1 我国制造业两化融合复合型人才开发与管理概述

### 3.1.1 我国制造业两化融合复合型人才开发与管理问题的提出

当代信息技术的持续快速发展使得激烈的人才争夺成为全球IT人才市场的一大特征。在这种形势下，许多国家的政府积极参与本国IT人力资源的规划，更多地肩负起制定IT人力资源政策的责任。在这场人才争夺战中，发达国家政府为大量吸引国外IT人才制定了一系列相关政策，并导致发展中国家严重的IT人才外流；一些发展中国家为保证本国IT产业的健康发展，也制定相应对策，以留住人才，应对激烈的国际竞争。

以美国为例，历史上美国曾经是制造业王国的头牌，大概在制造业盟主的宝座上雄居了一个多世纪。到了20世纪70年代，美国完成了工业化，战略重心开始转向高新技术产业和现代服务业，制造业开始转移到低成本国家，使中国成为世界第一制造业大国。金融危机的爆发对美国经济造成了严重的影响。随着美国政府开始思考推行“制造业回归”战略，先后出台了《购买美国货》《制造业促进法案》《五年出口倍增计划》《内保就业促进倡议》等一系列政策和法案。奥巴马在2013年国情咨文讲话中重点强调制造业的重要性，其意也在重振美国制造业，再塑美国在世界制造业的霸主地位①。美国现代制造业的战略回归，迎合了信息化浪潮的新形势，推动走高端制造业道路。有全球最出色的高新技术产业和现代服务业的底气，美国现代制造业将是拥有全球最具竞争优势的高端制造业、智能制造业和先进制造业。美国“制造业回归”的矛头直指现在制造业第一大国的中国。人口红利渐渐消失

---

① 赵永乐，骆雪娇：以改革为动力推动中国制造业人才大发展．人事天地，2014（9）．

的我国，面临着极大的威胁和挑战。

党的十八大报告提出，推进信息化与工业化深度融合是国家做出的重大战略决策。IT人才是推动两化深度融合持续、快速、科学推进的关键因素。这些信号明确地告诉我们，现在已经到了加大改革开放力度、转变发展方式，调整经济结构的关键时刻，要把成本优势变成创新优势，把人口红利变成人才红利，确保我国制造业科学发展和跨越发展。我国必须大力推行制造业IT人才开发与管理政策，通过约20年的现代制造业大发展，把我国制造业打造成集高端人才、高端要素和高端创新于一体的现代制造业体系，在研发、产品、制造工艺、服务等各个方面都处于国际领先地位。

小案例3.1

## 美国的信息化与IT紧缺人才开发的选择

美国是目前世界上信息产业最发达的国家。其信息技术一直在全球领先，并在美国的政治、军事、经济、社会生活中扮演着极其重要的角色。究其原因，一方面是政府在信息化建设上的大力推动，而最主要的原因是美国拥有世界上最庞大和最精良的IT人才队伍。这种状况在20世纪末达到顶峰。

美国政府高度重视信息化建设，并把信息化发展战略作为国家发展战略的重要组成部分。1993年克林顿政府就提出了“国家信息基础设施行动计划”，将“信息高速公路”建设作为其施政要领，投资4 000亿美元建设国家基础设施。1994年提出“全球信息基础设施行动计划”，鼓励私营部门投资，形成竞争。1997年颁布《全球电子商务框架》，鼓励私营企业发挥主导，政府只支持和创造一种可预测的、持续的简单的法律环境。1999年提出了“21世纪的信息技术计划”，将研究与开发的重点放在了先进技术和计算方法、大规模网络、高可靠性系统等领域。在2004年此项计划的资金支持达13.7亿美元。

美国对信息化的高度重视，也拉动了IT人才市场的发展。美国的IT从业人数超过1 000万人。虽然2009年开始受金融危机的影响，IT从业人数有所下降，但幅度不大。美国公司所需的IT人才中，对从事技术支持工作的人才需求仍然名列榜首。此外，由于企业信息化的发展，从事与IT行业相关工作的人员数量也有所上升。目前，美国有超1 000万人从事与IT行业相关的工作。

虽然美国拥有一支庞大的IT人才队伍，但仍然存在供求不平衡的状况，高质量的IT人才紧缺。猎头公司Russell Reynold Associates透露，目前很多公司都在寻找具备结构调整、提高效率及创新创意的CIO，IT高管。各公司对顶尖人才竞争非常激烈。美国是个开放的国家，对人才的政策也是如此。广招人才，笑纳天下能士为己所用，历来是美国人力资源政策的重要内容。进入信息时代后，美国也同样存在人才短缺的问题。为了解决这一问题，美国政府进行了一系列的重要的政策调整。

（1）放宽移民限制，引进高技术水平的外国人力资源。

最主要的是放宽了对发放H－1B非移民短期工作签证的限制。H－1B的签发对象是具有高技术水平的外国人力资源。持有者主要在计算机及相关行业供职。1998—2003年，将每年度发放H－1B签证的限额从6.5万个提升到了19.5万个。虽然这项政策招来众多非议，但白宫仍然表示支持，并说明增加的名额应给高科技领域专用。此外，对持有H－1B签证的外国人给予“美国生活费”的工资，而且这一部分收入是免税的。据美国一个名为

“雇用美国公民”的组织公布的资料，美国是世界上唯一没有保护性立法来限制本国公司使用外国劳动力的发达国家。对于从国外引进的IT人才，美国给予的待遇大大高于他们在其本国可以得到的报酬。

(2) 加强本国IT紧缺人才的培养。

为了普及IT知识，扩充IT人才库，美国支持继续教育，如设立以网络为基础的IT教育项目，使学生不仅可以通过课堂，还可以随时随地通过网络学习IT知识。美国政策还积极鼓励企业和团体开展IT继续教育，由政府出面，对于在这方面做出突出成绩的机构予以表彰和奖励。

(3) 保证IT人才的素质。

美国对于IT人才有着严格的资格认证制度。如美国国际专业认证协会（International Association for Professional Certification LLC.，IAPC）就是专业的人才认证资格考核的权威性认证机构，专门从事各种专业人员的技术认证。美国的IT人才培训和认证机构经常会随着技术的更新，出台一些新的考试项目，以保证IT业中的精英通过获得证书来证明实力。

[资料来源：信息化与再工业化知识干部读本；龚丽萍．经济转型升级中IT紧缺人才的开发研究［J］．2012.]

然而，当前我国制造业IT人才流失相当严重。通过分析制造业IT人才流失的去向主要分为4种形式。一种是传统制造行业的IT人才流向IT行业。这种流失现象目前最为严重。由于信息化浪潮推动了我国电子商务、搜索引擎等IT企业的发展。这些企业目前成为集结资金和人才的吸盘。IT行业成为高收入行业中的重要领域，因而在传统制造业企业中的IT人才被吸引，纷纷跳槽，导致传统制造业急需大量IT人才。两化融合的推动急需要大量信息化人才的支持，而这种人才流失极其不利于我国传统制造业转型升级。

制造业IT人才的第二种流失方式是向海外流失。随着全球化浪潮和信息化革命的推动，发达国家纷纷抢占先机，从政策、资金、环境等各个方面来吸引人才。美国、英国、德国等对技术移民给予了很多优惠政策。我国大量出国留学生中的IT人才流失海外现象严重。当前制造业高新技术人才缺乏已经成为制约其转变经济发展方式、转型升级、推动两化融合的重要“瓶颈”。在主要发达国家普遍重视技术创新和人才培养的大环境下，我国若要在未来国际竞争中赢得一席之地，就必须抓住人才这一王牌。

制造业IT人才的第三种流失方式是区域人才流失。人才流动和区域分布的变化作为区域经济发展过程的重要环节和组成部分，在未来经济发展中的地位越来越重要，将给我国经济持续增长，区域经济协调发展，带来更加深刻的影响。[①] 我国当前存在人才严重缺乏和区域经济发展极不均衡的现状。其中，东部、中部和西部经济发展水平非均衡性所表现的物质待遇差距，工作生活环境不同，以及分配机制的差异，是造成人才分布不合理的关键原因。因此，解决我国人才区域流动问题非常必要和紧迫。

制造业IT人才流失的第四种形式是企业之间的人才争夺战导致的人才流失。虽然企业之间的IT人才争夺战不会导致我国制造业行业内人才的流失，但是从成本和效用理论角度分析，企业之间人才争夺战的实质是在降低整个行业的价值，形成内耗。企业之间的人才恶性竞争，也是人才资源匮乏、人才开发和管理不足的体现，更是企业从个体角度需要关注的

① 张心淼：中国人才区域流动问题研究．2010.

问题。

关于两化融合复合型人才的界定，目前尚无统一定义，但是 IT 人才一定是形成制造业两化融合复合型人才必不可少的重要的人才资源基础。这一点毋庸置疑。因而，IT 人才如果进入制造业企业，并且有一定的工作时间积累，具有了一定的工作经验，由于他们具备信息化的知识背景，同时又拥有了工业化的实践环境，因而我们就可以认为这类人才是两化融合人才。本章的研究对象和研究范围就是针对制造业开发并管理的 IT 人才。

### 3.1.2 我国潜在两化融合人才现状与制造业信息化人才的需求

（1）我国 IT 人才现状。

我们称未来有可能进入制造业并有机会培养成两化融合人才的 IT 人才为潜在的两化融合人才。随着信息化社会的发展，信息技术 IT 人才不仅是信息技术的职业结构基础，也因为信息技术对于社会的重要作用，成为当今社会的职业结构的重要组成部分。IT 人才是两化融合人才组成的重要基础，甚至是两化融合人才的主要来源之一。研究 IT 人才的现状，有利于摸清我国两化融合人才培养的基本情况。研究好 IT 人才的现状，也就能够较好地研究两化融合人才队伍建设问题。

目前我国 IT 人才的基本情况是，数量正在上升，质量有待提高，对真正高端人才的需求仍然巨大，人才供给与需求不能有效对接且结构失衡严重。

1）我国 IT 人才数量显著增长，人才结构失衡严重。随着信息化应用领域的不断扩大，IT 人员在企业中发挥越来越重要的作用。随着企业对信息技术依赖程度的提高，IT 人才需求也趋于规模化和专业化。从总体上看，IT 行业从业人员的数量呈逐年增加的态势。一方面，从 IT 人才区域结构看，我国 IT 人才主要集中在沿海等城市。东北、西部等老工业基地是传统产业制造业的集聚地，正值两化融合转型升级的重要时期，面临区域人才结构失衡的现状严重阻碍两化融合的进程。另一方面，从 IT 人才的层级结构看，中低级人才所占比重偏大，而高端复合型领军人才相对短缺。整个人才结构呈“橄榄型”结构，既缺乏一批从事基础性工作的 IT 人才，更缺乏既懂开发技术，又懂开发管理的高级人才。我国目前比较急需的 IT 人才主要有软件人才、信息安全人才、IC 人才、网络存储人才等，而随着新兴的电子商务、电子政务和电子金融的发展，将给信息专业人才的开发提出更高的要求。①

2）我国 IT 人才仍存在巨大需求缺口，制造业高层次领军跨界人才尤其缺乏。虽然我国 IT 人才近年来在总量上有所上升，但与整个行业的爆炸性发展相比，IT 人才培养还存在一定的滞后，使得我们 IT 行业仍然面临巨大的人才缺口，尤其是制造业的 IT 人才需求量极大。随着两化融合步伐的加快，制造业转型升级的呼声越来越高。高端 IT 人才大都集中在 IT 行业，因而制造业的信息化人才（如智能制造技术）极其缺乏，特别是既懂 IT 技术，又有工业背景的高端 IT 跨界人才十分缺乏。

3）IT 紧缺人才培养的模式单一，制造业亟须培养大量信息化人才。我国的 IT 人才主要是通过高等院校的学历教育和社会创办的专业 IT 培训机构提供的非学历教育培养的。此外，还有一些在职培训以及海外留学归国等渠道，为 IT 行业的发展提供人才供应。现阶段国内人才培养主要集中在高校，但我们高校的 IT 专业人才培养模式和课程设置并没有依据

① 韩霞，朱克实：我国 IT 人才现状及培养模式探讨．中国科技论坛，2007（5）．

IT 的发展而变化。当前我国制造业需求大量的两化融合人才，而高校学历教育体制机制改革却远远没有适应两化融合发展的步伐，严重滞后于现代工业转型升级的需求。IT 高等教育仍然过分重视基础知识的教学，忽略了应用能力和最新 IT 技术能力的培养。特别是结合制造业工业背景的学习和应用，很多最新的工业 IT 技术不能及时进入教学，造成了理论与实践相脱节的现象，难以适应现今 IT 行业发展对人才的需要。从世界范围讲，一些国际知名厂商现正凭借知名的产品垄断着某个领域，主导着该领域的技术发展方向。国际知名厂商（如 CISCO，ORACLE，IBM 等）针对其产品认证而进行的培训，占据了一定的人才培养份额，包括网络技术培训、数据库技术培训、软件开发技术培训等，相对于院校的课程，更具实用价值。

4）我国信息化人才供给与需求存在错位，人才培养与市场需求不能有效对接。当前我国学历教育供给与市场就业需求不能有效对接，在许多环节上存在脱节。大量 IT 毕业生找不到满意的工作，而企业却存在缺乏 IT 人才的重大困惑。根本原因是信息技术人才培养与产业快速发展的要求之间没有有效匹配，而学历教育人才培养不能及时响应市场需求，存在严重滞后现象。当前我国制造业亟需大量 IT 高端复合型适用人才，但是高等教育复合型人才、交叉学科人才、实践型应用型人才、紧缺型技术人才培养体系都未建立，不能有效应对我国两化融合进程的需求。

5）我国信息化人才流失严重，IT 人才亟须回归实体经济。当前 IT 人才是流动性较强的群体。他们有着较为活跃的思维，不倾向于从事一成不变的工作，期待高薪酬、高地位，经常通过不断跳槽追求自己的期望工作，特别是大量 IT 精英人才流向海外等西方发达国家，国家亟须建立相应的引进人才的战略政策。另外，IT 人才大量流向 IT 行业，实体经济的 IT 人才流失严重，急需相应政策鼓励 IT 人才回归实体经济，促进工业转型升级。

（2）我国制造业信息化人才的需求。

随着经济全球化和知识经济的到来，人才资源因其在经济增长中的决定性作用而备受瞩目和关注，许多国家和地区为了把握发展先机，纷纷调整自己的发展战略，把开发人力资源，吸引、使用人才，放在非常重要的位置。我国制造业要加快发展，从制造大国变为制造强国，实现用信息技术带动制造业振兴的战略部署，就必须加强信息化人才队伍建设。①

1）对战略层次人才的需求。两化融合战略领军人才是我国走两化融合道路，实现工业转型升级的首要战略资源。当前我国亟须培养制造业战略领军人才，在人才培养的政府顶层设计、知识能力体系以及培养体制机制等方面仍存在深层次问题。两化融合战略型人才是在我国两化融合中取得巨大成就、做出卓越贡献的主导人物。这类人才对两化融合发展趋势进行了战略思考，对信息化实现进程进行了战略设计，对工业化和信息化的未来前景有预见性和精辟分析，是引领制造业两化融合前进方向的灵魂人物。

2）对组织管理层次人才的需求。两化融合组织管理层面的人才开发和运用信息技术的能力很强，具备专业工业生产的知识，是既懂信息化，又懂相关领域工业化的复合型人才，同时也是具有组织协调、产业发展与经营管理能力的管理型人才。对于该类人才，应培养其正确和熟练运用企业信息化平台开展辅助决策的能力，组建基于信息化运用的工作团队，并

① 王铁男，李一军：面向问题的制造业信息化人才需求分析及对策研究．哈尔滨工业大学学报（社会科学版），2005（6）．

保证该团队的正常运转。

产业化、集约化和国际化既是国际经济发展的趋势，也是我国制造业发展的必由之路。美国重返制造业计划走的也是智能制造的路子。只有顺应这一趋势，通过产业体制改革、结构调整以及市场经济的磨炼，我国制造业才能逐步成长起一批具有战略眼光和现代产业经营管理能力的管理人才，才能在新一轮全球性竞争中立于不败之地。目前，我国制造业亟须培养一批懂技术、善经营、了解产业、精通市场之道的管理人才队伍。

3）对操作层面人才的需求。两化融合操作层面人才是以计算机科学家、技术专家和软件专家为代表的学术创新型人才，是以工程技术专家、工程师和技术开发人才为主要代表的工程技术型人才。这类人才不仅拥有坚实的专业知识和突出的创新能力，还要具有明确的目标选择能力，长期的优势积累，以及创新业绩。操作层面人才要深谙信息化高新技术，同时又要深入了解传统制造技术。目前我国推动两化融合的关键，就是需要开发原创两化融合技术、核心技术的高科技两化融合工程师。

4）对复合层次人才的需求。两化融合是信息化改造传统产业，本身就带有融合性质，是一项复杂的系统工程，不仅有技术领域的交叉融合，需要既懂传统工业，又要懂信息化技术，而且涉及两化融合体制、机制创新融合和管理，涉及市场和知识产权的运作，涉及管理与技术的融合，因此对于两化融合的推进需要大批懂企业、懂生产、懂管理、懂行业、懂运作、懂技术的复合型人才。目前我国的很多企业还是没有认识到复合型是培养两化融合人才的根本。复合型人才的短缺将是阻碍制造业信息化的重要因素。

5）对新技术人才的需求。当前制造业转型升级需要大量新技术人才。新技术人才将推动组织从技术的变革到生产组织的调整和生产方式的变革。信息网络技术人才将不断推动制造过程柔性化、网络化、服务化和智能化。当前，企业需要大量的新技术人才，如柔性制造技术人才、网络制造技术人才、服务制造技术人才、智能制造技术人才等。这些新技术人才将推动制造业的生产效率，是增强制造业转型升级的重要力量。

6）对实施应用层面人才的需求。两化融合实施应用层面人才能够将信息技术和理论应用到实际生产中。实施应用型人才拥有一线生产实际需要的基础、成熟和适用的工业化技能和信息化知识。这类人才拥有专门技术，掌握核心业务技能，对企业绩效和未来发展起到关键性作用。制造业企业的信息化操作系统最重要的是操作和运用。信息化终端操作系统的工作人员从管理者到操作工人，都需要深刻理解企业信息化的内涵，正确掌握信息化工具，正确实施信息化安全策略。这就对制造业企业的员工整体平均知识水平和文化层次提出了很高的要求。如果对信息化人才的培养关注不够，所造成的实际后果是花巨资建设好的企业信息化系统得不到很好的维护和开发，得不到充分的应用，甚至造成企业运行混乱。必须全面提高企业中普遍人群的信息化应用能力，提高管理人员和核心技术人员的水平，使之与先进技术、管理理念同步。培养技术能力与商业才能兼备的人才是企业信息化长远发展的迫切要求。

### 3.1.3 潜在两化融合人才的基本特点及成长特性

IT 人才一方面是知识型人才，具有知识型员工本身具有的基本特征和特性，具有较强的学习知识和创新知识的能力；另一方面作为潜在两化融合人才来讲，从制造业视角看 IT 人才发现其还具备其独有的特征。

（1）自主性。

IT 人才从事创造性较高的工作，因而其工作性质决定了其具有较高的自主性。他们拥有独立的思维、行为方式、生活工作方式和表达方式，独立意识较强，不太喜欢一成不变的环境和工作岗位，在变化和不确定性的环境中能迸发出创造性灵感，并产生创造和发明。

（2）独立性。

IT 人才的另一个较为显著的特征是拥有较强的独立性。当前 IT 企业大多采用柔性组织架构，通过专业技术的发展和信息传输渠道的多样化来改变组织的权利结构。这种结构所带来的就是员工的自我性。其层级结构不是那么明显，每个员工的自主性和权力性就会相对加大。这也恰好非常适合 IT 人才的特点。一般来讲，IT 人才拥有与众不同的特殊技能。这就决定了他们的独特性和不可替代性，因而他们一般不被看成员工或者工人，而被看成工程师或者专家。他们往往可以带领一个小团队对周围人产生影响。由于自己的某一方面的特殊性，他们不是特别崇尚权威，而是依靠自己的专业知识和技能进行工作。这对于传统制造业来讲面临着一些挑战。一般我国传统制造业都以大型国有企业为主。这些企业机构臃肿，等级森严，因而这样的气氛环境相对于 IT 企业来讲，吸引 IT 人才就有着某种先天性劣势。

（3）自我价值感。

IT 人才是高级人才。根据马斯洛需求层次理论，IT 人才不会关心低层次的生理需求，如生理、安全等。根据调查显示，IT 人才的平均收入在全国各类岗位和人才类型中位于前列，因而基本的品质生活已经被 IT 人才拥有。他们选择工作更看重社交需要、尊重需求和自我实现需求，追求自我价值实现，喜欢具有挑战性的工作，喜欢与有创造性的人在一起共事，通过个人价值的实现和个人聪明才智的体现来达到自我实现的目的。

（4）对成就的渴望感更强烈。

如果 IT 人才决定从 IT 行业来到制造业，那么这种跳槽和流动的动机一定源于一种他们对成就感的渴望。这从一定角度来讲对于制造业是一种机遇。也许在 IT 行业中，这个人才只是一个工程师，而来到制造业中从事信息化制造工作后，他将成为领导和引领者。这种成就感和地位的吸引也许是制造业吸引 IT 人才的重要出发点。

（5）较高的流动性。

与其他人才相比，IT 人才的流动性比较大。据赛迪顾问数据显示，2007 年中国 IT 企业平均人才流失率为 25.4%，而一些规模较小、吸引力稍弱的中小型企业的人才流失率甚至接近 40%，远高于所有行业的平均值 15.8%。原因有两个方面：一方面是因为 IT 企业知识型员工对职业的忠诚高于对企业的忠诚。他们拥有的特殊生产要素，即隐含在其脑中的专业知识和技能不受 IT 企业控制。另一方面，IT 企业激烈的人才争夺也为这些员工提供更多择业的机会。从这个角度讲，我国制造业在吸引 IT 人才方面是机遇与挑战并存。

## 3.2　制造业急需两化融合人才的主要技术领域

当前我国制造业转型升级需要大量的两化融合人才。制造业转型升级牵涉到的技术领域人才包括研发设计信息化人才、生产过程信息化人才、经营管理信息化人才、信息技术综合集成应用信息化人才、制造业生产模式信息化人才等。

（1）研发设计信息化人才。

研发设计处于工业产品生命周期的前端，包括产品设计、分析计算、实验验证等活动，很大程度上决定着产品性能、质量和成本，影响到产品全生命周期的各个环节。当前，信息技术已经全面融入工业企业研发设计的各个环节，需要大量的两化融合人才。他们在提高研发效率，增强研发能力，促进工业竞争力等方面发挥着越来越重要的作用。

研发是通过系统性、创造性的工作，形成新理论、新知识、新材料、新技术及新产品的活动。设计是指根据一定要求，对某项工作或者产品预先制定图样、方案。研发设计对增加产品附加值，促进产品升级，促进区域产业结构优化作用重大，已经成为工业企业创新产品、提升产品竞争力的重要环节。

研发设计信息化是在工业化的研发设计基础之上，信息技术不断融入研发设计的各个环节，创新研发设计手段，优化研发设计流程，提升研发人员的创新能力和工作效率的过程。这一领域需要大量信息化人才，包括计算机辅助设计人才、计算机辅助工程人才、计算机辅助制造人才、计算机辅助工业计划和产品数据管理等技术人才。他们的工作是实现产品的三维建模、仿真分析、虚拟制造，以及数字化的产品技术状态管理和研发过程控制。在技术环节方面，计算机辅助设计、计算机辅助工程、计算机辅助制造、计算机辅助工艺计划与产品数据管理之间的综合集成已成为研发设计信息化的重要趋势。

企业研发设计工程师目前利用计算机辅助设计、计算机辅助工程、计算机辅助工艺计划、计算机辅助制造和产品数据管理等技术，逐渐开始将异地协同设计、网络设计、虚拟设计、并行设计等先进模式尝试运用到产品研发设计的各个环节。企业研发设计工程师不仅能够带来技术提升，而且能大大提高产品设计效率，降低企业产品开发成本，增强企业及其产品的市场竞争力。他们将成为企业提升研发能力、形成竞争力的核心关键人才。

（2）生产过程信息化人才。

生产过程是工业企业按照设计要求和生产计划，组织原材料、半成品、生产设备、生产工具、生产者等生产资源，加工、装配具有一定功能和用途的产品，实现价值增值的主要生产活动。在企业制造过程中，生产过程信息化工程师的作用在于采用信息技术，实现对制造过程的监控和管理，提高加工效率，保证加工精度，完成对复杂大零件的加工，实现制造过程的自动化、信息化和集成化。

生产过程信息化工程师的任务是采用计算机技术、通信技术、控制技术等信息技术，改造生产过程的生产方法和组织形式，加强生产过程的监控和管理，使生产活动更加高效、敏捷、柔性。生产过程信息化工程师可以解决生产过程中遇到的复杂问题，提高产品的质量、精度和规模制造水平。生产过程信息化人才所涉及的技术领域非常广泛，包括可编程控制器技术、分布式控制系统技术、制造执行系统技术、数字控制系统技术、工业机器人系统技术等。这些技术的应用非常广泛，不同产业和企业类别涉及的主要核心技术领域也不尽相同。这方面的工程师需要非常深厚的工业和机械知识背景，同时需要强大的信息化技术作为支持。

当前我国这方面的人才还明显不足，特别是某些国际先进技术方面的人才非常稀缺。如：我国 MES 研究开发起步晚，与西方发达国家相比技术差距很大；数控技术起步也晚，国产数控产品应用率非常低，这方面的人才也非常缺乏。

(3) 经营管理信息化人才。

经营管理是按照企业发展的客观规律，为了保证企业生产、经营活动的正常进行，合理配置企业内部及企业的各种资源要素，实现企业的既定目标，而对企业的生产、财务、经营等活动所进行的计划、组织、指挥、协调和控制。其实质就是通过管理活动促进企业人流、物流、资金流和信息流的合理流动。经营管理信息化领域需要的人才数量较多，特别是对于基本操作应用类型人才的需求更为普遍。企业两化融合的推广与推进，需要提高全体员工的经营管理信息化水平。信息技术在企业经营管理各环节的深入应用，促进了企业运行模式的优化和资源的合理配置，让企业能够适应瞬息万变的市场经济竞争环境，求得最大的经济效益。

一般企业的经营管理活动涉及的相关人才有：从战略层面来看，主要包括战略管理和知识管理人才；从战术层面来看，主要包括人力资源管理人才、财务管理和物资管理人才；从执行层面来看，主要包括研发管理人员、计划管理人员、生产管理人员、营销管理人员、质量管理人员和日常办公管理人员等。从一般意义上来说，经营管理信息化人才队伍主要包括办公自动化人才、决策支持系统人才、企业资源计划人才、供应链管理人才、客户关系管理人才等。他们是促进企业管理创新、全面提升企业管理效率、优化企业价值链的关键因素。

（4）信息技术综合集成应用信息化人才。

信息技术的集成应用不仅是企业信息化的重要方向，而且是信息化和工业化深度融合的重要标志。企业信息技术综合集成应用人才是努力实现与生产、供应、仓储、财务、销售、售后等业务的无缝集成，以最终实现对产品设计开发活动的有序管理，通过实现企业经营管理、生产过程控制、供应链管理、客户关系管理等业务系统的综合集成，实现产销一体、管控衔接和集约生产。

企业信息技术综合集成应用信息化人才的主要工作是基于计算机环境和技术，将企业的核心业务、支撑业务与管控业务进行有效集成。其目标是提高经营效率，促进企业战略目标的实现。其核心业务主要包括产品设计与研发、采购、生产与制造管理、销售与配送、售后服务等。其支撑业务主要包括物资管理、财务管理、人力资源管理、资产管理、IT 服务、行政管理等。其管控业务主要包括应急指挥、利益相关者分析、投资管理、全面预算管理、绩效管理、战略管理等。信息技术综合集成应用信息化对人才的要求将更高。他们的使命不是企业局部的信息化升级，不是企业的部分 IT 信息化应用，而是推动企业两化融合的质的变革，带来技术应用和项目实施的复杂化，带来生产流程、组织管理和战略理念的综合变革。因而，企业信息技术综合集成应用人才应当是企业两化融合的战略领军者，是主要推动者，一般应该由 CEO 或者 CIO 担任这样的角色来推动。

（5）制造业生产模式信息化人才。

新技术的应用终将从技术的变革引发生产组织的调整和生产方式的变革，终将从经济基础扩展到上层建筑。信息网络技术的广泛应用不断推动制造过程柔性化、网络化、服务化和智能化，使得柔性制造、网络制造、服务制造、智能制造等日益成为制造业生产方式变革的重要方向。当下，柔性制造技术、网络制造技术和智能制造技术这类人才非常缺乏。我国制造业需要大量这类人才来推动制造业的转型升级。在传统制造技术逐步向现代化高新技术发展、渗透、交汇和演变的过程中，涌现出了一系列先进制造模式。国内外大量成功案例表明，这类人才的大量应用，推动了企业信息化的改善，提高了企业的生产经营效率，成为企业获取竞争力的重要推动者。

1）柔性制造技术人才的主要工作。所谓柔性制造人才，是指利用可编程、多功能的数字控制设备更换刚性自动化设备，用易编程、易修改、易扩展的软件控制、代替刚性连接的工序过程，使刚性生产线实现软性化和柔性化，进而能够快速响应市场的需求，多快好省地完成多品种、中小批量的生产任务。①

2）网络制造技术人才的主要工作。网路制造是在网络经济下产生并得到广泛应用的先进制造理念，是在因特网和企业内外网环境下，企业组织、管理其生产经营过程的理论和方法。他们主要从企业特定需求出发，构建集成企业、高校、研究院所和科技资源的制造信息系统，突破空间约束，实现企业间的协同和各种社会资源的共享和集成。

3）服务型制造技术人才的主要工作。服务型制造是产业分工细化，专业化高度发展的结果，也得益于科学技术的快速发展和以客户为中心的时代的来临。服务性制造技术人才是为了实现制造价值链中各利益相关者的价值增值，通过产品和服务的融合，客户全程参与，企业相互提供生产性服务和服务性生产，实现分散化制造资源的整合和各自核心竞争力的高度协同，达到高效创新。

4）智能制造技术人才的主要工作。智能制造技术人才致力于研发一种由智能机器人和人类专家共同组成的人机一体化智能系统。它在制造过程中能进行如分析、推理、判断、构思、决策等智能活动，通过人与智能机器合作，扩大、延伸和部分取代人类专家在制造过程中的脑力劳动。

## 3.3 制造业两化融合人才队伍建设影响因素分析

研究表明，导致许多企业信息化效果不佳的根本原因在于，企业只重视在技术上的投入，而忽略了组织、管理和人的因素。美国先进制造研究公司（AMRC）的报告指出，实施信息化的障碍有70%来自于人。一是人才的匮乏影响信息化的进程。二是人对信息化的抗拒影响信息化的质量。

据统计，信息化人才是制造企业中最容易流失的人才。究其原因，有以下几点：

信息化行业是一个知识更新非常快的行业，对人才的学习能力要求非常高。IT 人才的成长往往需要一个环境，但很多制造企业并不具备这样的环境。

信息化行业是一个“吃青春饭”的行业，但制造企业并不能随着信息化人才年龄的增长提供足够的成长空间。

信息化是工具，生产能力的提高才是最终目的。因此，信息化岗位在制造企业中并不能受到足够的重视。

信息化人才具有比一般人才更多的自主创业的潜能。

信息化人才具有比一般人才更多的实现自身价值的意识。

信息化人才比一般人才具有更多适应新环境、挑战新岗位的自信和能力。

信息化人才是跨国企业进军中国市场最希望得到的猎头对象。②

因此，信息化人才既是主体性资源，又是可流动资源；既是高增值性资源，又是有风险的资源。对这些特性的忽视，必然会导致信息化人才的流失。美国学者的研究也表明，信息

---

① 唐敬来，陈相羽，王书标：基于 FMS 的自动化制造技术 . 2013.

② 胥军，李金：人本管理在制造业信息化中的诠释 . 科协论坛（下半月），2007，04.

技术的扩散将极大地影响公司的组织结构，并且影响制造业劳动力市场。因此，信息化的推进造成人才的流失也是一种必然的现象。

根据人才流动推拉理论，制造业 IT 人才流失可以归结为内外两大影响因素：一是“推力”。人才不满足于现就职的企业，而相当于被企业从内部推出去。二是“吸力”。人才被其他公司吸引而离职。概括来说，影响制造业信息化人才流失的因素又可以归结为三大方面因素：社会因素、个人因素和组织因素。它们都给制造业 IT 人才流失造成了很大的影响。①

### 3.3.1　社会因素

（1）社会环境因素。

一个企业虽然有着自己的经营领域和服务范围，但是与某些区域内的人口、经济、政治、技术、自然、文化、道德等发生着千丝万缕的联系。这些宏观环境作为一个整体或通过对企业经营活动的影响，间接地制约着企业人力资源的流动，或直接影响着人们的生活、工作条件及发展前途，从而构成了人心背向。我国传统制造业大多数集中在老工业基地，如中西部、东北地区等。这些地区与 IT 行业集中地，即沿海地区经济发展较好的一、二线城市相比，在宏观政策上具有很大的劣势。这些地区经济发展相对落后，城市基本建设落后，IT 技术信息共享差，相关教育落后，知识更新慢，信息共享差等相关因素，综合影响了 IT 人才的选择。对于收入普遍较高的 IT 人才群体，他们更多关注的已经不是基本收入，而是自己生活环境的综合指数及未来发展空间。

（2）行业环境因素。

IT 行业本身就是一个活跃、现代的行业。由于整个经济结构处于高速调整中，技术的进步、企业的兴衰、产品的更新等，都导致了 IT 人才处于高速流动之中。这也是 IT 人才流动频繁的根本原因。同时，信息化技术突飞猛进，造成 IT 人才的全球性缺乏。据资料统计，2001 年全世界的信息产业共有约 160 万个空缺的职位。在欧洲，2002 年仅网络人才就短缺 60 万人，而中国在今后相当长的一段时间内，每年至少存在 20 万个软件人才缺口。IT 人才的供不应求，使世界各国在这个领域的人才争夺显得尤为激烈，极大地增加了 IT 人才的工作机会，从而导致了 IT 人才的高流动性。那些既精通专业知识和技术，又懂管理的 IT 人才，成为 IT 行业最热门的，也是流失率最高的人员。② 另外，信息化推动下，近些年，IT 企业如雨后春笋纷纷崛起，但是平均企业寿命缩短。这也是加剧 IT 人才频繁的习惯性流动的主要原因。当前随着全球一体化趋势的发展，市场更新越来越快，一大批中小型 IT 企业由于技术和资金等问题而被市场淘汰。据统计，在北京中关村企业的一般寿命大约有 4 年，因而 IT 人才对于企业的忠诚度较低。他们会通过跳槽的方式来更好地保全自己的职业生涯，同时也是跨国企业进军中国市场最希望得到的猎头对象。

信息化行业是一个知识更新非常快的行业，对人才的学习能力要求非常高。IT 人才的成长往往需要一个环境，但很多制造企业并不具备这样的环境；“拼青春”的行业，但制造企业并不能随着信息化人才年龄的增长提供足够的成长空间。

---

① 朱莀予：国有企业人才流失问题研究 . 2005.

② 崔越：我国 IT 企业高层管理人员的人才流失问题研 . 2006.

### 3.3.2 企业因素

信息化是工具，生产能力的提高才是最终目的。因此，信息化岗位在制造企业中并不能受到足够的重视。这具体表现在：

（1）员工与企业的追求不协调。我国制造业大多是国有企业。老国企总是给人尾大不掉的感觉，结构臃肿，改革难以推进，等级森严，层级制度官僚化严重，年轻的员工晋升困难。对于事业型的IT人才来讲，他们追求晋升和自我价值实现，当觉得前途渺茫和自身才能不能发挥时，就会选择另谋出路。另外，制造业企业对于信息化技术人员不够重视，不能提供良好的工作环境和学习氛围，而技术创新者所追求的是稳定的创新与学习环境，在心无杂念的氛围中发挥自身的潜能，但由于种种原因，企业的管理者无法为技术人员创造这样的环境和氛围，使得技术人员终日困扰在复杂的人际关系和日常事务中，无法安心于本职工作与研究。

（2）缺乏有效的激励。根据激励—保健理论，员工工作满意感与工作报酬、地位、工作环境、人际关系、管理风格等有关系。企业的员工自主性、独立性强。对他们来说，工资收入高，工作时间灵活，工作内容丰富，员工地位平等是工作的必备条件。只有满足了这些必备条件，企业才能提高员工的满意感，降低流失率；反之，员工就会产生离职意向。员工对当前工作满意并不意味着他就会安于现时岗位。对企业员工来说，工作的挑战性、个人对工作的自主权限及承担的责任大小，个人成就得到认可程度，职业发展前景，以及企业提供的培训学习机会，是否有利于个人的成长，以及是否有利于个人价值的实现等，都对员工离职意向的产生有决定性影响。当员工对富有挑战性的工作产生创造激情，感到对工作的控制权体现了自身与众不同的能力和价值，并且工作绩效得到领导认可，获得不断提高知识技能的发展机会，看到在企业中有良好的发展前景时，员工就倾向于留在企业发展。否则，可能产生离开企业的倾向。我国制造业薪酬、福利制度不够灵活，缺乏对IT人才的有效吸引，与IT企业的吸引力度相去甚远。这也是制造业IT人才流失的主要原因。[①]

目前对于IT应届生来讲，他们一毕业也许会选择制造业中的大企业，一方面可以解决户口，在这个城市落地生根，而且工作比较稳定，而企业往往也会花大量成本培养这些人才，但是当这些人员积累了经验并在专业技术方面有所建树时，就会跳槽到工资水平更高、福利更好的民营企业工作。到头来这些传统制造业国有大型企业仅仅变成了调班，为别人做了嫁衣。目前这种尴尬局面比较常见。

### 3.3.3 个人因素

影响IT人才流失的个人因素主要有性格特征、年龄、工龄、受教育程度、家庭状况、生活方式等因素。

（1）性格特征。信息化人才具有比一般人才更大的自主创业的潜能，具有比一般人才更强的实现自身价值的意识，比一般人才具有更强的适应新环境、挑战新岗位的自信心和能力。IT人才这些特殊的群体性格特征，决定了他们会倾向于频繁更换工作岗位，给工作带

① 王玉芹，叶仁荪：高科技企业员工离职模型．中国人力资源开发，2001.

来高流动性。①

（2）年龄因素。国外学者的研究显示，员工流动与年龄的负相关关系是一贯的，较年轻的员工有更大流动可能性。年龄与流动间相互关系受如下一些因素影响：年轻员工精力旺盛，对所在企业依附性不强，自身适应性强，有更多进入工作岗位的机会，且很少有家庭责任，因此流动起来较为容易。此外，年轻员工再就业早期阶段容易对工作产生较高预期，有时甚至是不切实际的预期，因此在进入企业后常会感到不满意。我国信息化人员的总体年龄处于较年轻的状态，人员总体的平均年龄不超过 40 岁，远远低于普通行业的平均年龄。这种低龄化的特点决定了他们充满活力和激情，不满足于现状。一旦他们觉得在该职位上没有发展前途，就会寻找更新、更高的职位。

（3）工龄因素。正如年龄对人才流动具有一定的影响一样，人才在企业的服务年限与人才流动之间一直存在负相关关系。工作年限越短，人才的流动率越高。工作年限是预测员工流动的有效的指标之一。据一项来自美国的研究报告分析，在所给定的任意一批年龄组的雇佣者中，有 2/3 ~ 3/4 的辞职事件发生在工作刚开始的头 3 年内。其中超过半数的辞职人员仅在工作满一年后便决定辞职。

（4）人力资本存量。在交通、通信技术越来越发达的今天，人力资本存量较高（通常也是受教育程度较高）的员工对各种信息的把握能力也较大；同时，他们所属的劳动力市场的范围也更大。而且，随着知识经济的发展，社会对一些具有较高教育水平的人才需求会越来越大。所有这些趋势都显示，高教育水平是员工流动的一个重要原因。人才的流动率与学历正相关。学历越高，流动率也越高。IT 人员通常受过良好的教育，学历较高，独立性强，据统计 IT 人员本科及以上学历人员占 80%，因此这些拥有高智力资本的人所属的劳动力市场的范围也很大，有较多的工作选择机会，而且随着知识经济时代的到来，社会对高素质人才的需求量越来越大，使得他们有更多的机会选择流失。②

（5）家庭状况。家庭状况，如孩子年龄、婚姻状况、配偶工作状况对员工流失也会产生一定影响。家庭责任与员工流动是正相关的，特别是员工是家庭中主要的挣钱者时。与配偶、子女亲人相聚的愿望，扶养老人的责任，都会使离家在外地工作的人才希望流动到家庭所在地城市去工作。一般来说，一个人所承担家庭责任越大，当其做流动选择时越要考虑家庭影响，如追求较好的气候环境，使子女能得到较好的教育等。③

（6）生活方式。员工的流失与其自身所追求的生活方式也有一定的关系。有些人喜欢较稳定的生活方式，其流动欲望不很强烈；相反，有些人讨厌单调而稳定的生活方式，喜欢多变，其流动欲望较为强烈，因而其流动可能性也较大。现在的年轻人重视生活享受，在工作之余希望获得更多的闲暇时间，因而他们会从工作时间安排比较刻板的企业流动到能灵活安排工作时间的企业中去。

① 崔振洪，苗雨君，曹玉秀：企业员工流失的原因及对策研究．商业研究，2008（4）．
② 张恒洲：现代旅游饭店员工流失问题研究．2001.
③ 杜文举：企业员工流失问题研究．2003.

## 3.4 全球智造背景下我国制造业两化融合复合型人才管理对策

### 3.4.1 建立基金制度，吸引 IT 企业和 IT 人才回归制造业

从目前有关两化融合的调研与研究文献看，两化融合人才队伍普遍分为 4 个层次，即战略层次人才、组织层次人才、操作层次人才与应用层次人才。IT 人才是实体经济中两化融合人才的重要资源，而 IT 人才，尤其是制造业 IT 人才的流失现象非常严重，或者是电子信息产业的 IT 人才不愿到制造型企业就业。这种情况很大程度上减缓了制造业信息化的发展速度。

进入信息时代以后，美国为了弥补本国 IT 人才，尤其是高级 IT 人才的短缺，美国政府放宽了面向具有高技术水平的外国人力资源的 H21B 非移民发放短期工作签证的限制，而持有 H21B 签证的外国人主要在计算机及相关行业供职。在 1998—2001 年，美国至少发放了 400 万个 H21B 签证。2001 年，计算机或 IT 行业中每 10 个就业机会就有 9 个被这些人获取。[①]

因此，为加快我国两化融合人才队伍建设，建议国家首先从政府层面建立基金制度，吸引海内外 IT 人才向制造业的回流与就业。

（1）建立各层级 IT 企业和 IT 人才回归制造业的基金制度。

鼓励 IT 企业整体或部分业务回归制造业。通过“两化基金”资助，鼓励制造业以自建、购并、合资、合作等多种形式吸引 IT 企业回归。特别是鼓励各行业的龙头企业，吸引 IT 软件企业（尤其是吸引国内外知名软件企业）整体或部分业务回归制造业。一方面，这会极大地提高两化融合所需的软件支撑技术产品的快速发展；另一方面，这既有利于软件企业及时掌握制造业的发展前沿和发展需求，以开发有针对性的产品，减少二次开发的成本，又为软件产业开辟一片蓝海，进而有助于两化融合基本队伍的形成。

鼓励 IT 人才回归制造业。通过基金资助，鼓励海内外 IT 人才回归制造业，快速充实、发展两化融合人才队伍。

从国家、区域层面，以税收、贷款等政策鼓励企业与 IT 业强强联姻；同时，工信部牵头，组织制定“两化融合领军人才”选拔标准，并明确各行业人才占比，采取企业上报区域，区域上报国家并层级考核的流程，通过国内外引进与培养，选拔一批两化融合领军人才并给予基金资助，鼓励这些领军人才尽快成长为推进我国两化融合的战略型人才，扶持他们有能力对国家两化融合的整体推进进行战略性的思考与设计，或成长为推动区域、企业两化融合的中间力量。

企业层面，参照国家、区域层面的两化基金制度，针对制造企业 IT 人才收入偏低的情况，鼓励设立“企业 IT 人才回归基金”。这些基金可以在企业层面通过基金项目形式给予资助，以吸引 IT 人才的回流，减少其后顾之忧，进而稳定制造业的 IT 人才队伍。

（2）建立针对引进 IT 人才的考评制度。

考评制度包括考评指标设计和激励机制设计。考评指标体系与基金相对应，分别从国家、区域和企业 3 个层面进行组织设计，考评所引进的 IT 人才对国家、区域、企业不同层

① 乔为国：美国信息技术产业成长中政府政策及启示．中国科技论坛，2007（8）．

面所做的贡献，包括对不同层面经济效益的提高，两化融合水平的提升，以及对两化融合项目的带动作用等方面的贡献程度。另外，指标设计可以与引进 IT 人才时所签的合同内容相比照，检查任务的完成情况。

激励机制包括奖励和惩罚两方面措施。其目的主要是督促、鼓励并引导所引进人才主动积极地投身于推动企业两化融合的工作。对“IT”人才的考评，每年进行一次。对考评不通过者给予个人与企业层面的双向惩罚。

（3）激励措施。

采取鼓励措施，推动企业积极自建、购并 IT 企业，或与 IT 企业进行合资、合作，吸引 IT 人才回归。在国家层面，要把对企业的各项评定鼓励措施与企业购并、合资、合作或吸引 IT 人才的做法挂钩，引导企业主动积极地吸引 IT 人才回流。

工信部向合资、合作企业以及吸引 IT 人才的企业提供某些政策性支持，如加大企业贷款的力度，适当减免贷款利息等。对不同行业、不同类型的企业，规定其每年吸引 IT 人才回归的数量或其在新员工中的比例，并将各区域、行业、企业吸引 IT 人才回归制造业的数量纳入国家“两化融合国家示范区”“两化融合示范企业”与申报重大项目等活动的指标体系。

### 3.4.2 建立职务职称晋升的信息化考核制度

（1）关于工程系列、会计系列、经济系列、统计系列等专业职称的信息化考核制度。

在目前制造业职称晋升体系的考核中，尤其是工程系列，增加关于行业信息化科目的考试，考核内容主要是将信息化与业务知识相结合，侧重考查两化融合需掌握的信息化知识与技能。借鉴英、美等国家注册会计师考试中将“会计信息化”“财会信息化”等作为考试内容的做法，从国家层面出台“职称评定要求”等相关政策，引导企业将两化融合知识、应用能力纳入人力资源管理的培训项目中。企业应逐步建立起与岗位晋升挂钩的人力资源管理条例。在执行过程中应优先考虑在工信部直属的重点企业内实施，等经验成熟之后再全面推广。

两化融合人才的建设秉持“新人新政策，老人老办法”的原则，根据行业、企业特点，考虑从业人员的年龄、岗位等具体情况，采用执行过渡期的办法，有计划地推进企业两化融合人才队伍的建设工作。例如，对制造型企业中的 45 岁以上（包含 45 岁）从业人员可免除其参加信息化考核，而对 45 岁以下从业人员则强制其参加信息化考核。

（2）关于技师晋级的信息化考核制度问题。

参照专业职称晋升方案，增加技师晋升信息化考核内容。参照专业职称管理政策，出台相应的技师晋升对信息化要求的相关规定。技师的主要来源是目前的技校、职业学校等。工人基本靠自身的学习来提升技能。未来的制造业发展趋向于智能化、自动化，新的制造设备、技术向生产一线的操作人员在掌握信息技术应用方面提出了更高的要求。例如未来的制造工厂，越来越普及的数控机床、机器手臂和机器人，这些现代化制造装备要求技师必须具备一定的编程和信息化技术应用能力，以及基本的修理、维护和处理能力。这既是两化操作人员能正确、熟练地胜任本职工作的基本素质，也是企业顺利推进两化融合工作的基本要求。因此，建议今后由政府引导，建立晋升平台，并根据不同行业和不同工种，进行信息化知识和操作技能的不断培训。

（3）培训与年检制度。

实行两化融合人才的继续教育计划，并启动年检监督制度。政府搭建平台，引导企业要求员工定期参加信息化考核，强化对从业人员上岗后的信息化知识的继续教育。实行联盟培训措施，即在每一个年检周期中，政府引线，企业运作，和社会培训机构成立合作联盟，联合开展教育培训。首先进行一定时间的专业继续培训，然后根据不同行业、不同岗位的信息化考核量化指标和两化融合应用考核量化指标，进行一次终期信息化考核；同时可以考虑将考核结果与员工的年终绩效相关联，或者对考核不通过的人员实行不予晋升职称等措施，从两方面鼓励和鞭策从业人员主动将信息化与业务进行融合。因此，企业对于上岗员工继续学习的监督检查最好做到一年一检；如果暂时做不到，可视具体情况调整为 2 年一检或者 3 年一检。

当今社会处于一个知识爆炸的时代，信息化飞速发展，知识更新换代的周期逐渐缩短。随着 3G，4G，以及云计算等技术的兴起，信息化建设人才所需掌握的知识和技术只有紧跟时代步伐随时更新，才能掌握不断发展的新技术、新方法，胜任现代制造业中的工作岗位。

### 3.4.3 建立两化融合示范案例研究平台与成果推广站，推动两化人才建设

IT 人才回流考评制度、职务职称信息化考核制度都伴随着对“两化”人才的培训问题。尤其是后者，员工只有借助社会培训机构有针对性地进行学习，才能通过考试与周期检查，而学习内容往往是理论知识、公共知识与应试技巧。因此，建立“两化融合”示范项目案例库是帮助员工学习实践经验、专业知识的重要平台。国家工信部有必要牵头组织并联合各制造行业协会，推动建立“4S”示范项目案例库与成果推广站。

（1）设立基金，建立“4S”模式分类案例库。

在“两化人才基金”中，设立案例库专项基金，资助、鼓励两化融合企业、个人申报，尤其是从政策上鼓励国家两化融合示范企业、试验区积极申报。案例库的建立将遵循“4S”模式。“4S”模式，最早是由美国倡导建立的，即从研究团队（Study Team）、科学流程（Scientific Processes）、质量标准（Standard Qualities）和成果分享（Sharing Productions）4 个方面来指导案例库的建设。遵循“4S”模式，建立两化融合专题案例库，进行两化融合项目、方法、模式、人才培养实践经验的交流，有利于对两化融合实践中的成功经验进行示范、推广，真正做到点、面结合，全面推进我国两化深度融合的进程。①

案例库的选材主要来源于两方面：一是两化融合人才案例，旨在总结、推广企业在“两化”人才培养、管理中的经验；二是两化融合示范项目案例，主要包括信息化提升改造传统产业案例、两化融合节能减排案例。每种案例库都包括企业在两化融合不同阶段的成功经验，如流程规范、自主创新、集成创新、信息技术突破等。入选案例要突出示范性、成果性和规律性的特点。

（2）设立案例推广站，推广示范项目成果。

一方面，建立“两化融合成果推广站”，对案例进行普及性推广；另一方面，对案例库的工作进行二次开发。针对不同行业和不同的融合阶段，挖掘案例库中共性的、规律性的成果、经验，并在全国进行推广。

---

① 徐拥军，宋扬：管理案例库建设的“4S”模式研究．东北农业大学学报（社会科学版），2009（4）．

案例库起步阶段由国家提供基础资金，启动推广站的工作。启动之后政府支持与市场化运作相结合，最后逐步过渡到市场化运作，即企业通过购买、付费咨询的方式获得需要的案例；另外，推广站也可回购案例，和企业签订“案例回购”合同，指导案例购买者实施“学习—实践—再提炼成果”的资料回收计划，及时向案例库补充新的实践经验。对案例库的二次开发工作，可以以基金的形式委托相关的专门研究机构进行开发，并利用研究成果及时指导两化融合工作的推进。

(3) 案例申报与考评体系相结合。

将案例申报工作纳入两化融合企业与两化融合建设的考评体系。为鼓励企业与个人积极申报案例，结合“两化融合人才资格认证”具体实施内容，把对案例的学习和思考作为人才考试和考核的部分内容，并将案例申报纳入两化融合人才考评体系。

### 3.4.4 建立两化融合人才资格认证平台

随着经济的发展，各行业特定的职业考试应运而生，比如注册会计师、证券从业、银行从业、注册税务师、资产评估师等。然而，随着两化融合建设步伐的加快，制造业专业人才，特别是不同层次的管理人员应该具备相应的信息化知识的要求也越来越迫切。因此，建立两化人才资格认证平台，主要目标是培养、培训企业的不同层次管理岗位人员，引导他们主动学习和应用信息化知识，并提高他们逐步应用信息化技术解决岗位具体问题的能力。

主要针对两类人才进行资格认证：一是引进的 IT 人才，只有通过两化人才资格认证，才能享受针对引进人才的基金资助；二是晋升各级管理岗位的人才，应通过相应级别的资格认证。建议国家出台相应政策，国有独资、控股企业先执行，并将企业通过资格认证的情况，作为贷款以及各项优惠项目的评定依据之一。

资格认证分为 5 个等级：初级、中级、高一级、高二级和高三级。

要求 CIO 岗位人员通过高三级资格认证。

要求企业所有中层管理人员通过高二级资格认证。

要求所有高级专业职称人员通过高一级资格认证。要求中级专业职称人员通过中级资格认证。专业人员的资格认证与信息化科目考试可以并列试行，并将满足其中一项作为职称晋升的门槛条件。

要求最基层的管理人员，如项目组长、车间组长通过初级资格认证。

针对不同制造行业的特点，在信息化与工业化融合的过程中，考核重要岗位管理人员是否掌握了两化融合知识，如六大职业功能模块：信息化管理、信息系统开发、信息网络构建、信息系统维护、信息系统运作和信息资源开发利用。将这六大模块在不同的制造行业融合过程中所需要的专业知识和信息化知识作为考核的主要内容。

试点先行，然后再逐步推广。开始阶段，由工信部选出首批进行两化资格认证的重点行业。选择的依据是：第一，根据全国两化融合现状，在国家级两化融合试验区及示范企业中进行“行业两化资格认证可行性分析”，选出一批可以优先进行“行业两化资格认证”考核的行业；第二，可以从现有的一些资格认证考试中，挑选发展成熟的资格认证考试，选取其行业作为先期典型示范行业。

在典型示范行业中进行不同类别的“两化资格认证”考核后，总结问题，发现问题，不断完善“两化资格认证平台”的建设，再向全国各制造行业推行。

## 思考题

（1）结合对本章的学习情况，谈谈我国如何吸引 IT 人才回归实体经济。

（2）谈谈 IT 人才和两化融合人才的共性和不同。

（3）谈谈制造业发展两化融合人才的优势和劣势。

# 第四章

# 高校两化融合人才培养与市场对接体系

本章提示

高校肩负着培养人才，发展科技，为社会服务的重要职能。它为现代化建设与实施科教兴国战略提供重要智力源和生力军。解决两化融合人才培养与市场无法有效对接的人才“瓶颈”问题，是我国高校的重要使命，是我国在第三次工业革命浪潮中发展壮大的时代要求。本章从高校视角探讨了高校促进两化融合人才队伍建设的重大问题。

## 4.1 高校两化融合人才培养与市场对接体系建设概述

### 4.1.1 高校两化融合人才培养与市场对接体系的提出

随着工业转型升级和信息化步伐加快，人才队伍建设成为推进工业化与信息化深度融合的重要力量，而两化深度融合人才发展成为促进国家发展的强大的战略性资源之一。建设一支具备强大两化深度融合创新能力、适合我国经济社会发展需要、规模适宜、结构合理的两化深度融合人才队伍，成为当今时代发展和参与全球竞争的必然选择。

当前，由于信息化的持续快速发展，欧美发达国家和地区正在加紧实施新一轮信息化人才战略。美国航空航天局、能源部和科学基金会推出航空航天局大学生研究计划、能源部杰出科学家计划等。欧盟创建“蓝卡计划”等。2006 年布什提出《美国竞争力计划》。2009 年美国国家科学委员会致奥巴马公开信提出《改善所有美国学生的科学、技术、工程和数学教育》。2011 年奥巴马政府提出《美国创新战略》。2011 年美国第 73 届国际技术教育大会的主题为“准备 STEM 劳动力：为了下一代”，旨在培育信息化人才，强化信息化以及国家整体工业实力，提升国家信息化产业能力，增强国家产业安全防御力。

目前我国两化深度融合人才队伍建设初见成效，两化深度融合人才队伍总体规模不断扩大，两化深度融合人才需求十分旺盛。如教育部提出了“卓越工程师教育培养计划”（简称“卓越计划”）。该计划旨在培养造就一批创新能力强、适应经济社会发展需要的高质量各类型工程技术人才，为国家走新型工业化发展道路、建设创新型国家和人才强国战略服务，对促进高等教育面向社会需求培养人才，全面提高工程教育人才培养质量，具有十分重要的示范和引导作用。

但是我国在两化深度融合人才发展战略、人才梯队建设、体制机制等方面仍存在一些重大问题，其突出表现在两个方面：一方面是我国两化融合人才队伍建设缺乏顶层设计与规划，而另一个突出问题则体现在人才培养与市场不能有效对接，存在供需矛盾。

我国目前对于两化深度融合人才队伍建设的重要意义仍缺乏全局性的重视，针对两化深度融合人才的战略布局缺乏顶层设计和规划，缺乏针对两化深度融合人才培养培训的布局和规范。人才战略是工业化能否实现的关键。新的生产科技、先进的仪器操作、对创新的需求，以及对可持续发展的要求，都需要具有国际竞争力的复合型两化融合人才。国外发达国家特别重视从顶层布局战略规划。2011 年美国发布《美国创新战略》报告，旨在培养具备 21 世纪知识和技能的新一代人才，打造世界级的劳动大军，为美国再工业化奠定坚实的基础。

因此，我国相关部门尽快落实我国两化融合人才队伍建设的相关顶层战略部署迫在眉睫。工信部及有关部门贯彻全国人才工作会议精神和《国家中长期人才发展规划纲要(2013—2020 年)》文件精神，及时组织专门力量开展调查研究工作，发布《全国两化深度融合人才发展中长期纲要（2013—2020 年)》。规划描绘我国未来 5 ~ 8 年两化深度融合人才发展的宏伟蓝图，科学地确定到 2020 年我国两化深度融合人才发展的战略目标、工作方针、总体任务、改革思路和重大举措。落实《全国人才队伍建设规划纲要（2006—2020 年)》，建议拟定《2010—2020 年全国两化深度融合人才队伍建设规划》，建立人才培育、人才引进、人才使用等完整的体系，为工业转型、升级，迎接第三次工业革命，提供智力保障。建议制定《关于加快两化深度融合人才培养和队伍建设的若干意见》，内容涵盖两化深度融合人才培养和队伍建设的总体目标，加快两化深度融合人才培养和队伍建设的主要措施，为加强两化深度融合人才培养和队伍建设创造良好的政策环境，加强对两化深度融合人才培养和队伍建设的组织和指导等。在两化深度融合人才发展评估的基础上，建立两化深度融合人才认证体系；同时，把两化深度融合人才指标纳入区域、行业、企业的两化深度融合指标体系中。增大主管部门对企业两化深度融合人才队伍建设的考核力度，加大人才评价的权重。

小知识 4.1

### STEM

STEM 代表科学（Science)、技术（Technology)、工程（Engineering）和数学(Mathematics)。STEM 教育就是科学、技术、工程和数学的教育。在国家实力的比较中，获得 STEM 学位的人数成为一个重要指标。美国政府推行 STEM 计划，鼓励学生主修科学、技术、工程和数学（STEM）知识，并不断加大科学、技术、工程和数学教育的投入，培养学生的科技理工素养。

2006 年 1 月 31 日，美国总统布什在其国情咨文中公布一项重要计划——《美国竞争力计划》(American Competitiveness Initiative，ACI)，提出知识经济时代教育目标之一是培养具有 STEM 素养的人才，并称其为全球竞争力的关键。由此，美国在 STEM 教育方面不断加大投入，鼓励学生主修科学、技术、工程和数学，培养其科技理工素养。

2009 年 1 月 11 日，美国国家科学委员会（National Science Board，以下简称委员会）代表美国国家科学基金会（NSF）发布致美国当选总统奥巴马的一封公开信。其主题是“改善所有美国学生的科学、技术、工程和数学（以下简称 STEM）教育”，明确指出：国家的经济繁荣和安全要求美国保持科学和技术的世界领先和指导地位。STEM 教育是建立领导地位的基础，而且应当是国家最重要的任务之一。委员会敦促新政府抓住这个特殊的历史时刻，并动员全国力量支持所有的美国学生发展高水平的 STEM 知识和技能。2011 年，奥巴马总统推出了旨在确保经济增长与繁荣的新版的《美国创新战略》。新版的《美国创新战略》指出，美国未来的经济增长和国际竞争力取决于其创新能力。“创新教育运动”指引着公共和私营部门联合，以加强科学、技术、工程和数学（STEM）教育。

### 4.1.2　高校两化融合人才培养与市场对接体系建设的必要性

根据《国家中长期人才发展规划纲要（2010—2020 年）》《工业和信息化部所属高校教育事业改革和发展“十二五”规划》的战略部署，为实现我国人才发展，培养、造就规模宏大，结构优化，布局合理，素质优良的人才队伍，确立国家人才竞争比较优势，进入世界人才强国行列的总体目标，以我国两化深度融合为抓手和切入点，积极推进两化融合人才队伍建设，对于优化我国人才队伍整体结构，提升我国人才队伍整体素质，落实我国人才强国战略，加强我国新型人才战略布局，具有重要意义和推动作用。

高等教育的原动力源于为社会和经济发展培养适用人才并为社会与人类进步提供智力支持。不断适应人的发展需要和社会发展需要是高校的重大职能。高校是连接社会发展需要与个人发展需要的重要中介。在信息化与再工业化发展过程中，我国经济领域需要大量的两化融合复合型人才，但是目前我国高等教育的结构性失衡现象尤为严重，高校学科专业的层次类型结构与经济社会总体结构不相协调，大学生的质量规格与工业经济发展的要求不相适应，突出表现在毕业生知识结构不能满足企业发展需要，精英人才缺乏，后备人才严重不足；懂工业的不懂信息技术，信息技术专业的学生不了解工业实体情况；大批“对口”毕业生找不到工作，也有许多工业企业无法招聘到足够数量的合格人才。人才市场结构性矛盾突出正是高校人才培养与市场需求不对接的必然结果。高校人才培养与市场需求不能有效对接是造成目前我国两化融合人才“瓶颈”的根本性原因。

企业需要大量两化融合人才。推动“两化”融合，需要解决融合型人才的问题。如何更快地补齐两化融合的人才短板成为推动两化融合的重要工作。如推动专业物流信息化发展是带动产业升级的重要抓手，但专业物流信息化需要真正懂专业物流的人才，而这些人才目前都集中于传统物流企业中，在从事物流信息化的企业中却大量缺失。这是专业物流信息化难以推进的关键原因。在我国装备制造企业中，严重缺乏熟悉机床改造、数控维修的技术人才。这将直接影响改造后机床效能的发挥①。目前这类供需矛盾大量存在于我国两化融合企业中，因而企业呼吁高校设立两化融合类专业，培养适合企业需求的两化融合的“对口”人才。企业自身培养两化融合人才能力有限，精力不足，动力欠佳，并且培养时间长，成本及风险大，更跟不上已进入了产品融合、技术融合、管理融合和产业融合阶段的两化深度融合的脚步。因此，高校适应企业需求，设立相关专业，开设相关课程，打造相应培养方案，

① 快速补齐两化融合人才短板．中国电子报 2009 年 7 月 10 日第 008 版．

为我国两化融合发展培养出高素质的人才梯队意义重大且势在必行。

同时，高校促进两化融合人才培养与市场对接也有利于高校自身的发展。开展应用性研究，培养实用人才，往往是高校实现跨越式发展的重要策略。麻省理工学院，创建于1861年，最初建校时仅仅是一所技术学院，培养专门技术人才，研究专门技术，后来逐渐增设了人文学科，但是学院始终保持其纯技术性质的理工科院校的特色。“培养有用人才”是麻省理工学院的核心文化与办学理念。著名的斯坦福大学，创建于1891年。其创建之初的办学理念就是不做纯学术的象牙塔，而是围绕研究与发展办学。“实用教育”也是其办学的优良传统。其科学研究更多地偏重且擅长于应用类或者具有广泛应用前景、位于前沿的课题项目。①

人才是工业化与信息化融合的关键。针对工业化与信息化融合的特点，高等院校应根据“既懂传统专业知识，又具有信息技术知识的复合型应用人才”的培养目标，探索新型复合型人才的培养模式，以推进我国工业化与信息化的融合。但如何制定一套全新的、系统的、科学的、合理的复合型软件人才培养方案，对促进信息化与工业化的融合将起到决定性的作用。

研究高校促进两化融合人才培养与市场对接问题意义重大。培养创新国际化下我国两化深度融合智慧军团，为着力解决我国两化深度融合人才与市场需求有效对接问题提供决策咨询和智力支持，有助于开创我国工业和信息化领域人尽其才、才尽其用，各取所需、各得其所，人才辈出的新局面。

小案例 4.1

### 沈阳老工业地区两化融合人才供不应求

2009年，国家提出实施两化融合战略，随后分两批在16个试点城市推进两化融合工作。作为第二批试点城市之一的沈阳的两化融合走在全国的前头。然而，当沈阳向两化深度融合迈进时，众多企业却遇到了专业人才缺乏的难题。本报与沈阳两化融合发展促进中心联合对40余家沈阳制造业企业所做的调查发现，专业人才严重缺乏成为两化深度融合的最大“瓶颈”。

**企业之痛　两化融合人才奇缺**

3月20日，某制造企业的大件一车间，正在紧张工作的10 m立车床突然停工，一停就是半天。原来是在进行第二道工艺——镗削时，计划员在操作企业新上的软件MES（制造执行系统）时下错了指令。“我们经常出现因员工不熟悉软件而产生的各种各样问题，甚至会严重影响生产进度，”该企业两化融合办公室主任无奈地说。

特变电工沈变公司的两化融合进入企业流程优化阶段。该集团副总工程师宋岩松说，把企业内部流程标准化，再进行流程的优化，这个过程涉及多达数千万个零部件，上百个环节。能把这些用信息化手段联系起来的人才很少，能对流程再优化的人才更是凤毛麟角！作为沈阳市两化融合推动的实体力量，沈阳两化融合发展促进中心对包括特变电工沈变、北方重工、沈阳防锈包装等40余家制造企业所做的调查显示，缺少懂得企业业务与IT知识的复合型人才，已成为沈阳推进两化融合的最大“瓶颈”。

① 徐立清：试论高校人才培养与市场对接的必要性及其对策．高等农业教育，2007（7）．

另一份由沈阳两化融合发展促进中心提供的网络调研数据显示，2014 年 2 月，沈阳市 42 家重点企业共发布招聘岗位 599 个，招聘人才数量 2 479 名。其中两化融合型人才岗位 1 325 个，占总招聘人数的 53.4%。两化融合人才岗位成了目前企业需求量最大的岗位。

三洋重工信息部负责人说："现在企业搬迁、改造工作给部门网络信息化人才带来巨大缺口。现在这样的人才有多少我们要多少！"中瑞汽车零部件企业技术部负责人表示："企业一线员工对信息化技术很陌生。我们迫切需要高素质的两化融合人才加盟。"

**调查数据　岗位需求近十万个**

"沈阳两化融合人才奇缺。这是一个正确判断！"一位长期从事两化融合全市管理的专家说。那么，具体缺口有多大呢？

IBM 公司为特变电工沈变规划的两化融合人才匹配报告显示，像特变电工沈变这样年销售收入超过 50 亿元的企业，两化融合人才团队要达到 30 人。沈阳两化融合走在最前头的是三一重装，从 2004 年成立到现在，年销售收入从几千万元到突破 50 亿元，两化融合起到了巨大的支撑作用。该企业两化融合人才专业队伍有近 40 人。

依据这两个公司的标准，考虑到企业类型（如通用类或是非标类）及信息化复杂程度等，企业每亿元销售收入配两三名独当一面的专业素质强的两化融合人员是人才需求的底线。

数据显示，2013 年，沈阳市共有规模以上企业达 4 033 家。沈阳市两化融合促进发展中心对这些企业两化融合开展后的人才需求进行分析后发现，网络维护人员、网站维护人员、电子商务人员、情报人员、翻译人员等岗位的总需求规模在 9 万人左右，而这还不包括在产品设计、流程优化等方面更高端的两化融合人才。当两化融合让企业生产车间进入数字化、物流进入信息化、远程监控进入管理系统后，企业对复合型人才的需要将越来越多。

**市场呼唤　大学设立"两融"专业**

近日，沈阳北软信息职业技术学院数控技术专业（两化融合方向）人才接到来自中航工业集团的用人通知，该方向 36 名 2014 年毕业生即将被该公司录用。今年，北软的两化融合专业毕业生约有 500 人，已有近百人签订了就业意向合同。在大学毕业生普遍就业难的形势下，职业技术学院的毕业生为何能进入大企业？帮助企业解决了大量生产线上 MES 终端设备维护难的问题，提供专利、互联网支持，跟踪前沿技术……前两届两化融合专业方向毕业生的优异表现让企业深深体会到北软毕业生的"实用性"。在全国第一个设立了两化融合专业方向的沈阳北软信息职业技术学院，凭借敏锐的前瞻性抢占了就业先机。

"两化融合，就本质而言，是补上工业化的短板，通过标准化等核心内容，让企业效率提高。"两化融合专家，有十几年两化融合工作经验的宋岩松坦言，"而补工业化短板就要熟悉企业内部的所有业务，并能寻找到与信息技术的结合点。没有 10 年的企业工作经历和五六年的 IT 工作经验，很难做到。"

"靠企业自己培养人才显然来不及，也不够用，更跟不上已进入了产品融合、技术融合、管理融合和产业融合阶段的两化深度融合的脚步，"沈阳北软信息职业技术学院院长张桂平指出，"两化融合人才缺失的解决之道，就是高等院校适应两化融合发展的需要，尽快设立两化融合专业，建立两化融合的思维体系和知识体系，推动两化融合向深度进军。"

［资料来源：沈阳日报 2014 年 4 月 2 日第 A08 版］

## 4.2 高校两化融合人才培养与市场对接的主要问题及解决思路

### 4.2.1 高校两化融合人才培养与市场对接存在的主要问题

当前我国人才培养与市场不能有效对接的问题凸显，严重阻碍了我国两化深度融合发展。只有解决我国工程类、信息类等两化融合人才培养与市场有效对接的问题，才能真正发挥人才第一资源对推进两化深度融合、促进我国转变经济发展方式、发挥产业优化升级的杠杆作用。人才培养与市场不能有效对接的问题具体表现在以下4个方面：

第一，我国两化深度融合人才结构不合理阻碍人才培养与市场有效对接。人才结构不合理，导致低层次人才供大于求，不能人尽其才，而高层次的人才梯队却出现供不应求的矛盾。一方面我国教育投入逐年递增，每年大批工程、信息类专业人才毕业而就业形势日益严峻；另一方面我国工业企业对两化深度融合人才需求十分旺盛，急需大量两化深度融合复合型人才。

第二，我国工程、信息类毕业生不能满足企业实践要求。从国内人才市场的需求来看，我国大学生招生和毕业人数逐年增加，但由于存在专业知识学习和实践的差距，毕业的大学生被社会和市场消化吸收有限。这部分未就业的只能被称为潜在两化深度融合人才，还无法成为现实两化深度融合人才。①

第三，企业高级人才不能满足企业信息化需求，急需大量高端领军复合型人才。当前企业高级人才面临急切的信息化培训需求，而作为企业管理层的CIO还没有真正成长起来。世界正在迈向信息化时代。我国科学技术人才呈不断增长趋势，但这些科技人才主要集中在普通技术工作人员，而真正掌握高尖端技术的人才，以及具有创新性的复合型人才更显匮乏。

第四，大量精英人才流失严重，我国亟须培养大量具有国际化视野的两化深度融合人才。人才流失突出体现在两个方面：一方面大量IT人才从经济实体流失严重，而另一方面精英人才向国外流失严重。当前我国培养的IT等高端专业人才向欧美等大国流失严重，且国内企业引进国外高端人才动力不足，而国内大量中高层两化深度融合人才欠缺国际化视野和素养，国内工业化、信息化企业急需大量具有国际化视野的两化深度融合领军人才。

### 4.2.2 高校两化融合人才培养与市场对接问题的解决思路

为了促进我国两化深度融合人才培养与市场有效对接，培养出符合新型工业化行业、企业需要的复合型两化深度融合人才，采取的主要举措及要实现的4个主要目标如下：

（1）目标一：解决高校如何培养符合市场标准与市场需要的两化深度融合复合型人才，为新型工业化建设源源不断输送人才队伍的问题。

主要举措：启动“两化深度融合拔尖学生创新基地”计划（01计划），旨在对高等教育面向工业化信息化要求和社会需求培养人才，调整人才培养结构，提高人才培养质量，推动“干中学”模式教育教学体制改革，增强毕业生服务两化融合建设的就业能力；打造两化深度融合交叉学科群（02计划），通过两化融合交叉学科建设着力建设全产业链人才梯队。

（2）目标二：解决已经进入工业领域及市场体制内的工业化人才的信息化水平不高，

① 谢作渺，许敏：我国人才供需失衡分析与对策研究．生产力研究，2010（04）．

不能满足企业信息化发展需求的问题。

主要举措：建立两化深度融合人才教育培训基地（03 计划），使企业两化融合人才回归高校进行信息化知识更新、补充和能力提升；为大量产业蓝军提供条件，采取“实践，回炉，再实践，再培训”的培训机制，鼓励其在以两化融合实现产业升级模式上不断探索，并依托产业集聚的优势，实现区域两化融合水平的提升。

（3）目标三：着力解决如何设立平台、创新机制，促进人才培养与市场有效对接的问题。

主要举措：搭建两化深度融合人才交流与对接平台（04 计划），通过探索两化融合从业资格认证体系，逐步推进我国两化深度融合人才资源大数据云库建设，搭建平台，促进人才交流与对接，建立我国两化融合人才交流公共服务机制。

（4）目标四：着力解决如何健全机制，提升我国两化融合人才的国际化素养问题。

主要举措：通过 4 项重大计划（01～04 计划）共同贯彻推行国际化培养，坚持开放、合作以及两化深度融合人才的国际化和全球化，通过国外培养项目、国际化师资引进和在国际两化大型企业实习项目等多措并举，探索创建两化深度融合国际化培育环境，重点拓宽我国两化深度融合全产业链人才的国际化视野（如图 4.1 和图 4.2 所示）。

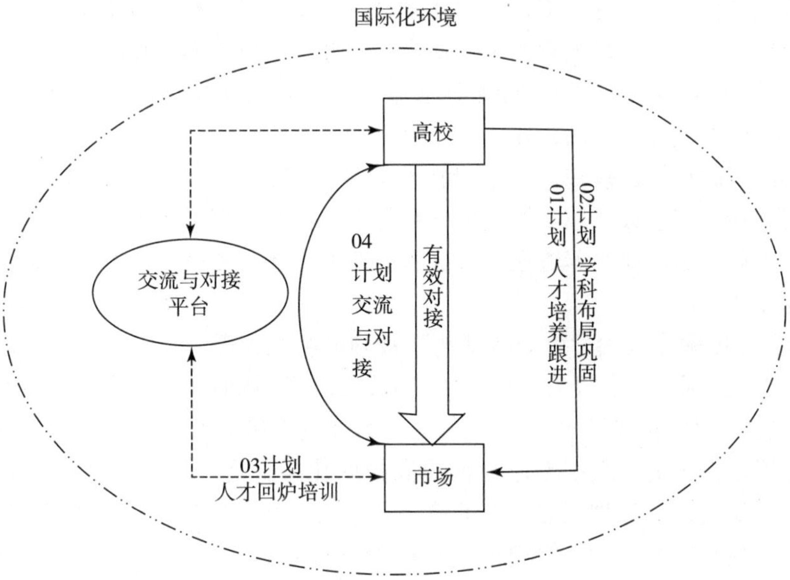


**图 4.1　体系设计思路**

| 总目标 | | 实现我国两化深度融合人才培养与市场有效对接 | | | |
|---|---|---|---|---|---|
| 分目标 | | 目标一 | 目标二 | 目标三 | 目标四 |
| 两化深度融合智慧人才战略 | 01 计划 | ★ | | | ★ |
| | 02 计划 | ★ | | | ★ |
| | 03 计划 | | ★ | | ★ |
| | 04 计划 | | | ★ | ★ |

**图 4.2　“智慧人才战略”行动路线**

## 4.3 高校两化融合人才培养与市场对接体系的方案设计与对策建议

### 4.3.1 实施“两化深度融合拔尖学生创新基地”计划，促进校企合作

随着我国工业转型升级和信息化步伐加快，人才队伍建设成为推进工业化与信息化深度融合的重要力量，而两化深度融合人才发展则成为促进国家发展的战略性资源，成为当今时代发展和参与全球竞争的必然选择。但是目前我国高校人才培养与企业需求严重脱节，特别是工程类教育人才培养陷入困境。

进入21世纪后，为应对全球经济的挑战，美国加强高校与产业界的联合。为保持国家的经济繁荣和世界科技领先地位，美国联邦政府在教育领域提出STEM教育理念（即“科学、技术、工程和数学”教育）。奥巴马政府计划在2020年前再培养出10万名从事STEM教育的教师，并与美国100多位企业首席执行官合作组建“变革方程”机构，扩大实施STEM课程计划，旨在培养全体美国人的科学技术素养，特别是培养引领产业发展的世界一流劳动力。

两化融合是工信部的立部之本，而两化融合人才培养是高校，特别是工信部部属高校面向工业、面向发展、面向未来教育的重要使命。因此，建议面向两化深度融合发展的迫切需求，实施“两化深度融合拔尖学生创新基地”计划，加强高校与企业间的合作，联合两大主体培养两化深度融合拔尖创新人才。

在部属的7所高校中选拔在“科学、技术、工程和数学”等学科具有明显优势的学校，巩固并不断提升在核、航天、航空、船舶、兵器、军事电子等优势领域的科技水平和能力，为国防系统、工业、通信业培养输送一批优秀应用型人才、复合型人才和拔尖创新人才，积极推进两化深度融合。

（1）“两化深度融合拔尖学生创新基地”计划的组织管理。

1）建立“两化深度融合拔尖学生创新基地”计划领导小组。工信部相关部门共同成立“两化深度融合拔尖学生创新基地”计划领导小组并设立秘书处，负责协调部属高校两化深度融合人才培养工作，负责组织专家对部属高校两化融合类学科的评估，开展“两化深度融合拔尖学生创新基地”计划试点高校的遴选和退出评估，“两化深度融合拔尖学生创新基地”计划保障经费分配和管理，搭建两化深度融合校企合作资源共享平台，制定出台《关于实施“两化深度融合拔尖学生创新基地”计划的若干意见》等。

2）成立专家咨询委员会。从部属高校、科研机构、示范企业选拔专家和行业领军人才，共同组成“两化深度融合拔尖学生创新基地”计划专家咨询委员会，提供“创新基地”总体规划和整体培养方案、试点高校遴选、管理实施、阶段性检查和评估等方面的咨询服务。

（2）“两化深度融合拔尖学生创新基地”计划的组织实施。

由领导小组和专家咨询委员会共同对高校在两化融合的学科优势，基础平台条件，面向产业发展的综合能力，面向科技前沿能力等方面进行评估，对于符合条件的，批准认定为“两化深度融合拔尖学生创新基地”计划试点单位。参与计划实施的试点单位从体制机制和教育教学两方面开展有深度、有力度的改革，采取以下措施：

1）建立“两化深度融合拔尖学生创新基地”（以下简称“创新基地”）。在参与计划的试点高校内建立“创新基地”，作为计划实施的载体。“创新基地”在教学、科研和管理方

面享有充分的自主权，在考试招生、专业设置、教师聘任、经费使用、考核评价等方面实行特殊政策。

2）探索“创新基地”的运行模式。首先，实行教授和工程师双治理模式。试点单位成立教授委员会或学术委员会，负责制定“创新基地”试点单位培养方案，对“创新基地”的发展规划提出咨询意见，严格对教师的学术水平进行评价，对教师评聘、教学科研工作等进行学术把关。其次，“创新基地”课程项目包括基础课程、专业化课程和顶层课程及企业实践课程。依托工业和信息化部、教育部和地方政府，围绕国家重大战略需求，紧密结合汽车、船舶、飞机、通信等行业背景，开展一系列应用研究，建设一批设备先进、人才聚集、引领行业技术创新人才基地。① 再次，建立“创新基地”校企合作实践平台。“创新基地”使学生学会统筹，培养团队合作的设计能力、批评性思维和问题解决能力，同时解决当前企业在两化深度融合中存在的实际技术困难。最后，创立国际校企合作模式。通过国际校企联合培养、暑期学校、短期出国考察等方式，分期、分批将进入“创新基地”计划的学生送到国外一流大学和世界知名企业学习、实习和交流。

3）为“创新基地”提供保障。首先，设立“创新基地”专项资金，资助学生开展国际交流、科研训练和创新基地校企合作实践；同时，向参与计划的高校学生开放国家实验教学示范中心、国家实验室、两化融合示范企业等，为学生参加实践教学、科研训练和创新活动提供有力支持。其次，配备“创新基地”一流师资。“创新基地”实行严格的教师选拔和聘任制，既面向学科发展，又面向市场，聘请具有国际影响的著名科学家和国际知名企业家对“创新基地”培养方案及培养过程进行指导和授课。工信部出台相应优惠政策，吸引、鼓励知名企业家担任“创新基地”导师。

（3）“两化深度融合拔尖学生创新基地”计划的质量绩效评价。

由“创新基地”领导小组组织专家对试点单位进行过程监督和退出监督。一方面围绕高校两化深度融合人才培养定期组织交流活动，对参与计划的学生实行动态管理，跟踪其成长和发展过程；另一方面由领导小组牵头，对试点单位每4年组织一次退出评估（如图4.3所示）。

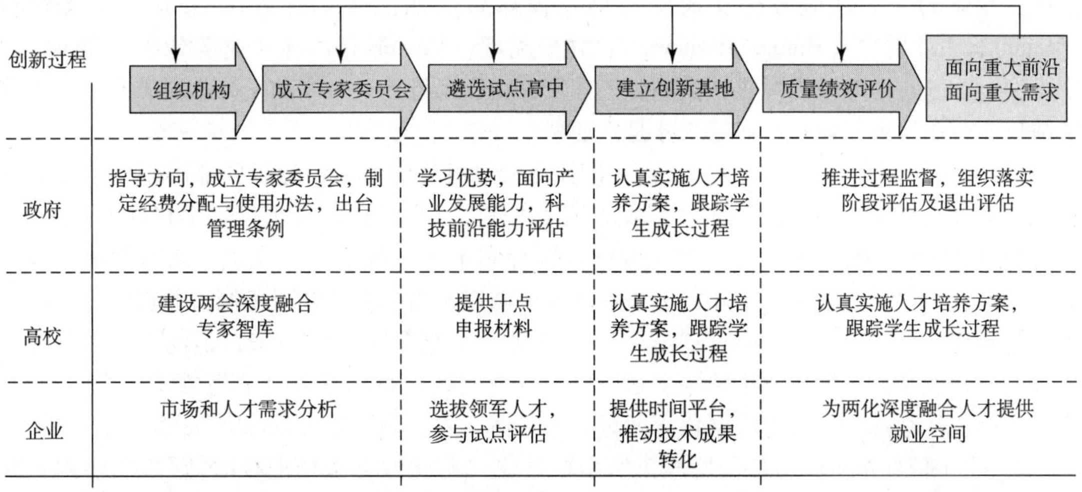


**图4.3　“两化深度融合拔尖学生创新基地”计划推进路线**

① 程永波，方维慰：高校推进信息化与工业化融合的分析．高等理科教育，2010（2）．

### 4.3.2 着力建设全产业链人才梯队，打造两化深度融合交叉学科体系

人才是创新要素中最具能动性的核心要素，是推进两化深度融合最具根本性的战略资源。培养两化融合人才，特别是两化深度融合全产业链人才梯队，必须打造两化深度融合交叉学科群。浙江大学与 IBM 联手创办了“软件与服务工程系”。其目标是培养既懂软件，又懂行业的软件工程硕士，旨在解决目前大学培养出来的软件人才不懂行业的问题。高校培养两化融合复合型人才，必须有配套的复合型、融合性学科和专业，跟进学科专业的两化融合人才培养方案，并配备相应的师资队伍。师资队伍的融合性体现在师资队伍包括来自交叉学科的各个专业的老师和企业导师等。通过高校积极建立市场需求的两化融合类专业，有针对性地为我国两化融合发展培养大量的适用型人才。

（1）突破传统学科建设思路，打造两化深度融合交叉学科群。

根据《工业和信息化部所属高校教育事业改革和发展“十二五”规划》，工信部于“十二五”期间着手组织开展了重点学科专业建设工作，2012 年组织申报了一批工业和信息化部重点学科专业，取得了重要进展。新时期为了进一步推进两化深度融合交叉学科建设，需要打破传统学科建设思路，跳出学科建设单一出发点，从为我国两化深度融合发展市场需要，培养全产业链人才梯队的全局观出发，促进学科建设从“申报型”向“建设型”转变，通过工信部部属高校先试先行推进教育体制机制改革。

创建两化深度融合“人才魔方”培养方案，以两化深度融合“人才魔方”为突破口，由内到外，由浅入深，由表及里，打造两化深度融合交叉学科群，实现“三个打破”，即打破学科间专业障碍，打破高校间物理壁垒，打破产业链上、下游人才断层。两化深度融合涉及软件工程、企业管理、产品设计、装备制造、自动化控制、系统集成等多个学科专业的融合，若仅凭单一学科、高校单打独斗，战斗力则无从谈起，故要发挥工信部顶端整合优势，依托工信部所属 7 所高校所拥有的支撑两化深度融合发展的海量资源。

通过对两化深度融合人才培养发展路径及企业需求的分析，构建培养两化深度融合不同层次、专业的“人才魔方”交叉学科群建设体系（如图 4.4 所示），分别从交叉学科（Major）、人才层次（Human Resource）、高校类型（University）和产业链分布（Chain）4 个维度，系统、动态地为两化深度融合人才培养提供指导，判断当前交叉学科分布、人才需求缺口、行业发展强弱和产业链人才是否通畅。

1）以工信部所属 7 所高校为试点，依托高校自身优势学科，组织各部属高校出台《两化深度融合类交叉学科建设及人才培养方案》，整合已有学科，真正打破学科间专业障碍。如整合机械工程、管理科学与工程、数学和统计学 4 个一级学科，设立工业与系统工程学科，为促进两化深度融合，推动制造业走向智能制造、服务制造和绿色制造，提供人才、技术、管理理论与方法支撑。实行“三方导师制度”。3 名导师分别由来自不同专业和具有实战经验的企业专家担任，学生从入学起即进行企业实践，直面企业当前最急需解决的问题，为企业打造具有可转移能力的两化深度融合领军性人才。

2）由工信部牵头，工信部所属 7 所高校共建“两化深度融合七校联盟”。联盟内各高校突出特色，以该校优势学科为牵引设立示范学科，联合相关企业，带领其他学校相同学科，组成该领域内顶尖团队，以团队联盟形式承担重大项目，共享资源，共享信息，共享设备及实验室，共同打造优势交叉学科。

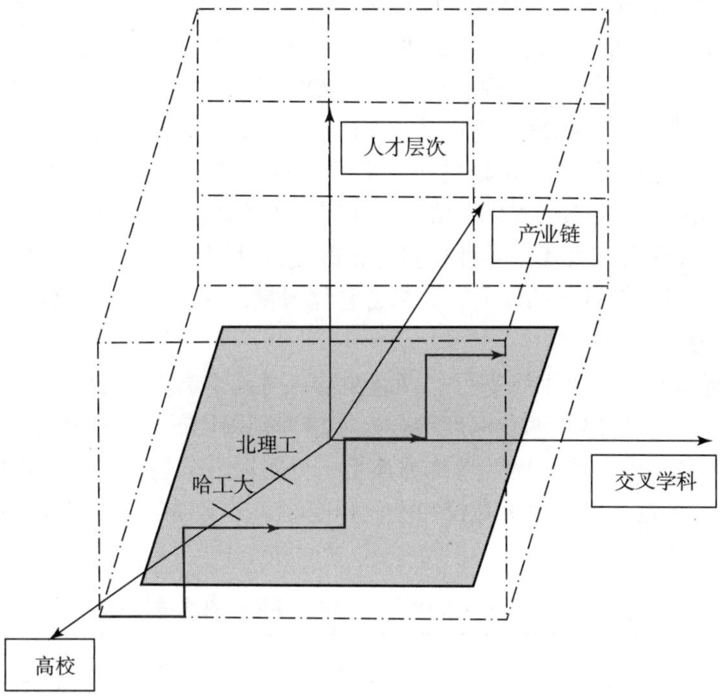


**图 4.4 两化深度融合“人才魔方”交叉学科群建设体系**

3）择期推广“两化深度融合七校联盟”模式，集合全国范围内优势资源，共同助力推进两化深度融合进程。启动“两化深度融合普及计划”，打破产业链上、下游人才断层。在全国高校内的所有专业全面普及两化深度融合基础课程，邀请两化融合领域专家，让不同学科、专业的学生全面提升两化深度融合的基础知识素养，为今后向企业输出两化深度融合基础类人才提供保障（见表 4.1）。

**表 4.1 七校联盟共建两化深度融合交叉学科推进计划**

| 阶段 | 工作目标 | 主要任务 |
|---|---|---|
| 第一阶段 | “人才魔方”交叉学科群建设；<br>组建七校联盟 | 向各部属高校贯彻推广“人才魔方”交叉学科群建设体系思路；<br>组织各部属高校抓紧出台《两化深度融合类交叉学科建设及人才培养方案》；<br>高校内不同学科整合形成两化深度融合交叉学科，即工信部重点学科；<br>高校间组建七校联盟，高校、企业之间联合组建团队，共同承担项目；<br>定期组织两化深度融合学科评估与建设交流会与研讨会 |
| 第二阶段 | 初步形成两化深度融合全产业链人才梯队 | 以示范性交叉学科为结点，以点带面，整合全部交叉学科，形成全产业链人才梯队；<br>部署未来 5 年交叉学科建设 |

（2）构建两化深度融合人才培养评估体系，完善两化深度融合交叉学科体系。

完善两化深度融合交叉学科群，构建科学、合理、客观、公正的两化深度融合人才培养评估体系。人才培养评估体系的建立，能够高度激发高校与企业双方共同培养两化深度融合人才的积极性，培育切实解决企业问题的两化深度融合人才，促进我国产业转型与升级。

1）工信部组建专家委员会对现有的两化深度融合人才培养机构进行客观公正的评估，站在科技发展和产业需要的高度，进行系统调研、跟踪研究和科学分析，对我国两化深度融合人才培养进行考核与评估，并定期发布《我国推进两化深度融合人才培养进展与趋势研究报告》，以便为国家有关部门提供权威的、实时的决策依据。

2）创新两化深度融合人才培养评估指标，改变以往对计划、项目、机构、人员、成果等的评价过于频繁或简单量化的倾向，要综合整体考量，侧重评估两化深度融合人才解决企业实际问题的能力。

3）由工信部牵头，每年年终举行“两化融合人才培养效果综合排名”，通过对上一年工作的考核与评估，评选出“两化深度融合人才培养创新团队”“两化深度融合杰出人才”“两化深度融合人才培养示范基地”等优秀典型，分阶段、分层次推出几批两化深度融合交叉学科示范学科及示范高校，给予高校和企业相应的荣誉奖励与资金支持，鼓励先进模范发挥带头作用（见表4.2）。

**表4.2 两化深度融合人才培养评估体系推进计划**

| 阶段 | 工作目标 | 主要任务 |
|---|---|---|
| 第一阶段 | 组建专家委员会；<br>启动人才评估计划；<br>实施人才培养排名制度 | 进行人才评估体系设计的调研与专家讨论；<br>设计人才评估指标体系；<br>提出两化深度融合人才评估体系及具体实施方案；<br>进行两化融合人才培养效果综合排名 |
| 第二阶段 | 发布《我国推进两化深度融合人才培养进展与趋势研究报告》；<br>调整并完善两化深度融合人才评估体系 | 总结两化深度融合人才培养进展与趋势的经验；<br>推出第一批两化深度融合交叉学科示范学科及示范高校；<br>提出未来5年新的发展趋势 |

(3) 设立两化深度融合人才培养基金制度，支撑两化深度融合交叉学科建设。

以工信部牵头，科技、教育等部门的相关领导、专家参与，设立两化深度融合人才培养基金制度，重点支持在两化深度融合过程中有突出成就的人才，如“两化深度融合杰出人才”获得者，特别是在有效解决企业实际问题方面有重大突破的优秀人才，要给予其相应的基金支持；重点支持在两化深度融合过程中对人才培育有突出贡献的高校和企业，如“两化深度融合人才培养创新团队”和“两化深度融合人才培养示范基地”，为示范高校和示范基地的建设添砖加瓦；重点支持两化深度融合发展战略方面的研究工作，充分发挥高校战略智库作用，同时重点支持两化深度融合示范交叉学科的发展和建设，特别是向解决企业重大问题的交叉学科投入必要的资金保障。

### 4.3.3 建立两化融合人才教育培训基地，逐步完备产业军团回炉培训体系

如今区域、行业、企业两化融合建设成果日益显现，两化融合复合型、应用型人才需求迫切。由于企业规模、行业发展水平、开放程度、竞争环境不同，再加上信息化知识、技术

手段、商业模式层出不穷，导致不同区域、行业、企业发展水平有很大差异。各地区中小企业两化融合建设速度缓慢，企业员工从 CIO 到一线应用型人才信息化水平不足严重阻碍了两化深度融合的推进。因此，要尽快推动两化融合人才教育培训基地建设，使企业两化融合人才回归高校进行信息化知识更新、补充和能力提升，鼓励其在以两化融合实现产业升级模式上不断探索，并依托产业集聚优势，实现区域两化融合水平的提升。

（1）建立两化深度融合人才教育培训基地。

1）培训模式：建立“两化深度融合领军人才研修班”。由工信部牵头，在直属 7 所高校试点设立两化融合培训基地，组织开展两化融合领军人才研修班，可列入全国工信系统地方主管部门和各大企、事业单位的培训计划，培养符合两化深度融合需求的复合型领军人才。7 所高校应充分发挥高校多学科交叉优势，凝聚多学科顶级教授、院士、长江学者、政府高层和业内资深人士，重点吸纳国际化师资力量，集合社会多方及发达国家的高端资源和先进理念，为国家、区域、企业培养具有国际视野的两化融合复合型领军人才。

2）学位模式：建立在职人员工程硕士回炉班。工信部直属 7 所高校利用自身科学的培养体系，以在职人员工程硕士培养的方式建立回炉班，为国家、区域、企业培养应用型、复合型高层次工程技术和工程管理人才。在职人员工程硕士培养分为 5 个模块，分别是公共管理硕士（MPA）培养、工商管理硕士（MBA）培养、高级管理人员工商管理硕士（EMBA）培养、软件工程硕士在职研究生培养以及工业工程硕士在职研究生培养。培养方式采取进校不离岗，人事关系及户口留在原单位，学习年限为 3 ~ 5 年。学习课程依据学校培养方案设置，但要充分考虑推荐单位的需要。学位论文的设计可结合推荐单位在工程技术中的关键问题进行研究。

3）“培训 + 学位”模式：两化融合后备人才回炉培训。两化融合后备人才主要指企业两化融合人才中的中坚力量以及两化融合应用型人才。工信部对于两化融合后备人才培养可以采取更为灵活的“培训 + 学位”方式开设多层次、多交叉、全方位的回炉培训体系。企业推荐的两化融合人才可以免试入学，先行进入研修班学习，在研修班学习的基础上可以参与全国联考，通过论文获取学位，亦可以仅参与研修班的培训学习（见表 4.3）。

**表 4.3　两化深度融合人才培训基地推进计划**

| 阶段 | 工作目标 | 主要任务 |
|---|---|---|
| 第一阶段 | 设立两化融合人才培训基地；<br>开设“两化融合领军人才研修班” | 工信部提出设立两化融合培训基地计划，对两化融合人才培养制订目标计划；<br>宣传两化融合领军人才研修班；<br>开设两化融合领军人才研修班，对研修班效果进行交流反馈；<br>修改完善研修班课程体系及培养方式 |
| 第二阶段 | 进行“在职人员工程硕士培养模式”探索；<br>完善两化融合人才教育培训基地 | 每年根据实际需要增开研修班地；<br>培养第一批工程硕士和两化融合后备人才；<br>建立两化融合人才教育培训基地人才数据库 |

（2）设立两化深度融合人才教育培训基金制度。

1）由工信部牵头，建立国家层面的“两化智慧基金”，组织制定两化融合领军人才的选拔标准，并明确各行业占比，采取企业上报区域，区域上报国家并层级考核的流程，选拔一批两化融合领军人才，费用按企业、国家、个人的特定比例给予资金资助，鼓励这些领军人才通过国内外的共同培养，尽快成长为推进我国两化融合的战略型人才，引导他们对国家两化融合整体推进进行战略性思考。

2）区域层面，参照国家层面的“两化智慧基金”，设立“地方两化智慧基金”，资助两化融合人才的中坚力量参加教育培训，主要针对地方区域中回流实体的IT人才和各行业管理、应用中两化融合人才的佼佼者，费用按企业、地方政府、个人的特定比例给予资金资助，鼓励他们通过研修班的培训及获取学位等多种方式快速成长为推动区域两化融合的中坚力量。

3）企业层面，参照国家、区域层面的“两化智慧基金”，设立“企业两化智慧基金”，资助企业两化融合应用型人才参加教育培训，按照国家智慧基金要求给予企业受训人员资金资助，鼓励他们尽快成为两化融合先进知识和管理能力兼备的中层管理人员（见表4.4）。

**表4.4　两化深度融合人才培训基金制度推进计划**

| 阶段 | 工作目标 | 主要任务 |
| --- | --- | --- |
| 第一阶段 | 组建两化智慧基金；<br>建立基金数据库 | 工信部发布两化智慧基金计划；<br>区域、重点企业设立两化智慧基金；<br>建立基金使用数据库 |
| 第二阶段 | 制定两化海外智慧基金；<br>完善两化智慧基金 | 对有国际化需求的领军人才，制定两化海外智慧基金；<br>反馈并完善基金使用情况，完善数据库内容 |

（3）引进两化深度融合人才教育培训的考评制度。

工信部组建专家委员会每年年末对两化融合人才教育培训情况进行考核，重点考核两化融合人才培训数量，提高企业经济效益的比率，对两化融合项目带动的贡献程度等指标。完成较好的区域和企业可以在次年得到多于本年的人才教育培训指标。

由工信部牵头，每年年终举办“两化融合人才教育培训表彰会”，对上一年两化融合人才培训基地及成功毕业的两化融合人才予以评估，授予“两化人才培养促进奖”“两化人才培养突出贡献奖”“两化融合领军人才”等荣誉称号，给予高校、典型企业及个人资金奖励，并集成优秀案例进行汇报。

区域和企业根据国家考核指标，结合本地区、本企业两化融合人才教育培训任务的完成情况，给予适当奖励（见表4.5）。

**表4.5　两化深度融合人才培训考评制度推进计划**

| 阶段 | 工作目标 | 主要任务 |
| --- | --- | --- |
| 第一阶段 | 组建专家委员会；<br>建立两化融合人才培训考评制度 | 出台《两化融合人才培训考评制度》；<br>两化融合试验区试点考评制度 |
| 第二阶段 | 两化融合人才培训考评制度落地与评估；<br>修改完善两化融合人才培训考评制度 | 收集试点单位落实情况，调整评估指标；<br>召开年会，评选表彰优秀人才、优秀培训基地；<br>集成优秀案例进行推广、汇报；<br>全国性推广两化融合人才培训考评制度 |

### 4.3.4　搭建两化融合人才交流与对接平台，探索人才交流公共服务机制

为了建立我国两化深度融合人才交流与对接的长效机制，把我国两化深度融合人才源源不断输送到我国工业体系和信息化领域，促进我国两化深度融合长期稳定发展，将政、产、学、研共建合作培养两化深度融合人才机制落到实处，见到实效，亟须建立我国两化深度融合人才交流与对接平台。

当前我国两化深度融合人才队伍主要分为4个层次，分别为战略层次人才、组织层次人才、操作层次人才和应用层次人才。随着我国两化深度融合人才队伍不断壮大，对人才进行全局把握、分类、跟踪与调整就成为亟须解决的问题。建设两化融合人才交流与对接平台，对不断加大我国两化融合人才服务两化融合发展的能力，促进我国两化融合人才培养与市场无缝对接具有重要意义。

平台建设思路如图4.5所示。基础层通过“两化融合技师”资格认证对我国两化深度融合人才进行分类认证与管理；组织层通过建立人才大数据云库进行后台研究与支撑；作用层重点对我国两化融合人才进行科学调度、控制与管理，旨在建立人才交流公共服务机制。

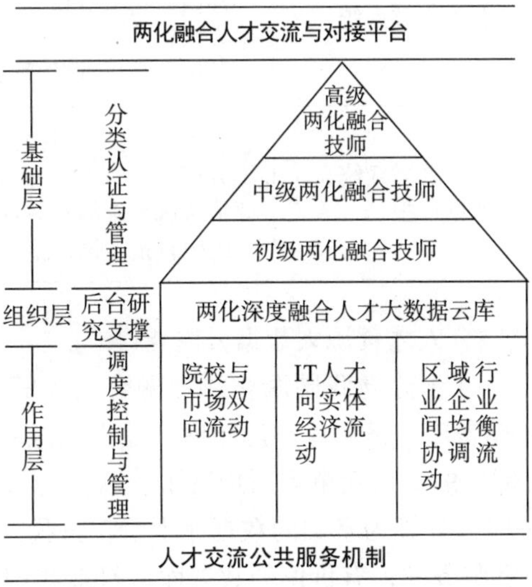


**图4.5　我国两化融合人才交流与对接平台建设体系**

（1）探索建立“两化融合技师等级考试”认证体系。

当前我国全民信息化素养能力考试主要是“计算机等级考试”。随着信息化程度向纵深发展，仅仅依靠计算机等级考试已经远远不能衡量我国全民信息化水平和素养，不能适应我国工业化、信息化深度融合的发展需求。因此，建立两化融合技师等级考试认证平台，对于引导全民提升两化融合类基本素养，提升从业人员应用信息化技术解决岗位具体问题能力，有效调控、跟踪、管理我国两化深度融合人才队伍，具有重大意义。

1）研究出台《两化融合技师等级考试资格认证规范》。工信部牵头组织建立认证规范。两化融合技师等级考试分为初级、中级和高级3档。初级要求各大专院校毕业生必须通过基本毕业、就业资格考试，提升我国全民两化深度融合素养；中级要求有不低于两年信息化工业化融合性基层工作经验的人员考取，成为人员晋升、职称评定、薪酬和奖励发放的重要依

据；高级要求成为我国两化深度融合高端领军人才的通行证。考试内容注重信息化、工业化深度融合，注重实际操作和高端前沿问题并重的考察。

2）工信部支持进行先期认证资格考评系统的投资。设立专项资金投入认证资格平台建设，组织专家技术组研发等级考试软件系统，分批次组织在建学校学生进行实验与实操模拟，评估考试系统的有效性、科学性与稳定性。通过5年的建设，第一批考试系统能够正式投入运营。

3）部属7所高校试点建立认证资格平台，并逐步推广等级考试资格认证。试点选择北京理工大学、哈尔滨工业大学、南京航空航天大学和西北工业大学所在4个省、直辖市地区试点推行两化融合技师等级考试资格认证体系，做好认证资格后续分类管理与数据库建设工作（见表4.6）。

**表4.6 “两化融合技师等级考试”认证体系推进计划**

| 阶段 | 工作目标 | 主要任务 |
|---|---|---|
| 第一阶段 | 组建专家委员会；<br>建成先期认证资格考评系统 | 出台《两化融合技师等级考试资格认证规范》；<br>工信部支持进行先期认证资格考评系统的投资；<br>提出两化融合技师等级考试资格认证体系具体实施方案；<br>各试点高校首批考试系统建设 |
| 第二阶段 | 论证、实验、测试考试系统；<br>完成首批等级考试申报 | 组织专家技术组研发等级考试软件系统；<br>分批次组织在建学校学生进行实验与实操模拟，评估考试系统的有效性、科学性与稳定性；<br>组织首批考试申报 |

（2）推进我国两化深度融合人才资源大数据云库建设。

基于等级认证体系建设，逐步建立我国两化深度融合人才资源的4D（4 databases）数据库，即专家库、后备人才储备库、案例库和思想库，建立民意数据、业务数据和环境数据3层数据体系。大数据时代催生的技术变革重新构造了互联网与数据库建设。我国两化深度融合人才资源大数据云库是以云计算为基础的数据库平台，将我国两化深度融合人才建立的4类数据库转变为真正能提供服务的，有价值的数据库，打造我国真正意义上的开放性公共服务平台。

基于两化深度融合人才资源大数据云库，对我国两化深度融合人才资源态势进行调查、分析和研究，对我国两化深度融合人才进行分类管理，定期进行结构分析，为我国两化融合人才结构、技术匹配性及人才布局提出智力支持。

设立专项基金建设人才资源大数据云库，开展两化融合人才资源统计工作，全面掌握两化融合人才基本情况。充分利用信息化手段，由工信部协同工业企业开发建设覆盖我国工业企业两化融合全局的人才建设评估服务体系，提供统一的人才信息发布、成果交流共享、人才咨询培训、人才评估认定等多项服务。两化融合人才建设评估服务体系应开发支持各企业开展两化融合人才发展水平自我评估和区域、行业范围内的对比评估认定功能，从而实现人才评估数据资源的集中管理和充分共享，全方位、多层次地完善对工业企业人才发展的促进和引导，更加系统化和规范化地开展两化融合推进工作（见表4.7）。

表 4.7　我国两化深度融合人才资源大数据云库建设推进计划

| 阶段 | 工作目标 | 主要任务 |
|---|---|---|
| 第一阶段 | 启动调研、论证，遴选试点高校建立人才资源大数据云库建设工作 | 组建大数据云库软件系统建设专家组；<br>专家组赴国外进行数据库建设学习调研；<br>专家组提出大数据云库建设方案；<br>人才交流与对接平台启动建设数据库 |
| 第二阶段 | 建成人才资源大数据云库；<br>发布第一期我国两化深度融合人才业态研究报告 | 逐年完善大数据云库建设工作；<br>做好数据库后台建设工作和日常维护工作；<br>组织发布第一期研究报告 |

（3）基于“认证、选拔、推荐”3 层推进机制引导人才合理流动。

基于人才资源大数据云库，建立“认证、选拔、推荐”3 层次推进机制，引导我国两化融合人才合理流动。促进 IT 人才向经济实体流动，促进院校与市场两化深度融合人才双向流动，促进区域、行业、企业间人才均衡性流动，即鼓励发达地区的两化融合人才向不发达地区流动，两化融合水平高的行业中的两化融合人才向水平低的行业流动，先进企业的两化融合人才向落后企业流动。

1）创建蓝海基金，支持建立“认证、选拔、推荐”机制。创建蓝海基金，提升人才交流与对接平台的人才调控效能。认证环节即进行两化融合技师等级考试的大类管理，通过各类行业不同的特殊需求设计考评指标，根据指标设置考评数据库中人才资源，选拔出符合行业要求的人员，通过选调、推荐和相应的鼓励措施促进人才合理流动。

2）依托平台加强校企合作，建立蓝海联盟，推进人才交流与对接平台的调控工作。两化深度融合人才交流与对接平台是开放的平台、交流的平台、合作的平台。以人才交流与对接平台为依托，工信部牵头建立蓝海联盟，组建基于政、产、学、研共建的公共技术创新平台，构建技术创新链和国家重点实验室；支撑政府决策，打造服务链，完善价值链，做好联盟标准化委员会筹建工作，搭建全方位媒体平台，提供多样化人才服务，牵头国际联盟，赢得发展话语权。

3）出台相应鼓励性措施，推动我国两化深度融合人才合理流动。工信部出台鼓励性政策措施，对申报并响应人才调度和交流的被推荐人员给予相应鼓励的措施，以及在国际人才出入境和长期居留、税收、保险、住房、子女入学、配偶安置，担任领导职务，承担重大科技项目，参与国家标准制定，参加院士评选和政府奖励等方面的特殊政策措施（见表 4. 8）。①

表 4.8　人才交流与对接平台人才流动调控工作推进计划

| 阶段 | 工作目标 | 主要任务 |
|---|---|---|
| 第一阶段 | 建立领导协调小组；<br>启动人才流动调控工作 | 设立蓝海基金；<br>出台基于平台的调控我国两化融合人才流动管理办法；<br>建立蓝海联盟；<br>出台鼓励人才流动的相关政策与办法 |
| 第二阶段 | 评估人才交流调控工作效果并进行调整 | 组织专家组对 5 年内人才流动性进行业态评估和调研；<br>针对调研评估结论对人才结构进行调整，对人才流动引导政策进行修订；<br>发布我国两化融合人才结构布局报告 |

① 胡锦涛：切实做好人才工作加快建设人才强国．党建，2010（7）.

### 4.3.5 自上而下落实两化融合推进计划，切实建立两化融合保障机制

（1）加强对“智慧人才战略”行动计划实施工作的组织领导。

建议工信部全系统深刻认识两化融合人才队伍建设对于推进两化深度融合的关键性、全局性、根本性作用，高度重视加强两化深度融合人才战略部署，将“智慧人才战略”纳入两化深度融合5年行动计划中。工信部设立两化融合人才指导小组，制定各项目标任务的分解落实方案和实施办法，并对两化融合人才培养与市场对接工程实施情况进行检测、评估与考核，加强督促检查。

（2）营造实施“智慧人才战略”行动计划的良好社会环境。

工信部应大力宣传两化融合人才培养，向地方政府、试验区、企业强调两化融合人才培养的重要性，尤其是企业中两化融合后备人才的重要性。政、产、学、研各单位应组成联盟，共同关注两化融合人才培养需求，制定积极的人才政策，保障两化融合人才培养，促进两化融合人才在不同区域间的流动。

（3）创造良好条件，为“智慧人才战略”行动计划提供资源和支持。

建议工信部尽快出台相应的指导意见和规划纲要，向全国和全世界发出两化融合人才战略部署的时代强音。出台的一系列人才发展规划纲要和政策，要相互支撑，紧密联系，又各有侧重，支撑国家两化深度融合的顶层设计和系统规划。通过工信部平台吸引政府、高校、企业、社会等各类人才资源，汇集高校学科资源，吸纳强大的企业合作资源，为两化融合人才培养与市场对接提供基础保障。

## 4.4 高校两化融合人才培养与市场对接体系的典型案例

### 4.4.1 美国STEM计划

由美国技术教育协会主办的第73届国际技术教育大会在美国明尼苏达州明尼阿波利斯市举行。会议主题为“准备STEM劳动力：为了下一代”。

一个有效的STEM教育系统的基本要素：

（1）民众、学生及家长的积极参与：新的行政系统为复苏美国STEM教育开启了一扇窗。它需要国家领导的关注。

总统及其管理部门应该尽早并时常向公众强调夯实教育基础的重要性，尤其是STEM教育对所有学生的重要性。必须唤起公众的意识，就像过去唤醒公众的健康意识一样（如：食物金字塔，抵制吸烟等）。

家长的理解尤其重要。总统应该号召所有家长运用他们在各个层面的影响力——家庭、学校和社区——带来我们所期望的变化。

家长、政府、商业和企业，私人和公共基金会，社会名人、科学家和工程师，媒体和其他利益相关者之间应组成各种联盟，共同关注这一需求，并在当地展开合作，采取相关策略，为所有学生提供高质量的STEM教育。

（2）明确的教育目标和评估机制：美国教育系统分散管理的特征导致学区课程的易变

性。尽管这是美国教育系统的优势，但缺乏一致性也会导致地区间严重的不平衡，给那些经常在学区间流动的学生带来不便。

管理部门应明确指出学生应该掌握的核心概念和技能，并对个体在学习上的差异做出反应。州和地方学区在确保本学期学生掌握了核心技能和概念的前提下，可以改编具体的课程，便于更好地反映出地区背景和个体学生需求。

联邦政府应该帮助开发评估机制，促进学生在 STEM 领域的学习，培养学生的批判思维、沟通能力，以及解决问题的能力；同时应该设计一些有挑战性的问题，甄选出能力较强的学生。这些 STEM 评估工具可帮助州和当地教育机构衡量学生学习上的进步。

联邦政府应确保开发所有可能成为 STEM 领域创新者或优秀的 STEM 专家的儿童的才能。

（3）高素质的教师：具有奉献精神的高素质师资队伍是确保所有学生接受高质量 STEM 教育的核心因素。我们只有付给他们与其在 STEM 业界所获酬劳相当的薪水，才能确保最好和最有潜力的 STEM 教师不流失。在劳动力市场上，这些受过 STEM 教育的专业人员会获得比教学职业更多的报酬——这是使 STEM 教师放弃教学的一个原因。

管理部门必须发展创新机制，与国会和州政府进行合作，分配财源，给 STEM 教师支付合适的酬劳，以应对劳动力市场的竞争。

继续给某些项目提供稳定的资助，如 NSF 的“罗伯特·诺伊斯教师奖学金项目”，帮助 STEM 本科专业的学生和 STEM 专家成为基础教育领域的科学和数学教师，解决师资短缺的问题。

（4）给教师提供世界一流的资源和支持：即使是最好的教师，也需要教学材料、技术和资源专家的支持。教师没有必要开发自己教授 STEM 课程所需的所有工具。

先进的技术可以提供很多用于课堂教学的工具。联邦政府应采取行动来检测在教育中应用技术的最佳方式。

应建立由在职和退休的专业人员组成的“科学团队”，在课堂、学校、社区等各个层面帮助教师。强化课堂学习的暑期和校外项目也可以利用这种支持性的科学团队。

应开发经同行评估的有关 STEM 教材和最佳实践方式的网络资源，甄别出经证实是有价值的、高效率的教学材料和实践方式。这种资源可以包括其他国家开发的、被证明是有效的材料和实践方式。

应开发让教育者和政策决策者都了解的网络资源。该网络资源应汇集与教育实践相关的认知科学研究和 STEM 教育领域的研究。

有关儿童如何学习以及优质教学方式的研究已经发表了很多见解深刻的成果。然而，如同其他一些关键问题，我们还需要做更多的研究。因此，应该提高对同行评审的资助经费，并且必须提高对学习问题和 STEM 教学研究的资助经费。

（5）尽早接触科学：儿童接触 STEM 概念越早，他们在今后的生活中越能游刃有余。

STEM 的核心理念和思想应该包含在提前教育和其他各种早期教育计划中。

应该优先考虑提高小学 STEM 教育的范围和质量。

总统应该经常运用他的领导力，并积极鼓励家长和社区成员支持这些目标。

（6）交流、协作和合作：地区的卓越，国家的和谐，以及 STEM 教育的全球相关性只有在所有利益相关者的共同参与下才能实现。家长是其中最重要的成员。

联合组织应该推动基础教育学校体系、两年制和四年制高校、非正式的科学教育组织，以及工业和商业界之间的交互活动，推进21世纪所需的STEM技能的发展。

应该加强并推广相应机制，让联邦政府协调STEM教育研究和大规模的教育活动，并向国家和地方教育机构进行宣传。

我们这个委员会，由总统任命，并经过参议院认可，代表广阔的科学、工程和教育领域，正如国会赋予我们的使命那样，已经做好准备与新一届政府合作，共同促进科技进步，增进国民健康、国家繁荣和民众福祉。

汤姆斯·弗瑞德曼在《世界是平的》一书中写道，2003年世界上共授予280万个科学和工程的学士学位。其中120万个学位被授予在亚洲大学里的亚洲学生。83万个学位被授予给欧洲的学生。40万个学位被授予给美国的学生。在中国60%的学士学位被授予给科学和工程专业的学生，而美国只有31%。这一支训练有素的科学与工程队伍正在加强一个国家的竞争力。在一个科学和技术占主导地位的世界里，这是一个国家竞争力的重要因素。①

美国教育部密切注意到在中国有多于50%的学士学位被授予给科学、技术、工程和数学的学生，而在美国只有17%的学士学位被授予给这些领域的学生。统计数据显示，美国生产的科学与工程方面的博士数量的全球份额正从20世纪70年代高于50%的水平下降到2010年的15%。正是中国、印度、韩国等国家加大在教育、技术和研发方面的投资，使得美国感到自己已经不再是世界创新的产权绝对拥有者，从而美国经济的领袖地位受到挑战。②

虽然中国每年授予的STEM学位的绝对数量已经超过美国，但是西方对中国STEM学位的质量提出很多质疑。这些质疑包括学科领域研究的质量，国家在每一个学位获得者身上的投入，学位持有者的知识更新状况，获得学位者的创新能力，等等③。

### 4.4.2 加拿大北阿尔伯塔理工学院（NAIT）应用型信息技术人才培养模式

加拿大在制造业、信息产业及金融服务业方面之所以成为世界强国，除了政府长期重视，采取相关政策予以大力支持等原因之外，还在于加拿大的应用型高等院校探索出了一条培养高水平、复合型、实用型技术人才的有效途径，也形成了一套值得我们学习和借鉴的应用型人才培养模式。

NAIT是加拿大规模最大的应用技术教育公立大学之一，在应用技术教育领域全球领先。NAIT以93%的毕业实际就业率，97%的雇主满意率，96%的毕业生满意率，在加拿大各院校中排名第一。

在IT应用教育方面，NAIT拥有一支强大的教学、应用专家型师资队伍。这几年学院每年的毕业生都受到世界知名公司的青睐。一些大公司大量接收NAIT的毕业生。NAIT在IT技术教学环节上具有以下特点：

（1）在学制上，NAIT对IT应用人才的培养主要按年度分为3个层次，且每个层次所开设的课程都自成一体又相互衔接。既有一年制的证书，也有两年制的文凭，还有四年制的应

① 单春艳：俄罗斯教育发展对其国家竞争力影响之研究．2009.

② 刘党生：国际视域下的STEM众筹式学习行动初探．中国信息技术教育，2014，12.

③ http：//www.baike.com/wiki/stem.

用学位。其中一年的证书课程，主要适用于成人教学和转岗教学培训，相当于我国中专和职高等办学形式。两年的文凭课程，适用于高中毕业起点的学生，侧重软件编程和网络应用，主要适应 IT 企业底层编码、软件测试、网络维护和项目管理的工作需求。其教学模式类似于我国二年制或三年制的高职类大专院校。四年制的应用学位课程与我国的四年制普通本科相当，但培养方向偏向于应用，学生的应用能力胜于一般普通大学的毕业生一筹，所颁发的学位证书也是企业最受欢迎的应用技术学位证书。NAIT 没有开设研究生层次的课程，专注于应用型本科以下人才的培养。①

（2）在教材使用上，为了保证 IT 人才培养的先进性和实用性，NAIT 的大部分课程的教学内容中的基本理论部分参考某一本或几本出版教材（学生可以不买教材）或指定几本参考书；应用技术和综合实训部分都是教师根据当前技术发展的变化，围绕教学大纲自行设计课程内容，收集相关技术资料并开发教案。教师的教案每一年都有新内容增加，并将旧内容删除。电子教案和教学大纲都挂在 FTP 服务器上供学生下载和查阅。几乎在每节课的开始或结束时老师都会提供课外阅读材料，供学生在课外阅读研究。这些材料大多数来自 IT 企业的网站或技术报告。应用媒体与信息技术学院的教师们长期与北方电讯、HP、DELL 等 IT 业巨头保持密切合作，在第一时间获得其最新技术资料。学校结合 IT 公司的实际开发项目，组织富有实践经验的教师与 IT 工程师一起联合编写教材和教学参考资料，充分体现了订单式的课程开设思路和案例式的教材编写思想。课程设置紧随技术进步与发展的潮流。课程内容涵盖当今流行的各类 IT 开发技术和项目管理手段。学生可以在课堂上系统地掌握 IT 行业的各种最新知识。众所周知，IT 行业是当今技术发展最快的行业，技术更新的速度列各学科之首，技术更新的周期在 3 ~5 年。一本教材的出版周期也是 3 年左右，如果完全根据已出版教材的内容学习并传授知识，那么是不能跟上技术发展步伐的。同时，应用媒体与信息技术学院还安排专职人员负责收集整理教案和不断升级 FTP 服务器上的课程课件，更新学院图书资料室的技术资料。

（3）在课程体系上，NAIT 在设计各类年度课程体系时，十分注重结合企业的需求和正在执行的技术路线，每个年级的课程教学计划都会在上一年的基础上有所调整，并且将近两年的教学计划或课程安排都挂在网上，供需要的查阅者查看，一目了然。学生能够从教学计划和课程体系的变化中清晰地感知培养人才的方向。学生的知识结构或者课程体系学科门类大致由以下 3 个方面的知识组成：第一类是社会文化道德类课程，包括成功之路（如何成为一名合格的大学生）、现代商务交流、组织行为学、团队合作、领导艺术等；第二类是专业技术技能课程，包括各种计算机语言、硬件技术、网络技术、数据库技术；第三类是管理类课程，包括会计、金融、项目实施、项目管理和企业管理。课程体系的设计严格按照国际通行的 IT 专业技术证书的要求执行教学计划，确保所培养的 IT 人才能够在国际上通用。

（4）在教学方法和内容上，NAIT 将教学内容按单元划分，每个单元再按照学科知识点划分。将课时分为几个段落讲授。另外，教师课堂教学按统一的基本教学规范进行。其基本步骤是：首先提出问题，然后由教师启发学生通过某一方式分析问题。教师给学生演示讲解整个问题的解决过程，学生再在教师指导下分小组合作完成问题的分析和求解。学生通过老师的演示或自己的亲自操作，不仅能迅速掌握解决问题的方法，而且可以养成良好的动手习

① 李洛，吴绍根：基于印度 NIIT 培养模式的两年制高职软件人才培养思路．高教探索，2004（6）.

惯和团队合作精神。最后由教师总结所讲授知识点的理论知识，并提出几个相类似的问题，要求学生进行独立分析和解答。每门课的课程设置都是以一个或几个十分具体的项目案例为主线。学生学完这门课程的基本概念和基本技术内容后，就进入该课程的项目设计开发实验阶段。一般技术性课程的基本理论部分与针对具体项目实训部分的学时比例大约是2∶1。开设的课程之间具有一定的连贯性，在每个学期都安排16学时的综合应用讨论课。这门短学时的讨论课主要针对该学期开设的不同技术门类的课程内容，结合一个项目或具体对象进行综合分析讨论。在两年制文凭课程的最后一学期还开设了一门160学时的综合实习课程（课程名字叫“project”），利用该课程对这一学年所学的课程进行综合应用。通过网络在线交流的方式，学生在指导老师的指导下综合运用这一学年的课程内容完成某个项目的解答，提交项目研究报告。

应用学士学位课程的最后一年，即本科的第四年，在学校是没有课堂教学内容的。两个学期的学习内容完全是学生带学分的工作实习课（Credit Work Experience）。学生的实习成绩由实习单位的指导老师和学校的指导老师（通过网络和定期访问）共同给出。学生第一个实习学期的身份以底层技术员和被管理者的形式出现，而第二个实习学期的身份则以技术指导和管理者的形式出现。具体扮演的角色既可以是程序员，也可以是系统分析员、项目经理、IT顾问、Web研发人员等。

（5）在教学计划的实施上，NAIT首先按教学大纲标准从教学计划和教学方法方面培训教师，并从教学安排上充分体现培养学生的实际动手能力。在每个学年都开5门以上自选课，对提高学生的动手能力非常有帮助。除教材统一之外，教师培训、授课方式、考核方式、教学技术方法、教材开发、电子课件制作等方面也都是由学院按具体规范进行统一管理。

（6）在IT应用人才培养模式上，NAIT特别重视以企业需求为目的的专业实践能力和实际操作应用能力的培养，并以掌握实际操作技能为IT应用人才的终极培养目标。在教学方法上，首先以实践学习为目标，通过知识教育、方法演示、动手实践与实习归纳，然后回到针对具体目标解决方案的学习方法上来。在内容上，将最新的IT应用技术理论和使用方法教授给学生，教学内容以应用性和针对性为主。采用校企结合的方式，紧密结合生产实际开发教材。在教学模式上，突出来自实际应用项目的案例式教学，注重理论知识学习与实际动手操作能力紧密结合。学生在学习的过程中能参加到实际项目的制作开发工作中去。四年制应用学士学位的学生，在第四年的实习中都能获得去大企业实习的机会，故毕业后的学生能很快成为合乎企业要求的IT人员①。

### 4.4.3 印度IT人才职业教育培养模式

对专业课程设计进行改革，由“机械制造工业设计”“机电一体化系统设计”和“机械制造装备设计”构成专业课程设计的选择内容。

在印度IT人才培养中，职业教育占主导地位，而不是学历教育。职业教育的长处就在于可以让学生从“做”中学，碰到问题后，以解决问题为出发点学习专业知识，学以致用，

① 唐川：中加信息技术应用型本科教育模式比较研究——以中国GDUF与加拿大NAIT信息技术应用型人才培养模式为例．中国教育信息化，2008（5）．

从而取得了巨大成功。

NIIT（印度国家信息技术学院）号称印度最大软件培训机构，成立于1981年，是总部设在印度首都新德里的信息技术（IT）跨国公司，是专门提供教育、培训、软件解决方案和教育多媒体的上市公司，是一个年收入超过3亿美元，每年按50%速度增长的IT公司。目前，NIIT已成为全球最大的IT教育和提供IT解决方案的公司；同时，NIIT拥有近8 000人规模的服务外包软件开发团队，超过500人规模的软件课程体系研发团队，傲居全球软件培训及信息技术领域的领导地位。NIIT的工作领域包括系统合成、商业对策、工程、制造、财务、网络工程、通信、信息技术咨询、应用软件开发、多媒体软件及职业信息技术培训，以及企业信息技术培训。NIIT是一个知识型公司。它是全球最大的信息技术教育培训和提供IT解决方案的公司之一，在印度是第一大教育与培训公司，第二大IT服务公司和第三大软件出口商。NIIT在广泛的软件和硬件平台上成功完成了1 000多个主要的信息技术项目。NIIT与全球各个公司在咨询系统集成和软件开发项目上进行过成功合作。其中有AT&T（GIS）、IBM、Komatsu、太阳微系统、索尼、世界银行、PT联合拖拉机、西尔斯、本田、丰田、大发、新加坡国防部、教育部、总理办公室和国内事务部。至今，NIIT的教育覆盖到全球44个国家，5 000多家培训学院与教育中心，每年培训学员达数十万人次。全世界成千上万的NIIT专业人士正进行着从学习解决方案到软件解决方案的IT的开创性工作。NIIT长期与世界知名企业（如Microsoft，Oracle，Red Hat，Computer Associates等）的共同探索和联盟，使其能提供先进的教学内容、优质的教材，以及科学的学习方法；同时它还年复一年不断着眼于更新技术。NIIT的教材开发获ISO9001国际质量认证。NIIT的软件开发资质达SEI－CMM5级水平，为世界最高水平，并且在2000年6月获得知识内容解决方案方面的全球唯一SEI－CMM5级水平认证。印度国家信息技术学院（NIIT），一方面是高水平的软件开发公司，已达到软件业最高标准CMM五级认证；另一方面，是印度第一大IT教育和服务机构，培养出来的学生深受企业欢迎。

目前，印度已经形成庞大的教育体系。正规的和私立的理工信息技术专科学校，以及遍布全国的3 000所信息技术培训学校，使得印度每年可以培训、教育百万计的信息技术相关劳动力；同时，印度的信息技术培养从娃娃抓起，在近3 000所中学及1 000所大专院校中开设信息技术课程，形成多层次的IT人才培养体系。以班加罗尔为例，除了10余所著名的科研院校、科研机构外，还有77所技术学院，可以培养大量信息技术专业人才，以满足班加罗尔软件产业发展的需要①。

### 4.4.4　北京理工大学机械工程及自动化专业人才培养计划

（1）人才培养模式，专业面向的定位。

1）人才培养模式。本专业培养适应社会主义现代化建设需要，德、智、体、美等全面发展，基础扎实，理工结合，素质全面，工程实践能力和创造能力强的研究发展型人才。在机械工程及自动化领域从事机电一体化产品的制造，开发数字化等方面的研究，以及机电产品生产过程的设计、规划、运营等工作。

---

①　资料来源：吴胜武，沈斌：信息化与工业化融合：从“中国制造”走向“中国智造”．杭州：浙江大学出版，2010.

2）专业面向定位。根据国内外市场需求，针对相应机电一体化产品，研究开发相应的生产制造技术、设备，设计规划相应生产过程与系统；为保证、提高机械产品的制造质量，引用、开发新的工艺技术；研究、使用机械制造系统的自动化技术；从事机械产品性能的测试，分析产品加工质量及性能的检测与试验工作；实现机械工程领域中的数字化技术应用。

（2）教学改革思路。

1）根据培养目标人才知识结构及能力要求进行培养计划的改革与制订。随着科学技术发展及人才市场需求的变化，机械工程及自动化专业所培养的人才的知识结构及能力要求发生了很大变化。机电一体化、柔性制造、CAD/CAM 等现代机械设计方法、先进制造技术以及有关边缘学科知识技术使传统的机械类本科专业领域的内涵发生了根本的改变。因此，有必要根据市场对人才知识结构及能力的需求，对机械类专业的培养计划进行改革，科学、规范地制订机械工程及自动化本科专业的培养计划。

2）以打牢理论基础，加强学科基础，拓宽专业知识面为主线制订人才培养计划。根据我国机械设计制造业现状以及国内外对机械类本科专业人才的知识和能力的要求，学习并借鉴发达国家在培养机械工程及自动化技术人才方面的教育方法和模式，以打牢基础理论，加强学科基础，拓宽专业知识面为主线制订人才培养计划。建立与专业培养目标相适应的理论教学体系和实践教学体系。所培养的学生既有扎实、深厚的基础理论和学科基础，又有宽广的专业知识面，既有继续学习深造的后劲，又有很好的专业适应性。

3）以提高学生综合素质、工程实践能力、创新能力为目标进行课程和教学内容体系设计。机械工程及自动化专业作为典型的工科本科专业，学生的工程实践能力、创新能力以及综合素质的培养尤其重要，应该以提高学生的综合素质、工程实践能力、创新能力为目标进行课程和教学内容体系设计。要加强实践环节，对传统的机械设计制造的实践教学环节进行较大幅度的改革与建设。同时，还要注重政治思想素质、文化素质、业务素质和身体心理素质的培养，提高学生的综合素质。

（3）课程体系与人才培养计划特色。

1）根据培养目标，体现改革思路，科学设计整体框架。在制定机械工程及自动化专业人才培养方案的过程中，根据教学改革思路，以打牢理论基础，加强学科基础，拓宽专业知识面为主线，以提高学生综合素质、工程实践能力、创新能力为目标进行课程体系设计。在总学分中，实践教学环节仍然保持在 40 学分，基础教育课程占 52%，学科基础课程与专业课程合占 48%。为了拓宽学生的知识面，发挥学生的主观能动性，有利于学生将来就业，新培养方案中较大幅度地增加了选修课比例。总学时中，必修课占 73%，选修课占 27%。选修课包括理论基础、学科基础、专业课以及实验选修课。学生可以根据自己的兴趣、特长、爱好和就业意向在全校跨专业、跨院系进行选课。总之，通过总体框架的设计，保证了基础知识模块的厚度，而通过学科基础课程和专业课学时的压缩，迫使课程承担教研室和实验室对课程设置、课程内容乃至教学方法都必须进行较大幅度的改革。

2）以核心课、课群为中心进行课程体系的设计。为了体现教学改革思路，根据机械工程及自动化专业人才知识结构及能力需要，确定以核心课程和课群为中心进行课程体系的设计。核心课和课群构成本专业知识结构的主干课程，从基础理论、学科基础，到专业课形成一条有机的链条。再围绕核心课和课群，设置必要的相关课程，从而形成一个完整的课程体系。

在基础教育方面，强调数学、物理、英语及计算机基础，课程设置方面特别加强数学，由“微积分”“线性代数”“概率论与数理统计”组成数学系列课程。注重人文学科以及与机械类学科密切联系的相关理论基础，以利于学生后续课程学习以及将来就业发展。

在学科基础教育方面，根据机械类专业学科基础课程的特点，将机械类专业和近机械类专业所必需的主干学科基础课程分别组成两个“机械设计基础课群”。第一个课群针对机械类专业开设，由“机械制图”“几何规范学”“机械原理”“机械设计”4门课程组成。围绕“机械设计基础课群”，与力学系列课程、电工电子技术基础课程、工程材料、热加工基础课程、计算机应用选修课程、管理和技术经济系列选修等课程构成机械类专业的学科基础教育课程体系。

在专业教育方面，以“控制与测试”“机械制造工艺学”“微机与数控”“机电一体化系统设计”“CAD/CAM原理”“机械制造装备技术”6门课程为专业主干必修课组成机械设计、制造以及控制的系列课程，与现代机械工程系列讲座、现代设计方法系列选修课程、现代加工技术系列选修课程、先进制造技术系列选修课程、现代控制测试系列选修课程共同组成专业课程体系。

在以上各门课程中，强调计算机技术的应用。

3）以提高学生工程实践能力和创新能力为目标进行实践教学环节的改革与建设。鉴于当前国家对高校学生实践能力与创新能力培养的要求，新教学计划中特别注重了实践教学环节的加强，除了在学分上仍然保证40个学分外，在实践教学环节的设置与内容上均进行了较大幅度的改革，主要体现如下：

基于学院“985工程”“工程训练中心”建设项目的条件，取消了原金工实习，设立了“工程训练系列”；在原来冷、热加工训练基础上，增加了以现代制造加工技术为核心的系列工程训练，构成不同的训练模块，供机械类、近机械类和非机械类专业选修。

将原“机械原理”“机械设计”和“机械制图”理论课程中的实验内容取消，构建了独立的“机械设计基础课群综合设计”的实践环节。

对专业课程设计进行改革，由“机械制造工业设计”“机电一体化系统设计”和“机械制造装备设计”构成专业课程设计的选择内容。

增加了4学分实验选修课，课程名称及内容由学院上报学校教务处，由教务处统一大盘子。学生可以在全校范围内选择感兴趣的相关实验选修课程①。

### 4.4.5 上海大众集团的“预备工程师联合培养”项目

（1）实施背景。

20世纪90年代以后，经济全球化的进程显著加快。在这个过程中，汽车产业是领先且最具典型意义的产业之一。2009年中国汽车累计产销突破1 300万辆。中国已成为世界第一汽车生产和消费国。面对全球化背景及中国汽车工业由生产加工型向自主开发型转变需求，作为企业核心竞争力之一的汽车工程师将会有更大的需求。企业尤其急需具有国际视野、通晓国际规则、具有参与国际竞争能力的创新型“卓越汽车工程师”。

---

① 全国高校机械设计制造及其自动化专业教学指导分委员会：全国高校机械设计制造及其自动化专业人才培养计划案例集．北京：机械工业出版社，2005.

在参与“卓越工程师教育培养计划”中，上海大众与高校进一步扩大校企合作，总结经验并针对存在的问题，共同探索建立起科学规范的校企合作培养卓越工程师的合作平台和长效机制。

1）建立校企联盟长效机制。建立校企合作联合培养的长效机制，企业的资深工程师和学校有关人员一起，结合学校的人才培养目标和行业人才需求，共同研讨制定人才培养标准和培养方案，共同制定校企合作的实施方案、质量保证措施、学生安全保障条例等。

2）企业人员参与具体教学过程。企业界的专家直接参与到具体的教学工作中。如定期为学生举办专题讲座，将最新的科技成果和行业动态介绍给学生；进一步参与实践教学环节，加大对学生实习和毕业设计（论文）的指导，使学生的理论知识和工程实践能力都得到提升。

3）指导学生开展大学生创新项目。企业根据实际需要，提出相关研究课题，由企业和学校共同组成导师团队，指导大学生以创新训练课题的方式开展科技攻关。这不但能训练和培养学生的创新能力，而且能提高教师解决实际工程问题和研发产品的能力，增加教师实际工程经验，同时能更进一步加强、深化、密切校企联盟。

4）建设“双师型”师资队伍。支持工程师和教授开展多方位的合作，共同参加工程项目或科研合作项目；鼓励更多企业专家到学校担任兼职教师，同时为教师赴企业挂职锻炼和学习提供便利，切实加强“双师型”师资队伍建设，使卓越工程师培养工作的顺利开展与实施得到切实的保障。

5）建立“国家级工程实践教育中心”。利用双方资源，共同建立校企联盟的工程训练中心，并争取成为“国家级工程实践教育中心”。该工程实践中心既可作为企业员工的培训基地，也可作为校方（大学生和青年教师）的教学和实训基地，还可以作为研究基地，同时为企业、学校的人才培养服务。

（2）实施过程。

通过几年的实践，上海大众汽车有限公司与同济大学等高校建立了较为完善的“预备工程师联合培养”体系。项目的参与对象为高校汽车专业大学四年级本科生（五年本科学制）和研究生，在学生毕业前1～2年开始选拔，为其制定专门的项目操作流程和实施方案：

1）项目宣介和人员甄选阶段：通过项目宣传推介会吸引优秀学生报名，根据报名学生综合学习成绩、获奖励情况、未来职业规划和老师意见、性格测试、综合能力测试等，录用项目参加者。

2）企业教育和实习阶段：上海大众向参加“预备工程师”项目的学生介绍企业的发展战略、市场定位、营销服务体系、研发体系、生产制造体系等，让学生感受企业文化，学习先进的开发理念和技术手段。随后，通过开展生产实习、综合实习及企业教育等系列活动，使“预备工程师”们加深对汽车行业的热爱，加深对企业的认识，产生对企业品牌的认同，使书本知识与生产实际有机地结合在一起。

3）毕业设计项目实施阶段：上海大众专业部门提出研发、制造、规划等技术项目，召开企业导师和学校导师的选题准备会，通过企业工程师与学院老师的沟通，共同确定适合学生专业目标、难度恰当的“预备工程师”课题，并将这一课题作为学生的毕业设计课题。在将近半年的学生实践环节中，落实学校和企业的双导师制，为每位学生都配备一位企业资深的工程师作为指导老师，由企业指导老师和大学老师共同指导其完成毕业课题。

4）上海大众为“预备工程师联合培养项目”设立了专项基金，作为学生的实习津贴，奖励优秀项目和企业指导老师等，支持“预备工程师联合培养项目”的顺利实施，取得了良好成效。参加项目的学生工程实践能力和工程素质得到很大程度的提高，超过一半的学生在毕业后加入了上海大众，优秀毕业生还被纳入上海大众“青年优才培养计划”，赴德国大众总部参加为期一年的开发培训项目。

（3）实施成效。

“预备工程师联合培养项目”对培养学生工程创新能力及综合能力，提升企业和学校的创新能力都有重要的意义。

学生通过参与“预备工程师联合培养项目”，能把学到的理论知识运用于实际工作中，并从企业工程师那里学到分析、解决问题的方法，初步了解企业的工作方法，熟悉企业的工作氛围，快速完成从学生到员工的转变。学生有机会展示自己的工作能力，找到适合自己职业发展的方向。企业通过相对较长时间的对学生的考察，可以从中挑选更优秀的、更适合企业发展的人才，同时加快了新员工上岗的预热期。学生也成了联系企业研发和高校智力的纽带。学生拿着课题查阅资料，向学校老师请教，充分利用了学校科研力量和专业资源。

工程师和教授们的广泛接触和沟通也有可能产生创新的领域、思维和方法。上海大众与同济大学汽车学院在新能源汽车项目、汽车轻量化项目等一系列项目上正在开展深入的合作。我们也期待有更多的合作创新成果。

由于长期的实习生、预备工程师联合培养校企合作项目，同济大学毕业生成为上海大众最受青睐的学生。企业招聘录用同济学生占校园招聘总数的比例一般都在30%左右。同济毕业生也在公司中发挥了重要的作用①。

## 4.4.6 中关村 IT 人力资源信息网络平台

目前，中关村科技园区丰富的人力资源潜在优势远没有转化为现实。一方面是劳动力过剩，供大于求——大量人才在求职时找不到满意的工作；另一方面是企业急需各类人才时，却一时招聘不到合适的人选。

中关村软件行业人才服务平台（Zhongguancun Software Talent Cloud Service Platform）是精准锁定北京地区的软件人才聚集地、职业发展和招募中心。该平台由中关村留创园协会牵头主办，为软件企业提供集企业招聘、人才展示、HR 管理培训等人才服务核心功能模块于一体的公共服务平台。

该平台面向企业提供软件人才，为从业人员提供职业发展与职业信誉认证，为决策机构提供数据支撑。该平台由北京中关村软件园管理机构发起创办并运营，由中国第一家人力资源云服务专业提供商天才在线开发并提供 HR 专业支撑与 IT 支持。该平台致力于通过整合盘活职位与软件人才资源，在优秀 IT 企业与软件人才精英之间建立一座畅通、诚信的桥梁，使每位软件人才都能找到最合适的职位，每个职位都能聘用到最合适的软件人才。与此同时，还将通过专业的软件人才测评工具提高人职匹配程度；通过个人职业信誉档案制度建立软件人才诚信准则，规范行业人才竞争；通过审核准入和动态管理功能为相关管理机构提供

① 吴丽华：基于 CDIO 国际工程教育理念的创新型 IT 人才培养模式探索与实践．北京：人民邮电出版社，2014.

公共管理职能。该平台为IT企业提供专业软件人才供给，软件人才甄选服务；提供人力资源相关管理知识与工具；推介区域内具备较高资质与实力的人力资源服务机构；为IT企业提供集中展示与营销的公共平台。该平台为软件人才提供经过精心挑选与严格审核的就业机会，并为个人提供在线职业履历管理、自我营销、职业诚信认证与职业价值提升服务。

中关村软件行业人才服务平台自运营以来精准锁定北京地区IT行业，主要面向留创园企业，为其提供人才供给，为从业人员提供职业发展与职业信誉认证，为决策机构提供数据支撑。未来，该协会还将探索开拓京、津、冀等更大范围的人才服务平台建设。①

## 思考题

（1）论述如何有效解决人才培养与市场需求对接的问题。

（2）谈谈高校在两化融合人才培养中的重要作用。

（3）请结合本章学习与思考，设计一个两化融合人才培养项目方案。

（4）在设置交叉学科和专业时，应该注意哪些问题，怎样有效解决？

① 王立平，杨彦茹：中关村：人才大流动．中国教育报，2001－10－31.

# 第五章

# 产学研合作促进两化融合人才队伍建设研究

**本章提示**

在信息资源全面渗透和智慧制造全面兴起的创新时代，信息化和工业化深度融合正以里程碑式的发展速度变革着全球的生产方式和产业调整，而要想在新一轮的全球性产业变革中保持领先优势，面向国家信息化和工业化深度融合需求的领军人才培养就亟须成为当前重要的时代主题。产、学、研作为整合多方社会组织力量的桥梁，对两化融合人才队伍建设有着重要作用。

## 5.1 产学研合作促进两化融合人才队伍建设运行机制研究

随着高新技术产业和信息科技的迅速发展，两化融合不再在静止的状态下缓慢演进。要想对两化融合人才队伍建设有更深入的认识和剖析，就必须从产学研共生合作角度对运行过程进行动态解析，对动态运行进行分析，进而对运行机制进行构建。

两化融合人才队伍建设已不再是某一个体单方面的建设，还包括与主要个体所处生态系统内其他相关个体的信息化共享和工业化合作。两化融合人才队伍建设是由多个要素、子系统交互作用的有机体系统，它总是处于动态发展和演变过程中。只有产学研合作各方出发全面构建良好的生态系统整体运行机制，使之健康、畅通运转，两化融合人才队伍建设才能顺利进行。本章主要从自组织演化机制、知识共享机制、信任合作机制、反馈促进机制等方面进行研究。

### 5.1.1 自组织演化机制

自然系统下的自组织演化是在一定条件下自发进行的，而产学研合作促进两化融合人才队伍建设与自然生态系统具有类似的组织结构，也会在一定条件下自发进行。掌握自组织演化规律，可以保证产学研合作促进两化融合人才队伍建设在最健康、最自然的轨道上运行。

（1）自组织演化特性。

自组织理论（Self-organizing theory）是由 L. Von Bertalanfy 系统论在 20 世纪 60 年代末期建立发展而来，它的研究对象主要是复杂自组织系统（生命系统与社会系统）的形成和发展机制问题，即在一定条件下，系统是如何自动地由无序走向有序，由低级有序走向高级有序的①。

产学研合作促进两化融合人才队伍建设的自组织演化是保证产学研合作系统内与系统外，产学研合作系统内各环节实现共生合作之后，自发的促进两化融合人才队伍建设，之后又反过来促进产学研合作流程重组与不断优化的保证机制。产学研合作促进两化融合人才队伍建设的自组织演化有如下特性（见表5.1）。

**表5.1 产学研合作促进两化融合人才队伍建设自组织演化特性**

| | 特性 | 解释 |
|---|---|---|
| 产学研合作促进两化融合人才队伍建设自组织演化 | 开放性 | 保持信息、物质的交流，经常补充新鲜思想与血液 |
| | 远离平衡态 | 系统内部必须保证势差，保证分工明确 |
| | 内部存在突变 | 技术的改进，管理思想的进一步转化，如“云存储”“云计算”等 |
| | 涨落有序 | 竞争使系统远离平衡态，协同使系统有序运行 |

1）系统必须开放。产学研合作促进两化融合人才队伍建设系统的最终状态是达到产学研各环节在系统内各环节作用发挥水平的最优状态。要想使系统自发向着有序的方向发展，系统就必须开放并时刻保持各个环节的信息和物质交流，经常补充新鲜思想和血液，使得系统能够自发向着最优的状态运行。②

2）系统必须远离平衡态。在产学研合作促进两化融合人才队伍建设的自组织演化理论中，系统必须保证非平衡状态。所谓非平衡状态是指系统内部各个环节之间存在势差。不管是系统内部各个环节，还是系统内部与外部之间都应该处于非平衡的状态。③ 当系统达到平衡之后，外界的信息、能量与系统内部就很难交流互动，各个环节之间也会缺乏交流沟通的动力，系统就容易停滞不前。

3）系统内部存在突变。在产学研合作促进两化融合人才队伍建设自组织演化进程中，系统内部需要存在突变机会，存在因技术的改进或者管理者思想的变化实现迅猛转化的可能性，系统从而因为这些变化而实现系统的升级和进化。比如互联网产业中“大数据”“云计算”的出现，都有可能引发两化融合系统自组织演化的突变。当突变源累计到一定的程度，即系统认为成熟的时候，就会两边形成质变，打破原有的稳定的状态，再一次实现自组织演化，周而复始，永不停歇。

4）能量涨落导致有序。当产学研合作促进两化融合人才队伍建设系统处于突变的临界点附近时，能量的涨落可能会因系统自组织演化的方向而产生巨大影响。当系统趋于某一突变临界点时，系统失稳，出现突变，从而跃迁到一个新的有序的状态。系统演化的动力是系统内部各子系统之间的竞争和协同，而不是外部指令。只有如此的系统才是自组织系统。系统内部的要素或系统之间的竞争使系统远离平衡态，推动系统向有序结构演化；而产、学、研合作促进两化融合人才队伍建设内部各要素或者系统内各要素的协同，使整个系统合理运

① http://baike.baidu.com/view/4719481.htm?fr=aladdin.

② 肖潇：基于生态系统理论的企业两化融合机制研究．北京交通大学，2014-03.

③ 同上.

行，有序运作。[①]

（2）自组织演化机制。

产学研合作促进两化融合人才队伍建设是两化融合出现之后，只有人才培养发展到一定阶段才出现的。产学研合作促进两化融合人才队伍建设自发进行的动力主要来自系统内部和系统外部两大方面。建立良好的自组织演化动力保障机制，是保证产学研合作促进两化融合人才队伍建设顺利进行的关键。

1）产学研合作促进两化融合人才队伍建设系统内部。随着我国各行各业信息技术的不断普及，信息化和工业化水平的不断提升，产学研合作的效率越来越高，各个环节对两化融合人才能力的要求也越来越高。这就要求产学研合作必须提高各主体之间合作的速度与准确性,[②] 在两化融合人才培养过程中加大信息化技术的利用，以此满足两化融合发展进程的需求。同时由于管理理念与信息化技术的不断创新，促使产学研各个环节在管理效率、信息获取速度、物流速度和柔性生产方面与其看齐。产学研各主体必须自发根据两化融合整体发展战略部署推动两化人才队伍建设的全方位建设。

对于产学研合作来讲，信息化技术的应用会自动催生出两化融合多层次人才队伍建设方式，从专业技术人才培养到高级综合人才培养，再到行业领军人才培养。两化融合人才队伍建设必先是专业技术人才培养，通过信息化技术在工业生产中的应用，直接影响到资金与资源的配置，也就必将造成生产业务、生产方式的改变，也就引起了高级综合人才的培养；产学研合作促进两化融合人才队伍建设内、外部各项环节出现信息化的影子，信息化生产方式将渗透到生产、销售、管理的各个方面，也必将出现新的具备相关信息技术的人才，实现行业领军人才的培养。由于满足了两化融合的需求，两化融合整体得到提升，在促进产学研合作更加紧密的同时，对其提出更高的要求。产学研就会加大人才培养力度，反过来再次采用更先进的培养方式，改进以前的问题，实现又一轮的人才培养。

2）产学研合作促进两化融合人才队伍建设系统外部。产学研合作促进两化融合人才队伍建设外部对自组织演化的动力主要来自政府、信息技术水平和文化氛围的提升 3 个方面（见图 5.1）。对于政府来说，由于信息化技术的使用，生产效率提高，运营成本下降，企业竞争力提高，收入水平提高，政府的财政收入也会随之增加，使政府更有动力，也更有能力为促进区域两化融合提供政策、技术以及资金支持；而区域范围内的信息平台搭建，会促进政府政令的更有效传达，政府办事效率也会大大提升，政府作为利益主体会更热衷于提升两化融合人才建设水平。信息技术的提升是两化融合人才队伍建设自组织演化的又一强大动力，而每一次技术的飞跃，都会促使两化融合的方式进行一次大变。譬如“云存储”的出现[③]必将导致未来企业的两化融合发生在“云端”。而文化氛围的改变，如计算机的进一步普及，越来越多的移动终端的使用，也会使得两化融合往“移动化”“便携式”方向发展。正是由于产学研合作促进两化融合人才队伍建设内、外部因素的多方面主动促进，才保证企业两化融合能够顺利自发进行。

---

① 陈凤琴：建立基于 RS & LS 的图书馆自组织管理研究．现代情报，2007－08.

② 肖潇：基于生态系统理论的企业两化融合机制研究．北京交通大学，2014－03.

③ 同上．

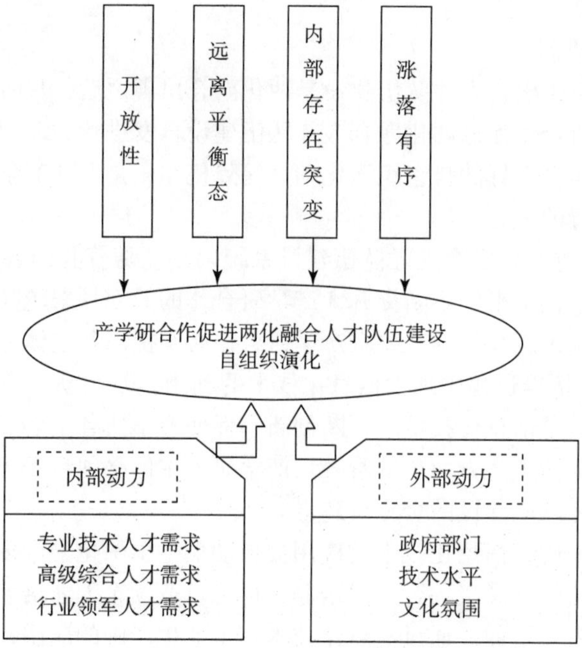


**图5.1 产学研合作促进两化融合人才队伍建设自组织演化**

### 5.1.2 知识共享机制

在两化融合人才队伍建设中，建立有效的知识共享机制是实现两化融合人才队伍建设各个环节信息高效交流的最基本要求。在产学研合作促进两化融合人才队伍建设的生态系统中，必须建立良好的知识共享机制，以减少知识交流和流通的阻力和障碍，促进两化融合人才队伍建设之间信息交流的质量和速度，促进两化融合水平的提高，促进产学研合作在培养高层次人才进程的发展。

（1）产学研合作促进两化融合人才队伍建设知识共享机制的特点。

产学研合作推进信息化和工业化融合的进程，促进两化融合人才的发展很关键的作用就是推进信息在整个产学研内部的共享，尤其是知识共享。通过知识共享，包括显性知识共享与隐性知识共享，实现两化融合人才水平和能力的大幅度提升。从生态理论的角度出发，结合企业两化融合的特征，其知识共享机制应具有如下两个特点：①

1）内部协调机制与外部适应机制相结合。产学研合作促进两化融合人才队伍建设是关乎整个生态系统的全面融合，既与两化融合人才队伍内部有关，也与产业相互间，产业与环境的关系息息相关。产学研合作促进两化融合人才队伍建设生态系统发展的整体性和健康度是系统发展的基本要求，而知识的传播与遗传，以及知识的再创造，是产学研合作促进两化融合人才队伍建设生态系统能否持续、健康、稳定成长的关键。其不断的流动、学习与共享，必然会引发整个系统的运行与进化。企业两化融合生态系统具有明显的开放性。社会、经济、文化和技术的变化与系统息息相关，而两化融合内部职能部门间的协调是否得力也是

① 肖潇：基于生态系统理论的企业两化融合机制研究．北京交通大学，2014－03.

影响整个生态系统运行的关键。所以，产学研合作促进两化融合人才队伍建设生态系统知识共享机制必须考量内、外部环境与知识间的相互影响。只有内部协调一致，知识能够在内部得到最大限度的共享与学习，知识共享能与外部环境相适应，总是不断创造出最符合当下环境的新知识与新方法，建立良好的内部协调机制与外部适应机制，知识共享才能为两化融合人才队伍建设创造出最大的价值。①

2）以科技和人才为主体。在建立产学研合作促进两化融合人才队伍建设生态系统知识机制过程中，不能认为单一的信息系统建设就能建设良好的两化融合人才队伍。两化融合知识共享离不开稳定的信息系统构建，但硬件知识外在骨架只是工具，而两化融合内部的核心竞争力——科技实力与人才储备，才是企业知识共享的重点。

（2）产学研合作促进两化融合人才队伍建设知识共享机制的构建。

产学研合作促进两化融合人才队伍建设共享机制的构建主要强调：在两化融合发展领域内，依托产业、高校及科研机构，通过研发等相结合，借力高新技术产业发展和新兴信息技术的应用，构建两化融合内部人才和两化融合外部人才在知识技术等方面的共享机制。产学研合作促进两化融合人才队伍建设生态系统将产学研各环节的知识来源（包括显性知识和隐性知识）通过计算机网络系统联系起来，通过知识仓库建设、内部局域网建设和相关反馈调节机构的建设实现知识在内部的传播与共享。产学研各个环节通过行业知识平台、供应链网络的构建或战略联盟的搭建将各企业成员的内部信息串联起来，将知识共享发展到整个两化融合人才队伍系统建设的每一部分，真正实现 1 + 1 > 2 的目标。

在产学研合作促进两化融合人才队伍建设进程中，通过调整知识结构与知识资源，在系统内部形成统一的可以学习的知识标准，通过知识流动，在知识势差的地方进行更新与传播，通过建立知识共享信息系统，提升吸收能力等多种手段，实现知识的传播与再造，最大程度增加知识利用率，最终达到创新知识的目的（见图 5.2）。

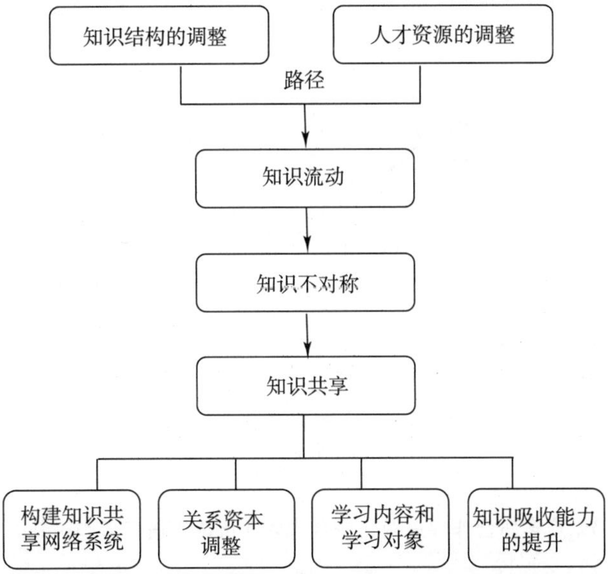


**图 5.2　产学研合作促进两化融合人才队伍建设知识共享机制**

① 肖潇：基于生态系统理论的企业两化融合机制研究．北京交通大学，2014－03.

通过知识共享，系统内各成员可以及时了解最新的信息化技术动态，以及最前沿的工业化技术发展与管理理念，了解行业内其他企业的改变与进步，最大限度地帮助自身企业提升信息化水平、工业化水平和两化融合程度，以获取企业，乃至整个生态系统的竞争优势。

### 5.1.3 信任合作机制

产学研合作促进两化融合人才队伍建设不仅包含两化融合系统内部的人才队伍建设，而且包括与两化融合外部的相关主体进行人才队伍的联合培养和合作培养，进而进行更深层次、更加完善的两化融合人才队伍建设。然而，无论是生态链型、互补合作型，还是竞争合作型，都需要建立良好的信任合作机制，尽管每种模式下的信任合作程度并不相同。在此，将对各主体间建立信任合作机制的特点和构建过程进行分析，以建立有效的信任合作机制，在最大程度上保证信息在各主体间的交流，大力推进两化融合人才队伍建设进程。

（1）产学研合作促进两化融合人才队伍建设信任合作机制的特点。

产学研合作促进两化融合人才队伍建设生态系统内信任合作机制主要包括信任机制和合作机制两方面。

产学研合作促进两化融合人才队伍建设生态系统的构建必须建立在产学研系统内各成员互相信任的基础之上，这样信息才能够得到最有效率的交流和利用。

产学研合作促进两化融合人才队伍建设信任合作机制的建立一般包括工业化与信息化人才队伍之间的合作，政府与企业间的合作，企业和高校之间的合作，高校和企业之间的合作，第三方服务中介机构与企业之间的合作，企业与科研单位之间的合作等。这些合作都需要建立良好的信任机制，才能发挥良好作用。在这些合作主体（见图5.3）中间，企业与企业间的合作情况最为复杂，包括生态链上、下游企业间的合作，互补共生型企业间的合作，竞争合作型企业间的合作等情况。

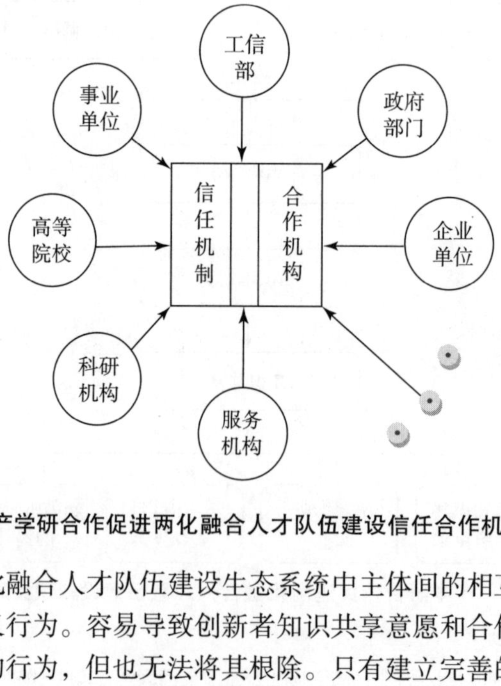


**图5.3 产学研合作促进两化融合人才队伍建设信任合作机制的主体**

产学研合作促进两化融合人才队伍建设生态系统中主体间的相互信任与合作的最大障碍是搭便车行为和机会主义行为。容易导致创新者知识共享意愿和合作意愿的下降。借助法律手段可能减少机会主义的行为，但也无法将其根除。只有建立完善的信任合作机制，让每个成员都能在机制中获利，最终达到整个系统的“共赢”，产学研合作促进两化融合人才队伍建设生态系统才能健康、持续运营。

（2）产学研合作促进两化融合人才队伍建设信任合作机制的构建。

产学研合作促进两化融合人才队伍建设生态系统内部信任合作机制的构建涉及众多的主体，主要包括以下几方面建设内容：

1）建立产学研合作促进两化融合人才队伍建设规范性合作机制。系统内部两化融合人才队伍建设合作必须建立规范性的合作机制。所有合作主体间的欺骗都会受到较为严厉的处罚。只有让每个成员的行为都规范化，让不守信用行为得到应有的惩戒，才能加大系统内产学研合作促进两化融合人才队伍建设的合作力度，才能保证信息传递的准确性和工业合作的高配合度。

2）建立产学研合作促进两化融合人才队伍建设声誉累计机制。在系统内部建立声誉累计机制，对于在两化融合人才队伍建设过程中合作度较低，信息资源供给较不充分，在两化融合合作过程中有欺骗行为的主体在声誉上给予其一定惩处；同时，声誉评价也可以对企业的研发能力、质量水平、规模大小、信用好坏进行综合评价。

3）建立产学研合作促进两化融合人才队伍建设互惠型机制。成员长期可靠的互利共赢关系会进一步加强彼此间的信任，也会自发促进主体间的合作。当生态系统内部各主体通过信息合作、工业生产人才联合和合作取得多赢结局时，系统的整体配合度会明显上升，系统两化融合也会更为紧密，两化融合人才队伍建设效果也会更加明显。

4）建立产学研合作促进两化融合人才队伍建设合作伙伴市场机制。各主体在寻求合作伙伴进行合作时，应建立关系市场机制，通过初次合作、再次合作等方式进行信任投资，建立完善的合作伙伴寻求机制。

5）建立产学研合作促进两化融合人才队伍建设内部信任评审体系。建立良好的信任合作机制必须对两化融合人才队伍建设过程中的成员信用等级、信息共享指数进行综合评价与综合评审。对于评级的裁定者可以选择第三方服务机构，由其对系统内部所有成员进行监督与打分。这项工作必须定期进行，不能流于形式。只有进行长期的监督与鞭策，才能保证信任合作机制有效。

6）建立产学研合作促进两化融合人才队伍建设信任边界。对于系统内部的各成员，信任与合作并不是完全无界的，故对于不同的企业应该建立不同的信任边界。譬如系统内部也会有与竞争者之间的合作。这种合作信任边界必须比与上、下游企业的合作严格很多。只有建立良好、合适的信任边界，保持两化融合人才队伍建设过程中各企业的独立性，才能激发出各主体的创新精神。这也是确保两化融合生态系统持续、健康运营不可缺少的一部分。

7）建立产学研合作促进两化融合人才队伍建设退出机制。当系统内部成员累计信用良好，建立了良好声誉之时，就很有可能被合作伙伴认为是可以高度信任的对象，因而容易出现“欺骗成本”降低的情况。很有可能出现曾经信用良好的合作伙伴因为机会主义退出造成其余合作伙伴的大幅损失。因此在系统内部应建立一套合理的退出机制，防止机会主义行为发生，如提高退出壁垒，制定惩罚措施，提高两化融合人才队伍建设系统成员间的信任水平。

### 5.1.4 利益分配机制

（1）产学研促进两化融合人才队伍建设利益分配机制的特征。

产学研促进两化融合人才队伍建设利益分配机制是指各个合作的成员作为利益主体对两化融合人才队伍建设过程中形成的有形的和无形的利益进行分配的制度安排。根据研究人员大量的深度访谈和实地调研情况，总结特征如下：

1）协调性。产学研促进两化融合人才队伍建设涉及的主体包括企业、高校、科研院所，以及政府相关部门。它们的地位是平等的，因此一般需要通过结合各方协商谈判来确定利益分配的支付方式、具体的分配方案，以及各方利益分配比例。具体来说，合作的多个成员进行群体决策。在决策过程中各个成员从自身的利益角度提出初始的利益分配方案，而核心成员则引导其他成员对各个利益方提出的初始方案进行选择或修改，直到得到一个合作各方都相对满意的方案。①

2）复杂性。产学研促进两化融合人才队伍建设合作各方可以通过优势互补、资源共享等方式产生系统协同效应，以多方的优势互补实现系统创新。高校和科研院所拥有人才、科研设备、知识和技术方面的优势，企业拥有市场、资金、营销渠道和管理方面的优势，而用户则有市场需求方面的优势。因此，产学研促进两化融合人才队伍建设的各个主体存在显著的优势差异。在产学研促进两化融合人才队伍建设的过程中，要结合合作各方投入的资源的理念、方式和方法。其中企业应以有形资产为主，而高校和科研院所则应以无形资产为主进行评估。②

3）动态性。两化融合发展的不断加速，加之产学研合作进程的不断推进，使得产学研促进两化融合人才队伍建设这个系统的条件和结果不断地发生着改变。产学研促进两化融合人才队伍建设的预期投入和实际投入会出现较大的差别，可能出现初始制定的利益分配方案在经过一段时间的执行之后难以达到各方的利益要求。这就需要对已经执行的利益分配方案及时进行修订和调整。因此，在产学研促进两化融合人才队伍建设的过程中，需要对利益分配方案做出动态的评价和调整，以全程保证利益分配机制的合理性。

（2）产学研促进两化融合人才队伍建设利益分配机制的主要方式。

在产学研促进两化融合人才队伍建设过程中已经形成的利益分配模式主要有以下几种：

1）固定报酬模式。固定报酬模式是指一部分成员（通常是两化融合企业）根据其他成员（通常是高校）承担的任务和风险，按照事先协议从联盟总收益中支付给这些成员固定的报酬，而企业则得到剩余的部分，同时也承担全部风险。这种利益分配模式接近市场交易模式。

固定报酬模式下既可以是一次性付清，也可以是分期付清。这种方式比较简单，容易操作，但存在很多不完善的地方。这是因为在签订合同时，企业很难对此项技术成果所带来的效益做出较为准确的估计，因此在计算款价时，很难体现“风险分担，利益共享”的原则。

---

① 董彪：产学研合作利益分配策略与方法研究．哈尔滨理工大学，2006－03.

② 杨峰：风险投资嵌入式产学研合作战略联盟研究．浙江大学，2008－06.

如果项目失败，学研方的收益有保证，而企业损失则比较惨重。①

在这种利益分配方式下，高校和科研院所一次性收取固定报酬，达成交易，一次性的合作关系即告终止，而产方的技术开发、市场开发与高校和科研院所无关，不利于企业对技术的掌握与改进，势必增大风险。②

2）提成支付模式。提成支付模式是指合作各成员按照一定的比例从合作收益中获得自己应得的份额。提成支付模式按照提成的依据可以细分为按照产品产量提成，按照销售额提成，以及按照利润提成3种。③ 由于产量不能准确地反映合作的经济利益，在实践中这种方式采用得很少。从理论上讲，提成与利润挂钩，且利润是反映经济效益的最好指标；但是实际操作上，利润的核算容易产生争议，且企业在核算经济效益方面比学、研方更有信息优势，因此这种支付方式也没有被普遍采用。

按照销售额提成是采用比较普遍的方式。提成支付模式在一定程度上弥补了固定报酬的缺陷，但是操作起来相对复杂，需要技术、市场等多方面的信息，且对于不愿意承担风险的高校和科研院所而言，前期的投资回收较慢；但是这种方式通过利益驱动很好地将两化融合人才队伍建设中的各个主体有机地联系起来，有利于技术成果的商品化并依据市场需求对技术进行持续的改进升级，从而有利于各方持续开展合作。

3）混合支付模式。混合支付模式是指产学研合作促进两化融合人才队伍建设过程中由技术转让合同的受让方（通常是两化融合企业）先支付一定金额作为入门费，然后再按照提成支付的方式支付技术转让方（通常是学、研方）。通常入门费的金额较低，作为企业对高校和科研院所研发经费的补偿。在合作之初高校、科研院所就可以获得合作带来的一部分利益，待产品面向市场之后再以合同中规定的比例支付给学研方提成费。

可以看出，混合支付模式实际上就是前两种方式的混合。一部分成员既得到一笔固定报酬，同时也从合作总收益中分成。当然，也可以这样理解，即前两种都是混合支付模式的特例。混合支付模式既避免了固定报酬模式给两化融合企业带来的资金压力，又将两化融合企业和高校及科研院所的利益绑在一起，具有很强的实用性。

由于按照产值提成和利润提成都有弊端，所以目前国外产学研合作使用的最广泛的利益分配方式就是入门费加销售额提成的方式。

特别值得说明的是，在混合支付模式中有一种比较特殊的支付模式——按股分利。按股分利是指产学研各方主体按投资的比例进行利益分配。这种投资既可以是资金、设备、厂房的投入，也可以是先进的技术成果、商标权、专利权等的投入。

按股分利能较好地体现“风险分担，利益共享”的原则。在这种分配方式中，企业一般以资金、设备、厂房等入股，而高校和科研院所则不仅直接参与研发工作，而且能以技术、仪器设备和资金入股。因此，合作的成败与各成员自身的利益紧紧地联系在一起。当产、学、研发挥的作用比较好时就能取得较好的经济效益，就能按比例分享较高的利润；而发生亏损时，各方均要承担一定的风险。④

---

① 李廉水：论产学研合作创新的利益分配机制．软科学，1997（05）．

② 董彪：产学研合作利益分配策略与方法研究．哈尔滨理工大学，2006－03.

③ 代利利：基于理事会制度的高校协同创新中心利益分配机制研究．浙江工业大学，2014－04.

④ 马辉：合作研发的伙伴选择及运行机制研究．西安电子科技大学，2006－01.

小案例 5.1

**校企联合，利益共享**

2002 年，广东温氏食品集团有限公司（简称温氏集团）和华南农业大学共同投资成立肇庆大华农生物药品有限公司，在禽流感防治工作中发挥了积极作用。2004 年，华南农业大学将肇庆大华农生物药品有限公司转让给温氏集团。2002 年 5 月，华南农业大学与温氏集团建立养猪场，华南农业大学占 6.67% 的股份，2008 年产值达 29 亿多元。2007 年 12 月，华南农业大学与中科院广州分院、中山大学等科研院校，以温氏集团为依托，合作共建全省第二家校企合作的研究院——广州温氏集团研究院。2008 年温室集团年产值已超 150 亿元，同时也为高校带来了经费，扩大了高校的社会影响力①。

[资料来源：刘芳，李欣，王浩．农业高校产学研合作机制研究——以华南大学为例[J]．科技进步与对策，2009（12）：20－24]

## 5.2 产学研结合促进两化融合人才培养的典型实现形式

### 5.2.1 产学研合作促进两化融合人才培养的主要类型

由于产学研合作促进两化融合人才培养体系创新根植于不同的创新环境，体系内相关行为主体也表现出差异化特征。相关主体需要根据创新活动的实践需要灵活选择参与程度与方式。根据产学研相关主体合作紧密程度的差异，可将其分为松散型、半紧密型和紧密型 3 个层次（如图 5.4 所示）。

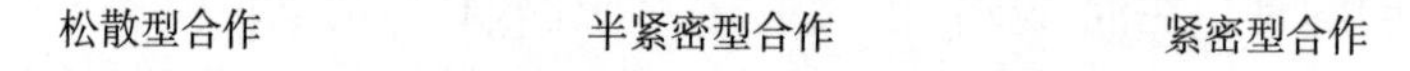


**图 5.4 产学研合作促进两化融合人才培养的 3 个层次**

（1）松散型合作。

松散型合作主要指产学研合作促进两化融合人才培养的主体间并不形成结构化的组织，而是通过项目和合同的形式将政府、高校和企业结合在一起。阶段性和灵活性是松散型合作的特征。合作研发可以由产学研相关主体独立或合作发起，而合作通常以技术开发、转让、咨询、服务等多种途径展开。委托研发、技术转让、咨询服务和人才培养是松散型合作的常见形式。这种合作方式通常随项目合同关系的建立而产生，并随项目合同关系的解除而解除，是一种有限时段的、动态合作的产学研合作促进两化融合人才培养形式。

① 刘芳，李欣，王浩：农业高校产学研合作机制研究——以华南大学为例．科技进步与对策，2009（12）：20－24.

委托研发是指产学研合作促进两化融合人才培养的主体，如政府、企业等受研发技术人员、资金、时间、信息等因素的约束，根据自身的技术需求，委托高校或科研机构进行研发活动并由其提供科研创新成果。研发活动通常以项目委托的形式开展，一般由高校或科研机构相关领域的科研人员完成，利用高校和科研机构的智力资源、仪器设备等资源开展相关的科学研究活动。这种产学研结合方式，根据政府部门和企业的需求量身定制，其中科研的内容大多偏向于应用型技术，科研成果经过企业内部的吸收与改进后可以较快地投入生产，转化为现实生产力①。

技术转让是技术需求方获取创新成果较为便捷的途径，是指技术持有者（高校、研究机构、企业或个人）将自己独有的新技术以有偿的方式全部或部分转让给接受者，将研发技术整体移入企业的过程②。企业和高校、科研机构通过签订技术许可合同、专利许可合同，来实现技术使用权和所有权的转移。所转让的技术包括获得专利权的技术、商标，以及非专利技术，如专有技术、传统技艺生物品种、管理方法等。③

咨询服务是指产学研合作促进两化融合人才培养的学、研主体在企业技术创新的过程中为产业主体提供技术咨询与服务，帮助其了解技术趋势与导向，明确关键问题；而人才培养则是产学研结合为企业创新培养必需的人力资源。这些途径都是从侧面支撑企业技术创新的合作方式。

松散型合作的优势在于两化融合技术需求方不进行研发活动，但是通过委托研发或技术转让的方式较为便捷地获取或共享两化融合技术成果，使得政府、企业能够专注于自身实力可以完成的研发任务和运营活动；但松散型产学研结合存在供需衔接和后续研发两方面的问题。供需衔接是指技术供需双方对相关技术产品的行业态势和市场需求的了解程度不同，导致在科研成果的适应性和转化性方面可能存在不同程度的问题；同时，技术的转让和交付尽管使两化融合企业获得技术成果，但对研发的思路、原理和体系等方面缺乏了解，可能影响两化融合企业后续研发的进展，进而形成锁定依赖，但这又可能对高校、研发机构等技术供应方的利益造成冲击。因此，松散型产学研结合成功的关键在于合作各方在研发过程中适时互动引导，建立完备的约束体系，以及良性的长效机制等。

（2）半紧密型合作。

随着产学研合作促进两化融合人才培养的不断深化，为了进一步解决两化融合人才培养的保障机制、部门间协同性等问题，同时又能够规避紧密型合作的市场风险，基于网络、集群化结构的半紧密型产学研结合日益增多。半紧密型合作是介于松散型合作和紧密型合作之间的模式。其结合较松散型合作更为长期、持续，但也未形成特定的经济实体，而是以网络化组织的形式集聚两化融合创新主体，推进两化融合协同创新。大学科技园和共建研发机构是半紧密型合作的典型表现形式。这种合作方式有利于高校与企业或地方政府之间保持长期、稳定、可持续的两化融合人才培养合作关系。

共建研究机构主要是指高校通过与企业或地方政府共建科研机构，开展持续稳定的研发合作。共建研究机构包括以下两种主要的形式：一是政府、企业在高校建立工程研究中心、

① 张晓拓：非对称信息下的产学研合作问题．复旦大学，2010.

② 张林刚，严广乐：考虑知识传播的技术转让契约设计．科学学研究，2007（4）.

③ 王学东：我国技术市场发展存在的问题与对策．情报科学，2004（03）.

专业实验室等技术集成与扩散中心，开发高新技术产品，培养两化融合人才队伍；二是高校在企业或区域建立研发中心，以企业生产技术改造和新产品开发为目标，更有针对性地进行技术创新。

大学科技园是立足本地两化融合人才发展的需求，以高校或科研机构为依托，整合产学研各方主体的智力、市场和社会资源，采用校地、校企共建，通过一校一园、多校一园、多园一校等形式运行的高科技园区。大学科技园的目的在于构建产学研合作促进两化融合人才培养的平台，建立孵化平台和产业化基地，为高校科技成果转化、高新技术企业孵化、创新创业人才培养，提供支撑平台和服务的机构；同时，大学科技园也成为教育实习的场所及大学与社会联络的纽带，大大提高了大学对社会的服务功能。①

半紧密型产学研合作促进两化融合人才培养的优势在于兼顾了松散型合作灵活多样和紧密型合作贴近人才需求市场的特点，通过网络集群式的结构避免了高校直接参与两化融合市场竞争，使得科学研究、技术开发与转化生产、销售服务紧密相连，而且两化融合人才适用性强，应用于两化融合发展进程的周期短，收效快；但半紧密型合作的网络集群式结构对产学研各方的协调性以及软性的文化、制度、氛围等要素提出了更高的要求。

（3）紧密型合作。

紧密型合作是基于产学研合作促进两化融合人才培养相关主体的紧密合作，基于利益共同体联合创新，是产学研合作促进两化融合人才培养最密切的一种形式。在紧密型合作模式中，经济实体将产学研合作促进两化融合人才培养相关主体整合在同一个组织体系中，各方责、权、利明确，合作积极性高。企业随着高校掌握新技术的人员的不断注入，不断联合研发推出新产品，使得产品定位具有很强的市场竞争力和可持续发展能力。合作双方的两化融合人才往往在各自的领域中具有显著的优势。这种结合方式实际上是一种强强联合，② 优势在于借助经济实体形成持续的利益共同体，有助于提高两化融合创新活动的持续性和创新成果的应用性；但随之而来的风险也相对较高。高校在生产经营等领域的经验和能力相对短缺，需要面对较大的市场风险。

这种联合通常通过两种渠道来实现：一是高校独立创办经济实体，通过实体联结两化融合相关人才队伍，通常包括派生性两化融合人才和全职性两化融合人才两种形式。二是高校与企业合作创办经济实体，按照合作形式通常包括控股公司、合资企业、合伙公司等。还有两化融合人员特派和战略联盟等形式。

紧密型产学研合作促进两化融合人才培养能够深度整合相关创新主体，更加贴近两化融合人才市场竞争和产业发展需求，提高创新活动的效率。特别是在目前，我国两化融合人才普遍研发基础较为薄弱的情况下，产学研合作促进两化融合人才培养的经济实体科技投入比例整体相对较高，创新资源更为集中，有助于两化融合人才队伍的创新升级发展；但高校、科研机构等主体的运行管理机制与市场机制存在不同程度的差异，管理方式和制度氛围也差异较大，因此直接面对的风险也较为突出。

### 5.2.2 产学研合作促进两化融合人才培养的实现形式

（1）大学科技园。

① 李利平，朱邦耀：高校在区域创新系统中的角色定位．安徽农业科学，2007.

② 郭大成：产学研用紧密结合推进国家技术创新体系建设．中国高等教育，2010（07）.

1）大学科技园的内涵。大学科技园概念源于20世纪50年代，是一种产、学、研结合的社会组织形式，能够有效地将教育、科技与经济相结合。世界上第一个科技工业园是1951年在美国西海岸加州斯坦福大学建立的，即斯坦福科学园，是形成今日硅谷的基础。[①]大学科技园的核心是依托大学的知识、人才与创新环境，通过提供知识技术、基础设施、服务管理、金融支持和氛围环境，孕育科技企业，培养创新人才。我国大学科技园从20世纪80年代开始发展，最早为1988年东北大学在南湖校区开办的东北大学科技园。截至2010年10月，我国经认定的国家大学科技园已达86家，平均每个科技园内都有近百家企业和研发机构，营业收入超过6.58亿元。[②] 国家大学科技园还有效促进了区域经济的发展。各科技园在园创业大学生达9 083人，从业人数总计29.48万人。可见，大学科技园在培养创新创业人才，转化高校科技成果，孵化高新技术企业，推动高新技术产业发展，加速区域经济建设和行业技术进步，以及缓解就业压力等方面发挥了重要作用。我国高校科技园的发展大致经历了初创萌芽、快速发展和差异化演进3个阶段。初创萌芽阶段（1988—1997年）为早期大学在政策环境和投资支持等条件较为困难的情况下的探索发展。1997年之后，科技部、教育部和地方政府开始对大学科技园进行政策倾斜，大学科技园开始快速发展，但管理体制僵化、产权等问题也开始日渐突出。2005年之后，大学科技园进入差异化演进阶段。部分高校通过机制改革和股权结构优化使大学科技园步入良性发展的轨道，而部分高校仍处于改革探索之中[③]。如今两化融合大学科技园随着两化融合发展战略的推进，也逐渐承担起两化融合人才培养的重要任务。

两化融合大学科技园是国家两化融合创新建设的重要组成部分，是产学研结合的重要实现形式。在产学研体系中，由于高校和企业在理念、制度等方面的差异，大学与企业在技术创新过程中的协同程度相对较低，而大学科技园正为产学研社会化结合提供了一个良好的集聚平台，通过集聚使企业的启动力，高校的研究力，需求的引导力，以及政府的协调力形成合力，更有效地促进大学科技成果的转化[④]。两化融合大学科技园的功能主要表现在以下3个方面：

第一，它是创新资源集聚中心。两化融合大学科技园依托高校创新资源优势，能够有效地集聚创新资源，通过集群对接加快科技成果转化，强化科技创新的溢出效应。这种集聚表现出协同性、流动性两方面的特征。

协同性是指集聚要实现产学研主体的协同融合。集聚不仅包括科研机构，还包括教育培训、中介服务、配套服务等相关组织机构，最终成为创新、创业资源的富集区域；同时，产学研主体还要通过正式或非正式的制度实现产学研相关主体的协同互动，逐步构建地区两化融合网络中的技术网、社交网和人才资源网。产学研、用之间正式或非正式的联系所构成的两化融合网络是推动技术创新的原动力。其中，正式制度表现为两化融合园区相关优惠政策、知识产权制度，以及产学研结合的制度规范等，而非正式制度则表现为依托高校的创新氛围、交流平台、信任、熟悉等社会资本。

流通性特征体现为基于两化融合大学科技园的创新资源集聚形成良性的流动机制。引入

① 李平：中国大学科技园发展模式的比较．科学学研究，1999（12）．
② 王大伟，葛继平：大学科技园促进区域经济发展研究．中国高校科技与产业化，2011（03）．
③ 苏峻等：大学与产业合作关系——中国大学知识创新与科技产业研究．中国人民大学出版社，2009.
④ 李平：中国大学科技园发展模式的比较．科学学研究，1999（12）．

机制包括人才、项目、企业和资金的引进，主要解决两化融合大学科技园经营过程中的“源”。退出机制是指两化融合园区内各投资方通过什么样的方式，选择什么样的时机来实施投资变现，实现投资收益。这是整个两化融合科技园可持续发展的归宿点，主要解决两化融合大学科技园经营过程中的“汇”①。

通过园区平台的集聚融合，有助于在产学研主体间实现研发成果的“带土移植”，使大学的创新成果以较为快捷的方式向两化融合园区内产业流动溢出。技术转让的传统途径多呈现出静态、间断的特征，在导入技术的同时，难以引进前端设计的系统思路，研发者的技术诀窍、经验等隐性技术，特别是在关键技术领域，引进——消化的难度更为突出，而这些往往决定着成果转化的成败。两化融合大学科技园正好为大学创新成果导入企业提供了一个有效的集聚平台②。

第二，它是创新孵化与溢出基地。两化融合大学科技园依托高校两化融合创新资源，为社会提供孵化成功的高技术企业，是技术创新的重要源头和二次创业的骨干力量。两化融合大学科技园利用低成本的创业网络，不仅可以以科技成果为核心技术创建高新技术企业，而且可以促进初创的高新技术企业的进一步发展；同时，两化融合大学科技园通常不以建设大型科技企业为核心目的，园区内除少数标志性示范性高新技术企业外，大部分孵化企业最终会走出园区，进入两化融合各个平台，能够产生显著的溢出效应。高校科技资源是两化融合园区孵化的核心优势；但由于我国金融体系内风险资本不发达，流通体制不完善，知识产权等领域的保护有待增强，所以创新孵化的两化融合支撑体系相对较弱。

第三，它是创新人才培养基地。两化融合高校科技园为高校研究人员创造了贴近市场，深入企业的学习和实践平台，使得相应的两化融合科研项目系统、有效，并有针对性，其创新创业潜能也可以得到充分挖掘。除高校的科研人员外，高校科技园还要为大学的创业教育做贡献，培育学生的创新创业思维，同时也为企业研发和管理人员提供更为便捷的接触高校智力资源，提升自身条件的环境氛围，为企业创新人才的培养提供便利。由此可见，两化融合高校科技园为产学研用相关主体提供了创新人才培养的良好氛围，是培养实践型创新人才的重要基地。

2）两化融合性质大学科技园促进人才培养的运行模式。我国两化融合性质大学科技园促进人才培养的运行模式可以从关系结构和管理机制两重视角进行分类研究。关系结构视角基于两化融合园区内两化融合人才培养产学研主体的关系划分园区类型，主要分为一校一园、多校一园和虚拟大学科技园3类模式；而管理机制则基于管理主体的差异，分为单一管理主体和多元化管理主体两种形式。

一校一园的大学管理型模式，多适用于高校两化融合科技实力突出，优势显著的产、学、研促进两化融合人才培养体系，多由高校提出建设两化融合构想，并出资建设两化融合为主的园区管理公司。园区依托高校的技术资源和创新氛围，加快科研成果向两化融合生产力的转化，更好地实现大学服务两化融合建设的功能，为创业企业孵化、高新企业研发、创新人才培育、科技成果转化、两化融合人才培养提供发展空间和卓越服务。需要强调的是，一校一园模式中高校并不是孤立的，也需要周边高校和科研机构的协同关联。例如，清华科

---

① 庄宁：大学科技园作为一种社会建制在区域创新体系中的作用．科技进步与对策，2004（8）．

② 黄亲国：大学科技园的组织特性及功能分析．研究与发展管理，2007（6）．

技园在依托清华大学的同时，也与北京大学、中国科学院等周边机构互动关联，形成了四通八达的信息与关系网络。

多校一园的模式表现为政府主导下的两化融合共建共管模式。两化融合园区多由政府、高校等多元化或集合性主体筹备建设，共同出资组建两化融合园区管理公司，多适用于高校、研究院所和企业实力均衡的集聚分布的产学研体系。例如，武汉东湖高新区国家大学科技园紧密依托国家光电子产业基地“武汉·中国光谷”，由武汉大学、武汉理工大学和武汉华中师范大学等高校共同参与组建，通过高校引导园区内企业加强创新。

虚拟大学科技园模式是一种虚实结合型管理模式。两化融合园区通过集聚国内外高校资源，延伸创新网络，引导产学研协同，多由政府出资组建两化融合园区管理公司，并吸引相关主体参与园区的协调管理。虚拟大学科技园多适用于两化融合产业规模较大，但产学研等创新力量相对薄弱的区域。其目的在于引进高校，并为成员院校的科技成果产业化和自主知识产权研发提供发展空间，实现地方与高校的双赢。由于涉及国内外诸多相关高校和研究机构，因此政府的协调统筹就成为园区筹备建设的关键。深圳虚拟大学园是虚拟大学科技园的典型代表。2001 年，深圳市政府在高新区兴建虚拟大学园。该科技园现有入园单位 48 家，包括清华大学、北京大学等 36 所国内名校。该科技园也成为中国科学院和中国工程院两院院士的活动基地。

按照产学研促进两化融合人才培养体系管理主体的差异，大学科技园的运行管理主要分为单一主体管理和多元化主体管理两类。单一主体管理主要表现为由大学或政府为主管理协调两化融合性质大学科技园的运行，通常以管理中心或法人公司的形式出现。大学管理模式由大学设立两化融合专门机构管理大学科技园，负责协调园区内两化融合产学研主体间的关系，具体负责事关科技园发展的重大决策，落实有关优惠政策，构建两化融合融资与关系平台；而政府管理模式则是由政府设立专门的管理机构，负责两化融合性质大学科技园的规划设计、行政管理、基础建设、物业保障以及研发评审等多方面的工作；多元化主体管理则表现为园区内两化融合产学研各主体共同参与园区的运营管理，由高校、企业、政府、研究机构等共同组成管理机构。

目前，我国两化融合大学园区的管理机构多为多元化主体的管理机构，且多采用法人公司制管理机制，通过成立独立经营管理，有完善法人治理结构的开发管理公司，使两化融合园区运行实现市场化运作。以清华大学为例，清华科技园早期的管理机构为清华科技园发展中心，后期逐步演化为由清华控股有限公司、北京鹏泰投资有限公司、北京市国有资产经营有限责任公司、同方股份有限公司、紫光股份有限公司共同出资组建的启迪控股股份有限公司。该公司全面承担整个清华科技园的开发、建设、经营与管理。

两化融合性质大学科技园的建设和发展需要多元化主体的共同参与。“高校创办，政府推动，社会参与和混合经营”是我国大学科技园的一般特征。早期，大学和政府的作用尤为突出，是两化融合园区科技资源和资金政策的主要来源，而随着两化融合园区的发展，企业的参与则变得越来越重要，引导着园区按市场化运作。

**小案例 5.2**

### 信息化和工业化融合服务产业示范园——常熟大学科技园

常熟大学科技园获评江苏省信息化和工业化融合服务产业示范园。作为构建区域自主创新体系的重要载体，常熟国家大学科技园依托“江苏省国际服务外包示范区”东南开发区，大力发展软件和信息服务业。目前，园内入驻软件和信息服务企业52家，占入驻企业总数的四成，注册资本近3亿元，初步形成了在线电子商务服务、动漫制作外包服务、软件服务外包、软件开发服务、信息外包服务等主导产业。园内建有4个信息化公共服务平台，并形成了多元投融资服务体系。2010年，园内软件和信息服务企业实现销售收入18 373万元，服务外包合同额为1 816万美元。园内12家企业已取得软件企业认定，3家软件企业通过了CMMI3级认证。规划到2015年，孵化入园企业200家，科技成果和专利数达1 000项，软件与信息服务企业实现收入20亿元以上。

[资料来源：新华日报，服务两化深度融合助推工业转型升级，2011，12]

（2）合作研发。

合作研发是产学研促进两化融合人才队伍体系中高校输出技术成果的一种重要形式，可以帮助两化融合企业获得互补性和前沿性的技术，缩短技术研发周期。根据两化融合合作程度的差异，可将两化融合产学研结合合作研发划分为委托研发、共同研发、合作基金、咨询服务、研究支持、人员交流等多种形式。合作研发多发生在具有一定两化融合技术基础，技术机会较为丰富或者技术项目探索性较强的行业中。两化融合企业需要通过与大学的合作研发进行技术创新与选择，从而尽可能降低技术领域投资的风险。

1）合作研发的实现形式。委托研发是指企业将特定的两化融合技术项目外包给相关高校或研究机构完成，企业作为委托人向高校或研究机构支付报酬，而大学作为代理人则向企业交付技术成果。在典型的技术委托研发活动中，企业拥有最终技术成果的两化融合知识产权，而大学获得的报酬既可以是固定支付，也可以是与技术成果绩效挂钩的可变报酬，或者是固定报酬加可变报酬的复合报酬①。在委托研发过程中，契约设计、成果交付、知识产权等问题是影响委托研发的关键问题；同时，还需要注意技术标准和市场的动态变化。研发活动要具有一定程度的弹性调整机制，并且在委托合作结束后建立动态关注和改进的长效机制。

共同研发通常发生在实践性和针对性较强的创新活动中，需要大学和企业的共同参与才能实现。在共同研发模式下，两化融合知识产权归属既可能是企业，或者是大学。这取决于双方缔结的约定。由于双方需要共同投入承诺性的相关资源，进而形成双边抵押，加之人员交流合作形成知识流动，两化融合产学研结合的紧密性相对较高。特别是对于国家两化融合产业领域重大科研项目而言，联合申请、共同研发正在成为提高创新效率的重要途径。高校与企业联合共同申请国家和区域重大科技项目，可使高校科研成果与企业对接，把大学的科技研究优势同企业的技术设备和市场优势相结合，把新技术和新产品的应用开发同企业技术进步和经济效益需求相结合，实现科技成果的快速产业化。企业针对自身研发力量不足的现实，通过联合申请项目，将大学的研究力量纳入企业的技术体系中；而大学则借助企业解决了设备、技术和人才培训方面的难题。校企互动形成了两化融合跨学科、跨专业的松散型交叉研发网络。②

大学与企业建立两化融合合作产业或合作基金是产学研联合有选择性地支持特定领域技

① 贺俊：校企合作研发的最优制度安排．中国工业经济，2011（2）．

② 蔡忠仁：瞄准光催化学科前沿的探索者．福建科技报，2007（09）．

术研发，促进两化融合科技成果转化的途径。按照主体结构的不同又分为两化融合合作基金和两化融合产业基金两种形式。

两化融合合作基金是指大学与企业共同出资设立合作基金，共同资助研究项目。资助的对象一般是在当地合法注册的企业和高校，且资助方式多为无偿资助。这种模式中，地方政府发挥着关键作用。一方面，相关主体间的关系协调需要政府发挥主导作用；另一方面，大学和企业的科研基金需要政府资金的配套和支持。两化融合合作基金模式与传统基金模式的差异在于基金的支付方式，即由传统的企业直接受益转变为教授直接获得地方政府补贴给产学研结合项目的经费，进而避免了企业不将补贴用于产学研合作项目的情况。合作基金的运作有效促进了产学研工作。以清华大学和江苏省合作的科技成果转化资金为例，2004—2007年，合作城市以清华大学为技术依托的专项资金项目有25项，总投入达到260 966万元。

两化融合产业基金是企业或政府在高校中设立专项基金，支持两化融合领域的研发项目。高校借助产业基金拓宽了科研资金的筹措渠道，而企业则能够更近距离地利用高校的知识和科技资源。例如，“中山大学名校名企联合发展基金”由广州本田提供启动资金，用于相关领域的研究和人才培养；宝钢教育基金2005年获民政部批准设立，提倡尊师重教，推进产学研合作[①]。

此外，两化融合合作研发还包括咨询服务、研究支持、人员交流等间接性的两化融合合作研究。咨询服务是在企业对技术的前景、方向、关键问题等方面存疑的情况下，高校凭借自身的智力资源，为企业提供两化融合领域的技术咨询服务。通过技术咨询服务，高校将企业在两化融合领域处于“隐含”状态的知识进一步显性化，降低企业在技术领域的不确定性，进而引导企业通过自身的研发活动在两化融合技术领域获得成果，而作为咨询方的学校和科学家个人则获得固定的服务报酬。从企业的角度看，企业向高校、研究机构或个人提供的报酬是企业的一种技术投资。该投资的作用就是提高企业对外部知识的吸收能力[②]。

研究支持是指企业以捐赠资金设备，设立两化融合研究基金等途径协助大学进行两化融合领域的科研创新。这种模式中，企业的目的一般在于与高校建立长期、良好的合作关系，提升企业形象，而不是直接获得技术产出[③]。人员交流是指产学研相关主体之间进行人员的交流合作。交流合作的目的主要表现在以下3个方面：一是通过交流增进了解，使双方的研发活动更具效率；二是通过人员的流动形成知识碰撞，形成创新思维；三是培养复合型的创新人才。

2）合作研发的关键问题。在两化融合产学研结合研发过程中，由于涉及多元化主体和较大的不确定性，且双方同时掌握研发信息，因此存在着知识产权、契约与资产专用性等关键问题，而这些问题是合作研发过程中需要关注的重点问题。

合作研发的实质是两化融合产学研结合主体间通过不同程度地开放组织边界，集成创新资源，以创造新的知识资产。知识共享不仅是产学研各方参与合作研发的重要目的，也是两

① 苏峻等：大学与产业合作关系——中国大学知识创新与科技产业研究．北京：中国人民大学出版社，2009：71.

② 贺俊：校企合作研发的最优制度安排．中国工业经济，2011（2）.

③ 罗焰等：地方院校产学研合作模式及运行机制研究．成都：四川出版集团，2001.

化融合合作研发能否成功的决定因素。[①] 但是由于在知识共享和流动过程中机会主义、道德风险等行为的影响，两化融合主体的知识产权可能面临如下几方面的风险：一是合作研发中的知识共享引致的模仿和挪用。知识贡献较多的两化融合主体面临自身的知识产权被模仿和挪用等问题。二是合作研发在确定各伙伴企业的投入比例时，涉及对伙伴企业知识产权的界定和评价，存在知识产权的价值评估风险。三是合作研发中两化融合产学研相关主体很有可能接触到其他成员的核心技术与专利知识，而对这种知识的滥用会导致侵权风险。四是对合作产生新的知识产权的界定和归属问题，会带来知识产权的所有权风险[②]。

由于两化融合研发过程和研发结果的不确定性，双方的契约总是不完全的，许多变量无法在契约中明确约定。在两化融合合作研发过程中，不确定性风险相对较高，且技术专利权人和专利权转让人之间存在信息不对称的问题。这些都可能影响两化融合合作研发的进程。因此，合作研发之初的契约设计需要综合考虑多种情况，强调规范性和适应性的协调统一。一般而言，制度体系的规范程度和双方谈判力的强弱是影响两化融合契约设计的重要因素。

就两化融合特定时期的制度体系而言，制度规范程度是较为固定的，因此谈判力就成为关键因素。影响合作双方谈判力的重要因素是资产的专有性。只要某种资源是企业团队生产所必需的，同时又难以被替代时，这种资源就具有某种专有性。当两化融合合作中投入的资产具有了专有性特征时，它就具有了一定的谈判力，有能力分享较多的合作研发收益[③]。此外，适当的激励条款是提升两化融合产学研结合效率的重要因素。例如，为了激励两化融合技术转让方在转让技术的同时传播两化融合专门知识，在交易合同中可包含一个专利税或产品提成的条款。当其超过某一数值时，技术转让方就有激励传播他所拥有的专门知识[④]。

除了显性契约之外，两化融合产学研结合研发过程中还不同程度地受到隐形契约的影响。隐含的承诺或默契并没有明文列示，在法律上也许不能执行，或执行的代价太大，但若双方都认为该契约可信，并且愿意执行，则其对确保研发活动的顺利进行有着不可忽略的重要作用。两化融合企业或科研机构是否愿意执行隐性契约，取决于其对合作收益的预期：若两化融合主体预计遵守隐性契约的未来收益大于违反契约的当前收益，就会继续遵守契约；反之，则可能违约[⑤]。

随着两化融合合作的发展，政府在合作研发过程中的作用日益重要。政府加入的产学研合作组织——官产学研合作研发组织，是一个可以在更多维度展开合作的研究和开发组织机构。因为两化融合产学研合作组织在资源上的有限性和竞争所造成的无序，所以两化融合产学研合作组织需要政府的参与，使之能够获得更大规模的资源并提高合作活动的效率[⑥]。

（3）共建研究机构。

1）共建研究机构的概念与内涵。共建研究机构是指高校与地方政府或企业合作建立的

① 何瑞卿：合作研发中的知识产权风险及其阶段表现．研究与发展管理，2006（12）．

② 合作研发中的知识产权风险及其阶段表现．

③ 方世建，魏小燕：合作研发中的敲竹杠问题研究．运筹与管理，2010（12）．

④ 张林刚，严广乐：考虑知识传播的技术转让契约设计．科学学研究，2007（4）．

⑤ 齐欣，郑颖：基于合作研发组织下的隐性契约稳定性比较．财经问题研究，2008（7）．

⑥ 晋盛武，糜仲春：合作研发的组织空间与组织模式研究．科学学与科学技术管理，2003（9）．

两化融合研究或实验机构。这些研究机构跨越高校或企业的行政区域，通过共同研发加速两化融合科研成果的有效转化，并强化企业或地方的创新能力，实现两化融合产学研的协同发展。① 从 20 世纪 90 年代中期以来，在高校拓展创新空间和企业（地方）提升创新能力的双重驱动下，我国合作性研究机构快速发展。根据高校合作主体的差异，研究院分为地方性合作研究院和企业合作研究院。地方高校研究院是高校与企业（地方）合作，在相关地域建立的研究院，多建立在我国东部经济较为发达地区。

两化融合企业为了提升技术创新能力而与高校合作，也与高校组建两化融合联合实验室等研究机构，利用高校的研究设施、人员和氛围，在两化融合技术领域展开研究。与企业合作的研究院多设立在高校，也有少部分分布在专业性企业集群中。例如清华大学与日立集团合作建立信息和激光联合实验室，中国科学技术大学与日本 Shincron 公司成立联合实验室等。

近年来，在两化融合产业基础较为发达的地区，合作研究的建设模式发生了转变：一是从原来地方“政府—大学”双方共建为主的模式，拓展到“地方政府—大学—企业”3 方联合的模式。例如，华中科技大学与东莞市长安镇合作成立的“华中科技大学模具技术国家重点实验室东莞实验中心”，由政府投资 1 500 万元，大学投入技术、设备和人才，企业投资 5 000 万元。二是研究院的专业化程度逐步提高，更加趋向于工业化、信息化运作，以便使其找准在产业创新链和价值链上的定位。②

在两化融合共建研究机构合作模式中，产学合作是双向的，形成了高校与企业或地方的双向溢出。学术研究与两化融合产业研究相融合，实现产学研的深度对接，促进大学的知识和技术创新向产业界转移。一方面，通过共建研究机构，企业对高校专业领域技术创新进行持续投入，有效缩短产品化周期，储备技术和人才；另一方面，高校利用企业提供的充足资金，实现某一专业领域的攻关，保证科研的连续性和实用性。③

2）共建研究院的功能和作用。合作研究院的作用在于针对性的“对接”。企业或地方与高校合作建立两化融合研究院通常具有较强的目的性和导向性，能使产学研各方的两化融合科研人员汇聚于此，共同研究并深入交流。对于地方性研究院而言，区域性特色支柱产业的共性、关键或前瞻性技术的研发和公共技术服务是两化融合研究院的主要目的；而企业合作研究院则多从企业核心领域展开前瞻性和基础性研究。

3）研究院的关键问题。管理机制、资金保障是两化融合共建研究院建设与发展面临的关键问题。由于两化融合共建研究院多数并不设在高校本埠，因此高校本部与研究院之间的关联协调和管理机制有待进一步完善。一方面，很多高校本部对外埠两化融合科技研究院的管理力度有待进一步加大，否则可能给大学带来潜在的财务和声誉风险；或者控制过严，集权过度，政策扶持不够，压抑了科技研究院的发展活力。另一方面，部分两化融合科技研究院自身的管理机制不健全，缺乏经营战略和组织结构的创新。特别是高校研究院从建立之初就面临着如何更好地挖掘高校本部创新资源的关键问题。例如，如何从高校获得具有产业化前

① 周敏：促进政产学研用合作的对策与建议．中国高校科技，2013（07）．

② 朱蕾等：国内名校在广东设立科技研究院的现状、作用及对策．科技管理研究，2007（7）．

③ 郭大成：产学研用紧密结合推进国家技术创新体系建设．中国高等教育，2010（07）．

景的基础性科研成果，如何与院系双聘科研人员组建跨学科的学术团队开展研究等方面的问题，如何将企业研发引入研究院，实现企业内部研发与外部研发的协调统一，开展“开放式创新”等，都是需要深度完善的方面。地方政府是高校两化融合研究院建设的需求方与推动者，积极介入和投入是必要的；但从长远来看，需要注意引导和发挥企业的主体作用，让企业来主导两化融合研发项目的选择。

小案例 5.3

## 华中科技大学佛山研究院

在2005年佛山市产学研工作会议上，华中科技大学佛山研究院成为唯一考核优秀的单位。截至2005年，华中科技大学佛山研究院自2001年5月成立以来，为学校和企业牵线搭桥，共开展产学研合作项目70多项，项目总经费达1 700余万元。

华中科技大学最大的优势是主动出击，促进学校高新技术成果转化，推进高校与地方的产学研合作。目前，该研究院与200多家单位有合作意向。重点合作领域包括信息产业、光机电一体化、环境保护、城市规划、制造业信息化、机械装备和家用电器等方面。

针对佛山市加工制造业高度密集的现状，研究院还依托学校激光加工国家重点实验室、激光技术国家工程中心，采取以无形资产及自筹部分资金入股的形式，与佛山市企业联合投资成立佛山兆宝激光技术有限公司以及佛山市华科激光工程技术研发中心。目前，该公司运行良好，预计在5年内将成为华南地区规模最大的以激光切割、激光快速制造等为一体的激光加工平台。研究院也广泛培养本地人才，为研究院铺下了广泛的潜在合作资源。研究院与佛山市有关企、事业单位合作，先后在佛山开办了工商管理硕士城市规划与设计、环境工程、软件工程等4个专业的6个在职研究生硕士学位班，共为佛山市培养了急需的高层次人才200余人。另外，研究院还与佛山市有关单位合作开办了专科及专升本学力教育，共培养各学科专、本科人才600余人。这些人才分布在佛山各行各业。当他们的企业需要寻找合作项目时，很自然地就能想到母校。

[资料来源：http：//www. fshust. com/cn/index. html]

（4）组建经济实体。

产学研结合共建经济实体是指产学研促进两化融合人才培养在科研项目或信息交流的基础上，建立产学研结合长效合作机制，将两化融合各方优势有机结合，利用经济关联把各方利益密切结合在一起，形成两化融合经济利益共同体。以高校为主体创办的产学研结合的两化融合经济实体自身有着独特的优势，即高校的科研、人才、信息优势，较为顺畅的产学研通道，以及广泛的社会关系及校友网络，是一般企业所没有的。高校作为企业的“虚拟研究院”，能为两化融合的发展带来源源不断的活力①。

产学研结合的经济实体发展已久。按照发展阶段的演进，产学研结合的经济实体整体可以分为校办企业、校有企业两个阶段形态，经历了从“直接持有”到“联合经营”，从“资本控制”到“监督发展”的转变。

校办企业起源于改革开放时代，是大学科研成果转化的试验田和产学研结合的最初载

① 邓华，王涛，宋军：中国高校产学互动机制探究．清华大学教育研究，2006（S1）．

体。20 世纪 80 年代初，由于当时中国企业的技术吸收能力普遍较低，大学（技术知识的主要创造者）与企业（技术的主要需求者）之间的信息不对称等因素，大学面向社会企业进行技术转移的成功率较低，交易成本巨大。为了降低交易成本，同时也是为了将技术转移的收益尽可能地内部化，各大学纷纷自己创办企业，进行科技成果产业化①。校办企业的典型特征为高校直接持有企业的全部资产，并直接管理企业的生产和经营情况。早期，高校校办企业凭借其科技、信息和税收等方面的优势，发展态势良好，但校企不分的管理模式限制了企业的发展，在经营人才、资产财务等方面带来了一系列的问题。因此，2002 年前后中国政府开始着力推行校办企业改制，推进了校办企业向校有企业的转变。

校有企业的特征是高校不再直接参与企业的经营管理，而是以资产为纽带拥有子公司股权，按照法人治理结构经营所投资的资产，强调以资本为纽带的规范管理和以高新技术为纽带的创新驱动。企业的研发主要依托学校，通过科研合同、联合开发等形式有偿使用学校的资源。高校通过资产纽带对其所投资企业拥有绝对或相对的控股地位。学校不仅通过技术转让等途径获得收益，还通过所拥有的公司股权而享有分红、股权增值等长期权益；同时，也要承担公司亏损、股权减值等潜在的有限风险②。此外，校有企业规范的治理结构为企业和其他相关主体融入企业，协同经营管理和技术创新提供了规范可行的渠道。这些都成为两化融合发展重要的基础力量。

（5）人员特派。

人员特派是指高校与地方政府或者企业通过人员交流深度合作，派出科技特派员，到政府或企业挂职，加强两化融合产学研结合。人员特派的方向根据两化融合合作需要灵活安排。高校向企业或地方特派科技人员有利于贴近市场需求与生产实践，而企业派遣两化融合人员入驻高校则能够利用高校的科研设施与创新氛围；同时，产学研结合的人员特派还可以吸引下游需求客户的加入，从而更为有效地把握市场需求，提高合作创新的效率与针对性。

近年来，我国基于人员特派的两化融合产学研结合日益广泛，并在部分地方形成了制度性安排。例如，自 2008 年 6 月以来，为进一步深化省部产学研结合，教育部、科技部和广东省人民政府联合印发了《关于组织实施省、部企业科技特派员行动计划的通知》，决定从 2008 年起，每年选派 100 名左右的中青年教师或科技人员到 100 家左右的广东科技型企业驻点 1 年。此外，基于人员特派渠道的合作通常融入其他产学研结合形式，进而达到强化交流、提升效率的作用。例如，上海市政府在落实科技工作站制度的同时，为进一步确保科技工作站的工作有序开展，联系高校定期派遣“科技特派员”赴科技工作站工作，为产学研的联系发挥桥梁纽带作用③。

（6）两化融合战略联盟。

1）两化融合战略联盟的概念与特征。两化融合战略联盟是我国在产学研结合过程中探索出的集群网络式的新模式，是产学研结合发展的一种高级形态。一般而言，战略联盟是指以市场为导向，企业为主体，高校或科研院所为技术依托，能够优势互补、长期合作、风险

① 苏竣，汝鹏，杜敏，王涛：从校办企业到校有企业——转变中的中国大学知识产业化模式．科学学研究，2007（6）．

② 同上．

③ 5 校企产学研合作谱新篇　特派员进驻科技工作站．

共担、利益共享的战略联盟组织，能够实现产学研结合由短期合作、松散合作、单项合作，向长期合作、紧密合作、系统合作的转变①。两化融合战略联盟的主要任务在于以两化融合产业技术创新需求为基础，突破产业发展的关键技术，构建两化融合共性技术平台，凝聚和培育两化融合创新人才，加速两化融合技术推广应用和产业化。从构成要素和运行机制上看，两化融合战略联盟有明确的专业技术方向和创新目标，通过契约关系建立共同投入、联合开发、利益共享、风险共担的机制②。

相对于产学研结合的其他方式，两化融合战略联盟表现出范围更广泛、作用更持续、机制更灵活等3方面的特征。

范围更广泛是指两化融合战略联盟能够将更多的高校、企业、政府等相关主体整合到两化融合联盟网络中，突破了合作研发、研究机构等结合方式中一对一、一对多的关系结构，形成了多对多的网络结构，扩大了产学研结合的作用范围。

作用更持续是指两化融合战略联盟并不以技术项目等阶段性任务为主，而是偏重于特定产业或地域长期发展，通过两化融合联盟成员的优势互补和协同创新形成的一种长效、稳定的利益共同体，并通过契约关系建立共同投入、联合开发、利益共享、风险共担的机制，③能够较为有效地避免两化融合产学研短期结合中出现的信息不对称、供需脱节，以及后期合作产生矛盾等方面的问题。从长远看，战略联盟的建立便于两化融合人才各方慢慢走到一起，形成一支引领产业技术创新的联合舰队。

机制更灵活是指战略联盟能够基于两化融合联盟网络内相关主体差异化的技术能力与创新需求，灵活运用科技园区、合作研发等结合形式。一方面，战略联盟集合官、产、学、研、用、金等两化融合组织机构，各取所需，各展所长，灵活协调集聚各种创新资源，帮助企业（特别是中小企业）集成知识，分享成果，提升两化融合自主创新能力。另一方面，多元化的构成和网络化的结构使战略联盟表现出中间性组织的特征，既能发挥市场资源配置与关系协调作用，也能够利用好政府机构和中介组织的灵活协调作用，进而发挥组合优势，提高整体两化融合人才培养效率。

此外，由于两化融合战略联盟是更为广泛的创新型联盟网络，所以不仅能够在两化融合技术创新、成果转化等方面发挥作用，还能够为两化融合部门制定相关的产业咨询和产业管理政策提供依据，规范行业自律，并针对两化融合产业关注的焦点，在联盟标准或技术规范等领域促成各方达成共识，促进产业或地方的持续发展。

特别需要强调的是，尽管两化融合战略联盟表现出诸多方面的优势，但多元化的主体和网络式的关联也为联盟的运行带来了组织、协调、合作、落实等方面的难题。联盟既要在宏观层面统筹人才培养的多样化的技术需求，寻找行业发展的关键技术领域和方向，并制定调整联盟的运行合作和利益分配机制，也要在合作创新的两化融合领域协调可能出现的各种问题，因地因时确定相关主体的角色和作用，合理协调责、权、利的关系。如果相关问题能够得到有效的解决，将促进联盟达到预期效果；而若处理不好，则可能导致联盟的失败。

两化融合战略联盟的持续发展需要坚持市场主导与政府引导相结合，对外开放与对内关

① 广东省教育部产学研结合协调领导小组：广东省教育部科技部产学研结合发展规划（2007—2011 年）.

② 创新产学研结合机制和模式 构建产业技术创新战略联盟.

③ 李学勇：创新产学研结合机制和模式构建产业技术创新战略联盟. 科技日报，2007 -06.

联相结合，并形成科学的利益共享和风险共担机制。市场主导和政府引导相结合是指战略联盟构建的基点放在两化融合产业发展和竞争力提升的需求上，放在企业技术创新的重大需求上，形成内生的动力机制。对外开放与对内关联相结合是指战略联盟既要保持对战略联盟成员之间的有效合作和互动，又要注重建立与联盟外部的学习和交流机制，加强与相关企业、科研院所、高等院校的广泛联系和协作，① 并加强国际交流与合作。只有利益共享，才能实现持续稳定的合作；只有风险共担，才能形成合力。所以，要切实发挥两化融合战略联盟各方优势，进一步明确各方在两化融合技术创新、知识产权创造、利益分配、成果应用等方面的责、权、利关系。

2）两化融合战略联盟的实现形式。多元化的联盟构成和网络式的关系结构使得两化融合战略联盟表现出多样化的实现形式。战略联盟可以依托产业、地域或特定主体展开，并灵活应用大学科技园区、合作研发、共建研究机构等多种产学研结合方式。根据两化融合战略联盟的作用范围，整体上可以将两化融合战略联盟分为3 种实现形式：两化融合区域产学研战略联盟，两化融合产业产学研战略联盟，以及其他形态两化融合产学研战略联盟。

两化融合区域产学研战略联盟在特定地域内组织形成，并不局限于特定产业，多由政府相关机构牵头，协调高校、研究机构、企业等相关机构组成，既包括在全国层面统筹协调的“中国产学研合作服务平台战略联盟”，也包括在省、市、乡、镇等不同地域范围发挥两化融合作用的产学研战略联盟。这种联盟既可以是分散型的，也可以是综合型的。

分散型战略联盟是指政府相关部门与不同高校或研究机构的战略联盟分散分布，彼此之间独立运行。综合型战略联盟是指政府或相关机构整合统筹区域内的产学研战略联盟，使之相互关联，形成更为广泛的联盟网络。

两化融合产业产学研战略联盟是为两化融合产业服务的创新联盟。联盟根据产业发展的需要，与相关高校、科研机构等组织结合。两化融合产业既可能涵盖全国范围，例如中国锂电池产业技术创新战略联盟、无铅电子制造省部产学研战略联盟，也可能围绕某一地区的两化融合产业展开，例如绍兴纺织产学研战略联盟、顺德“白色家电”产学研战略联盟等。联盟主要在行业技术攻关、交流平台搭建、行业资讯交流等方面发挥作用。

技术攻关通过组织申请两化融合科技专项、合作研发、共建研发机构等方式展开，组织有实力的两化融合联盟成员完成。对于两化融合产业层面的技术问题，由联盟组织内部成员联合进行技术攻关；对于两化融合企业层面的技术问题，协助相关企业进行资源调配，开展两化融合问题的研究。技术交流平台的搭建是通过相关领域的技术交流、产品推荐等活动，为行业和企业开拓国内外市场服务；同时，战略联盟还整理行业相关资料，并不定期开展调研，向政府提出本行业发展等方面的建议，协助政府组织编制行业发展规划。

其他形态的两化融合产学研战略联盟多以特定主体结合形成，企业与高校、科研机构自行结合，例如人民电器集团上海有限公司与上海工程技术大学建立的产学研战略联盟，中国北车大连电牵研发中心与北京交通大学建立的产学研战略联盟等。在战略联盟协议下，各方将以企业为主体，以高校为支撑，实现优势互补，综合运用共建研发中心、人员交流、合作

---

① 李学勇：创新产学研结合机制和模式构建产业技术创新战略联盟．科技日报，2007－06.

研发等多种形式，为企业提供科研成果和技术支持，在企业技术发展战略框架内开展持续、长期的科研活动。

## 5.3 “新常态”产学研合作促进两化融合人才队伍建设的对策建议

### 5.3.1 发挥企业主导作用，建设两化融合复合型人才队伍之探索

（1）要把两化融合复合型人才队伍建设规划作为企业发展战略之重要内容。

两化融合复合型人才不仅仅是社会的需要，更是企业自身发展的需要。信息化技术在多数工业企业生产、经营管理中被广泛应用，已经遍布行政审批 OA 管理系统、财务结算管理、成本控制管理、采购订单管理、生产 MIS 系统等很多环节。很多管理先进的企业已经采用全链条 ERP 资源共享的集成管理系统。如果两化融合复合型人才招聘、两化融合复合型人才培训跟不上，就无法适应企业生产经营管理中所需人才的需求。因此，作为企业一是要科学规划人力资源管理工作，把两化复合型人才队伍建设作为长远战略进行规划，保证其与企业战略目标相互协调，相互统一；二是不断修订和完善人力资源管理制度，规范流程，[①] 使其符合两化复合型人才队伍建设的需求；三是根据公司两化融合需求和进度，优化机构与岗位设置，明确职责划分，兼顾精减人员，注重一岗多能、A/B 角相互补位，消除人浮于事，让两化融合复合型专业岗位的员工受到重用，并为其在工作中发挥作用提供机制保障。

（2）坚持招聘工业化专业水平优秀、兼顾计算机特长的人员，把好选人关。

在用人理念上，企业应立足长远，坚持宁缺毋滥，找准定位。虽然招到既有工业化专业背景，又兼具计算机理论、研发、应用能力的人，但也绝不因此降低招聘的标准，否则会影响企业长远规划和发展战略。招聘员工时，一是按照两化融合需要，详细制订招聘计划，分期分批，提前开展工作，保证不同时期的工作推进；二是详细制定岗位说明书，对专业技术、计算机水平要求要具体，针对不同岗位，严格按岗位标准进行遴选，决不降低招聘质量；三是提前考虑员工职业发展和人才梯队建设，招聘时综合考虑年龄、经历、综合素质差别，使同专业多个相同职位的人员具有不同的年龄和经历，特别注重两化融合人才的梯队布阵，避免形成断层；四是注重审视发展潜力，在人才选拔中不仅考核其专业水平和软件开发与应用的业务能力，同时也考核其是否具有发展潜力，能否适应企业两化融合的发展要求，使公司两化融合复合型人才队伍充满活力和创新能力。

（3）提升人力资源管理水平，打造良好的两化融合复合型人才用人机制，做深用人功课。

一是合理设计薪酬体系，对两化融合复合型人才队伍要加大绩效工资比重，按贡献大小分配薪酬，每月度考查他们工作的质量、效率、业绩、执行力和敬业精神 5 项指标，与他们的绩效工资直接挂钩，上下浮动 3 级，建立并完善以业绩为导向的绩效考评体系，提升各级人员的责任心和执行力，鼓励两化融合复合型人才的积极性和创造力；二是建立能者上、庸

① 戴晓红：发挥企业主体作用推动两化融合人才队伍建设．现代工业经济和信息化，2014（04）．

者下的选拔任用体系，使两化融合复合型人才能在公平竞争中迅速得到提升；三是完善两化融合复合型人才培训机制，建立公司、部门、专业 3 级培训体系，让两化融合复合型人才利用工作平台，使其业务水平和学习能力很快得到提高，从而成为企业两化融合工作的中坚力量。

（4）建立两化融合复合型人才晋升通道，打造成就人的平台。

企业对待两化融合复合型人才，要给予高度重视，特别体现在成就人的理念上。对于他们的职业发展要格外关注。因为这样的人才一旦培养成型，在社会人才竞争中，就拥有很强的竞争优势，进而他们在企业中的发展速度，直接决定两化融合复合型人才的可留性。企业要用科学的薪酬分配制度，有竞争优势的岗位，快速的职业发展路径，为两化融合复合型人才打造良好的用人机制，创造一流的工作环境，引导并培育两化融合复合型人才务实苦干、敬业奉献的职业精神和工作品质，创造出“想干事，干成事”的条件和氛围，搭建认真做事就能成就大事的平台。

（5）发挥企业优势，打造一流的工作、生活环境，让两化融合复合型人才有沉淀的空间。

所有的人才培养，绝不是一蹴而就的，需要时间的沉淀和积累。合格的两化融合复合型人才，绝不是一两年就可以出成绩的，短期内也无法适应两化融合的需求，因此需要他们扎根企业，潜心钻研。一是要打造一流的工作、生活、休闲环境，为他们建一个具有亲情的企业之家；二是竭诚为他们提供人性化的一流后勤服务；三是注重细节，为两化融合复合型人才消除后顾之忧，让其安心工作，把精力投入到工作中。

（6）发挥企业优势，打造开放的人文环境，为两化融合复合型人才创造可持续发展的空间。

众所周知，企业培养了人才，更希望留住人才。企业要留住人才是要留心的，否则生拉硬拽也无济于事。如同市场经济中的价值规律一样，人才总是向最合适的、利益最大化的方向流动。明白了这个道理，企业就不会为投入大量精力、财力、人力和物力培养两化融合复合型人才而患得患失，而是要创造更加宽松、自由、开放的环境，用企业的自信、大度、宽容，去接纳人才的正常流动，为两化融合复合型人才打造可持续发展的空间。一是创造简单的人文环境，让两化融合复合型人才工作得舒心。简单的人文环境体现在关系简单、心情简单。关系复杂，企业管理成果就被内耗掉了十之六七，甚至更多。二是创造公平的人文环境，体现在责权对等、规则公平、机会公平。公平还要体现在责权对等。任何岗位都有其相应的权，也必赋予它相应的责。三是打造开放的人文环境，体现在开放的视野和开放的胸怀。我们选人的门槛高，留人的功课也要深，但不限制两化融合复合型人才的发展和选择。稳定队伍，留住两化融合复合型人才靠的不是强拉硬拽，而是一种主动自发的选择。企业用开放的胸怀完善能上能下、能进能出的用人机制，使两化融合复合型人才能够放松心态，自由选择，体现企业自信、大气以及宽阔的眼界和胸怀。也只有如此，才能吸引更多、更好的两化融合复合型人才认识、了解、选择公司，奉献于公司。企业也要以培养和输送两化融合复合型人才为己任，为他们提供舞台，给员工创造条件，适时将优秀的人才安排到合适的岗位，输送到上级集团，甚至更多需要他们的其他地方。①

① 戴晓红：发挥企业主体作用，推动两化融合人才队伍建设．现代工业经济和信息化，2014：59－61.

### 5.3.2 立足高校创新基地，分类培养“新常态”下两化融合亟需人才

工业化和信息化的融合，需要一大批符合中国工业化与信息化发展需求，具备中国特色创新的人才，主要包括：开发和运用信息技术能力强，具备专业工业生产知识，既懂得信息化，又懂得相关领域工业化的复合型领军人才；以计算机科学家、技术专家、软件专家为代表的学术创新型人才；以工程技术专家、工程师和技术开发人才为主要代表的工程技术人才；能够将信息技术应用于相关领域的工业应用型人才；具有组织协调、产业发展与经营管理能力的管理型人才；有国际沟通能力和国际竞争力的国际化人才①。

符合“新常态”下两化融合需求的创新人才，无论是学术创新型人才、工程技术型人才，还是管理型人才，他们的显著特征都是创新。应当立足于高校基础创新，一方面重视学术研究型、工程技术型以及工业应用型两化融合人才的培养；另一方面还要注重培养他们在多学科团队中的协同工作能力，运用知识求解问题和提出解决方案的能力，以及较好的国际竞争与合作的能力。因此，要培养两化融合创新人才，就应在学术研究型、工程技术型和工业应用型人才培养的基础之上，强化对创新素质、管理素质和国际化素质的培养和训练。②如图 5.5 所示。

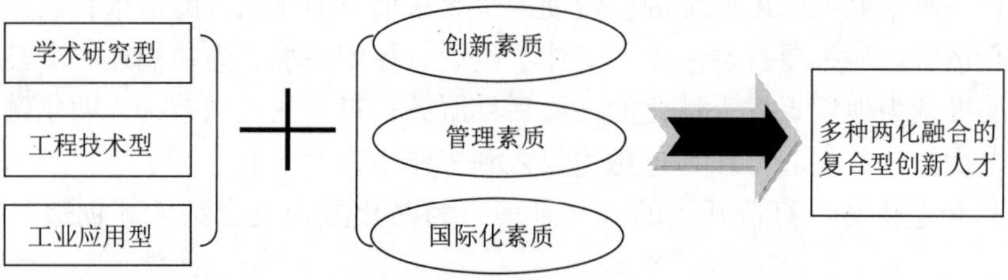


**图 5.5 两化融合复合型人才分类培养框架**

（1）“新常态”下两化融合学术研究型人才培养。

通过对国内外学术研究型人才的素质分析和相关理论的研究，我们认为两化融合学术研究型人才的基本素质主要包括研究素质、个性素质、精英素质、社会素质、文化素质、身心素质以及工程素质 7 个方面。

其中研究素质是指具有两化融合宽广的科学事业和良好的科学态度，娴熟的抽象思维能力，对未知世界的强烈的好奇心和研究兴趣，良好的学术道德，以及今后发展成为领域学科带头人的潜力。个性素质是指具有独立的品性，探究的兴趣和执着的态度，理性的批判意识，独立思考问题的能力，自主学习和终身学习的意识和习惯，以及独立工作的能力。精英素质是指具有较强的领导能力、国际竞争能力、组织协调能力，具有前瞻意识和创造性思维，调动和激励团队成员的能力，以及历史和社会责任意识，具备发展成为学术造诣高、号召力强的领军人物的潜力。社会素质是指具有科学的世界观与人生观，良好的团队合作能力，能够自觉遵守社会公德和职业道德，具有诚信意识、宽容心态和环保意识。文化素质是指具有较好的两化融合基础知识储备和宽广的历史、法律、经济、管理等方面的知识体系。

---

① 徐晓飞，王宽全等：为两化融合分类培养创新人才的探索．计算机教育，2010（5）．

② 同上．

身心素质是指具有良好的健身习惯和健身方法，具备较好的身体素质、抗挫折能力和客观向上的生活态度，掌握调节心态的方式和方法。工程素质是指养成良好的社会实践能力，以及分析和解决问题的能力，具有系统的工程观念，以及一定的效益意识和学科交叉意识。①

此外，在高校两化融合人才培养的各个阶段依据人才需求和人才具备的基本素质确立阶段培养的重点，结合当前综合改革和“十三五”规划编制工作，认真研究两化融合对学科交叉融合提出的新要求、新任务，并落实到实际工作中，如表 5.2 所示。

**表 5.2　高校两化融合人才培养的阶段性重点**

| 项目 | 本科生阶段 | 研究生阶段 | 博士生阶段 |
| --- | --- | --- | --- |
| 基础研究型 | 了解两化融合的概念、基本情况，培养、发现、分析领域内问题的能力 | 掌握两化融合科学的学习方法和独立展开两化融合科研工作的表达能力 | 在两化融合领域内，培养独立的创新思维、系统思维能力，培养把握学术方向能力和组织协调能力 |
| 个性发展型 | 培养两化融合协同及深入探索重大突出问题的能力 | 对领域内的重大事件和重大问题有强烈的研究兴趣和深入探索的精神 | 对两化融合领域内出现的新问题有独到的见解和进一步创新的欲望 |
| 领导精英型 | 掌握专业知识，对领域内问题有独到的见解，培养强烈的自信心和在学习习惯上强烈的自我约束能力 | 具有很强的专业科研执行能力和对课题组的管理组织协调能力 | 扎实的理论功底，活跃的学术思维，以及杰出的领导能力 |

（2）探索“新常态”下两化融合工程技术型校企合作、优势互补人才发展模式。

人才培养模式是确保两化融合人才培养质量的关键。因此，人才培养模式的确定及如何实施至关重要。以往实施的人才培养模式大多由学校一方确定并实施，没有过多考虑企业的参与，忽略了企业参与的作用和必要性。近几年，两化融合人才培养实践逐步尝试校企合作培养人才，采取优势互补的做法，注重企业全过程参与培养人才，实现了真正意义上的校企合作。人才培养模式呈现出多形式、多层次的特点，符合企业实际，很好满足了企业对工程技术人才质量的要求。

在未来的两化融合工程技术型人才培养实践中，主要考虑以下几个方面：

一方面建立“三段式”的高层次工程技术人才培养模式。在校企合作培养高层次工程技术人才方面，研究团队要以先进的人才培养理念为指导，以企业人才需求为导向，以产学合作为基础，探索建立新型的人才培养模式——“三段式”组织实施法。遵循“实践—理论—再实践”的规律和认知过程。该模式具体实施如下：第一阶段为调查企业需求。此阶段要求学员根据专业培养目标和自身工作情况首先提出问题，准备好相关问题材料，为第二阶段的实施提供依据，便于培养人员对学员的各类问题进行分类汇总、集中讲解和交流讨论。第二阶段为学员带着问题进行集中脱产理论学习，培养技能。此阶段主要是根据学员提出的问题有针对性地进行讲解和讨论，解决学员工作中遇到的实际问题，促进理论与实际的有效融合。第三阶段的学员回到企业进行实践，解决企业难题。这一阶段要求学员综合利用

① 徐晓飞等：为两化融合分类培养创新人才的探索．计算机教育，2010（08）．

脱产学习阶段所学专业知识和技能，解决一项两化融合工作岗位工作中遇到的实际技术难题。

另一方面，探索多形式的工程技术型人才培养模式。针对工程技术型人才培养，立足两化融合岗位需求，开展非两化融合主干专业毕业生再培养、岗位培训与学历提升相结合等培训项目，构建相应的再培训模式。首先是“脱产学习+岗前实习”模式，即学员先入校进行一段时间的全脱产两化融合主干专业知识培训，以提高其专业基础理论和专业技能，再进入相关企业进行一段时间的岗前实习。目前这种培训模式已在相关企业单位顺利开展，为两化融合培养了一大批技能型人才。其次为非脱产模式。为了满足企业及其两化融合从业个人培训需求，充分利用高校研究优势，创新培训模式，积极开展非脱产培训工作，提升学员学力的同时又提升其两化融合工程技能。争取通过多年的实践探索，建立起形式多样、内容丰富、层次齐全、针对性强的工程技术型人才培养模式。

（3）校企联合，推进两化融合工业应用型教师和人才队伍的培养。

一方面，高校加强培育两化融合应用型师资队伍，塑造并提升两化融合师资整体素质。一是培育应用型师资队伍特色。以教育部“卓越工程师教育培养计划”试点项目为载体，以校企合作为主渠道，安排教师到两化融合企业挂职锻炼或培训，支持教师参加行业专业技术培训，鼓励教师考取职业资格证书，引导教师参与实验室建设，指导学科竞赛等。同时，积极聘请两化融合企业高级工程技术人员和管理人员做兼职教师。努力建设一支符合学校办学定位，能够满足两化融合发展需求的高素质应用型教师队伍。二是实施“教师两化融合培训计划”，建立两化融合分层次培训体系，针对不同层次和岗位教师的基本素质，结合两化融合企业发展的实际需求，进行两方面的对接，有计划地为企业开展培训，不断适应和满足两化融合人才队伍应用型、工程化、国际化发展趋势的要求。三是适时启动“青年教师成长计划”，促进两化融合青年教师快速成长。

另一方面，高校主导完善两化融合人才队伍培养体系，与两化融合企业应用型人才需求实现零距离对接。一是共建校企合作特色实验室。学校通过吸引国际大公司入校共建专业特色实验室等合作形式，培养国际化创新应用型两化融合人才，激发学生学习的积极性，提高教学质量和实践教学效果，打造领军人才和团队，大力引进学科带头人及具有博士学位的人员和高级工程技术人才。二是共建校企合作工程实践教育中心。工程实践是工程学科的本质要求。工程实践教育中心是开展工程实践能力训练和工程素质培养的重要依托。三是共建校企合作人才培养基地。校企共建人才培养基地，是实现教育资源优化组合，互利共赢的良好方式。四是高校主导实施校企合作“订单式”培养人才计划，增强两化融合人才培养的针对性，缩短学校人才培养与企业需求之间的距离，实现两化融合人才培养与企业需求的零距离对接。五是建立校企合作的创新实习模式。高校各教学院系应根据不同学科专业特点，创造性地探索“顶岗实习”等多种实习方式。在整个实习期间，培养学生实际工作中的岗位责任意识，充分锻炼学生的实践能力和工程素质，并在可能范围内提前解决就业问题，达到毕业即就业的良好效果。

### 5.3.3 促进产学研多方合作，形成两化融合人才动态管理系统

（1）加强政府宏观管理体制建设，完善产学研促进两化融合人才队伍建设的相关政策。

为加快建设我国两化融合人才队伍，要积极探索多种产学研促进方式，统筹实施卓有成效的管理机制、运行机制、利益共享与分配机制等宏观方面措施。在推进两化深度融合的进程中，既要加强多方合作，宏观统筹部署各方资源，又要实行政企分开，割断各个行政职能部门同企业、高校和科研机构间的不正常关系，减少以行政手段代替市场机制的现象，进一步完善产学研促进两化融合人才队伍建设的相关政策。

政府以政策、措施的制定与实施为工作重点，通过制度安排和政策设计来规范产学研促进两化融合人才队伍建设合作中高等院校、科研院所、企业及其他相关机构之间的利益关系，促进两化融合知识的流动。不同于计划经济，市场经济不受计划的指导和约束，而受法规的指导和约束。产学研促进两化融合人才队伍建设是在不同部门、系统之间开展的科技、经济活动，因此合作者必须遵守一定的规范和准则。政策具有较强的导向作用，而法规具有很强的规范和约束作用。建立和完善政策法规机制是产学研促进两化融合人才队伍建设机制正常运行的基础和保障。①

应由科技部牵头，政府尽快出台产学研促进两化融合人才队伍建设的指导意见，发挥各部门的联动作用，与各地区政府合作制定《中国产学研促进两化融合人才培养的战略发展规划纲要（2015—2030 年）》，明确企业在产学研促进两化融合人才队伍建设中的主体地位，梳理政府相关部门在产学研中的职能分工，为中国两化融合人才队伍建设发展战略指明前进方向，为产学研促进两化融合人才队伍建设的多样化发展创造良好的政策支持环境。在此基础上，科技部应当根据《科技成果转化法》和《产学研战略发展规划纲要》文件精神，尽快出台《关于加快产学研促进两化融合人才队伍建设的若干意见》《产学研促进两化融合人才队伍建设评价考核体系》等指导意见，科学地对两化融合人才队伍建设的投入和产出进行评价，调整并完善对大学的评价考核政策，引导其建立鼓励成果转化和产学研、用合作的内部评价考核体系，并建议科技部将产学研促进两化融合人才队伍建设的评价指标纳入企业考核，通过政府投资，税收优惠诱导，建立产学研成果转化基金等方式全面支撑产学研促进两化融合人才队伍建设进程。

（2）完善信息服务体系，推进我国两化融合人才队伍建设中的“大数据云库”建设。

逐步建立中国产学研促进两化融合人才队伍建设资源 4D（4 databases）数据库，即专家库、后备人才储备库、案例库和思想库，建立科研数据、产业数据和环境数据 3 层数据体系。基于产学研合作资源大数据云库，进行我国产学研促进两化融合人才队伍建设态势调查分析研究，对我国两化融合人才培养案例进行分类管理，定期对培养模式、培养效果、存在问题和制约因素进行比较分析，促进科技、经济和教育的紧密结合，加速实现企业科技成果的产业化，增强企业自主创新能力，为推动产业结构优化升级提供智力支持。

设立专项基金建设中国产学研促进两化融合人才队伍建设资源大数据云库，开展中国产学研促进两化融合人才队伍建设资源的统计工作，全面掌握中国产学研促进两化融合人才队伍建设的基本情况。充分利用信息化手段，由科技部协同国家发改委、教育部、工信部、商务部、国务院国资委、国家知识产权局、中国科学院、中国工程院、中国科协等产学研相关部门和重点高校、科研院所、企业共同开发建设覆盖我国产学研促进两化融合人才队伍建设全局的服务平台，提供统一的产学研信息发布、成果交流共享、人才流动、咨询、培训等多

① 冯学华：产学研合作的问题及对策．研究与发展管理，1996（02）．

项服务，从而实现我国产学研促进两化融合人才队伍建设评估数据资源的集中管理和充分共享，全方位、多层次地完善中国产学研促进两化融合人才队伍建设的促进和引导，更加系统化和规范化地推进两化融合人才培养工作。

(3) 规范产学研中介组织，提升科技中介服务专业化水平。

产学研促进两化融合人才队伍建设中介组织在工业化和信息化的深度融合中发挥着信息中介和“润滑剂”的作用。通过建立和完善科技中介服务体系，可以有效地促进产学研合作和两化融合人才培养。我国现已成立了不少科技中介服务机构，如各地先后成立的高新技术成果转化服务中心。[①] 它们在产学研活动过程中主要起到沟通信息、整合资源的作用。通过产学研中介组织的引导，可以有效节约两化融合各主体的交易成本，优化产学研促进两化融合人才队伍建设组织的创新环境，协调和维护各主体的利益关系，加速两化融合人才队伍建设的进程。

通过相关调研结果显示，缺乏有效沟通的中介与平台仍然是制约产学研促进两化融合人才队伍建设发展的重要因素之一。为了保障我国产学研促进两化融合人才队伍建设中介组织良好、健康运行，建议由科技部牵头，工信部、国资委和财政部联合出台《关于加快完善产、学、研促进两化融合人才队伍建设中介组织与平台建设的若干意见》，根据不同中介组织的性质和特点，采用不同的扶持政策，并在财政上给予支持。通过该政策可以有效扶植规模、信誉和运营良好的中介组织，淘汰并剔除市场中不规范的中介机构，逐步推动产学研促进两化融合人才队伍建设中介组织规范化、合法化发展。

两化融合人才队伍建设中介组织既可以是政府组建，也可以是民间学术团体自办，还可以是高校、企业、科研院所合作建立，正式作为经济实体在政府部门注册，以形成一个结构合理、门类齐全的科技中介服务体系，创造性地发展、推动各种中介服务，并不断提高服务质量，完善并增强中介服务机构的功能。各相关政府部门还应该通过示范，采取相关措施促进产学研各方对中介机构多加了解，促使中介机构为两化融合人才培养提供更优质的服务。[②]

(4) 根据产学研促进两化融合人才队伍建设进程，完善利益分配机制和评价机制。

根据产学研促进两化融合人才队伍建设进程，应当采取不同的收益分配方式，以确保各方的合理收益。如政产学研金介等各方主体联合型合作模式应采用合作创新式收益分配方式，功能互补型合作模式应采用技术转让式收益分配方式，战略协同型合作模式可采用共建联合体式收益分配方式，形成全面的、便于操作的分配机制，确保合作取得成效。

通过制定相应的法规制度规范进程中的企业、高校、中介机构、金融（风险）投资机构等各方利益关系。制定专门法律，使之能涵盖合作的各个方面，形成全面的、便于操作的政策体系，确保合作取得成效。高校应支持企业通过合作研发提高创新及人才培养的能力。其经济利益应体现新产品、新技术进入市场或实际应用时取得的利益。高校的利益主要是学术成果和经济利益。学术成果主要是获取创新知识的增量。企业要保证高校应该获取的利益。在保证获得技术创新成果的目标或前提下，在与企业合作的过程中，高校也应注意不要

① 范福娟等：主要发达国家政府在产学研合作中的职能特点分析与借鉴．中国高校科技与产业化，2010（02）．

② 同上．

稍有成果就急于发表论文。这往往会带来成果分配上的争议。

建立对高校的科学评价制度，把服务和贡献作为评价高校工作的重要标准之一。把两化融合人才岗位工作的实际表现作为考核高校的一个重要指标。在质量工程建设、重点学科和学位点申报、人才计划、人事及分配制度改革等方面进行相应的改革、调整和完善，建立产学研促进两化融合人才队伍建设的激励机制和约束机制。建立对企业的科学评价制度，扭转“唯经济增长”的倾向，鼓励企业设立两化融合研发中心，投入资金开发新产品和新技术，从根本上提高企业两化融合人才培养的创新能力。

## 思考题

（1）产学研促进两化融合人才队伍建设的运行机制有哪些？

（2）您认为在我国产学研促进两化融合人才培养实践中是否存在问题？如果有，请举例。

（3）除文中所提，您认为我国产学研促进两化融合人才队伍建设的形式还有哪些？请列举。

（4）你认为如何在实践中协调产学研促进两化融合人才队伍建设各方利益？

# 第六章
# 工业化、信息化人才队伍建设的国际与地区比较

**本章提示**

欧美、日本等典型国家和地区的工业化和信息化程度起步比中国早，程度比中国高，在工业化与信息化融合方面积累了一些经验，尤其是人才队伍建设成果显著，值得中国借鉴。

## 6.1　美国工业化、信息化人才队伍建设

20 世纪 20—50 年代是美国工业化的“黄金时代”。此后，工业在国民经济中的地位开始逐渐下降，大量工业投资开始转向海外，工业品在国际市场的竞争力日趋削弱。第二次世界大战后，第三次科技革命爆发，原子能、电子计算机和空间技术被广泛应用，涉及信息技术、新能源技术、新材料技术等先进领域。① 人类社会开始由工业化社会进入信息化社会，“知识经济时代”来临。这些促使美国经济结构和社会生活结构发生变化，工业化和信息化人才队伍建设开始发展。

### 6.1.1　美国工业化、信息化人才队伍建设背景

（1）产业结构调整奠定信息化人才队伍建设基调。

经济发展的过程伴随着产业结构的不断调整升级。当前，全球竞争日益激烈，随之而来的是产业结构调整的浪潮，为拉动经济的增长，世界各国都在积极培育新的产业增长引擎，而产业结构的调整也必定带来人才队伍的变化。

为加快美国产业结构调整，克林顿政府上台后采取了一系列措施，包括：高度重视科学技术在产业结构调整中的作用，通过促进高新技术的发展来引导产业结构的升级换代；制定一系列中长期科学技术发展规划，如最为著名的“信息高速公路”计划，以此推动美国高新技术产业，尤其是信息产业的飞速发展；积极干预对外贸易，开拓美国高新技术产业的国际市场；注重将军用技术向民用技术转移，注重利用高新技术改造传统制造业②。发展知识经济和高新技术产业，成为美国提高综合竞争实力、抢占市场制高点的重大战略举措，也决

① 万远鹏：美国“再工业化”的内涵及其对中国的启示．江西财经大学．2013.

② 陆昂：20 世纪 90 年代以来美国和日本产业政策调整评价．经济问题探索，2004（2）：41－45.

定了美国工业化、信息化人才队伍建设的基本方向。因此，产业结构的调整为美国工业化、信息化人才队伍建设奠定了从传统工业化人才向工业化和信息化融合的新型两化融合人才发展的基调。

（2）信息技术等高新技术发展推进工业化、信息化人才队伍建设进程。

美国在高新技术领域取得了很多令人瞩目的成就，如生物工程技术、新材料技术、新能源技术、航空航天技术等。其中，尤以美国总统克林顿1992年提出的“信息高速公路”计划对信息化发展影响最大。美国的信息化高速公路以实现企业、研究机构、高校之间的计算机信息交换，带动信息产业发展为目标，掀起了信息化的热潮，引起了全球新一轮的信息革命。正是由于美国的大力投入，形成了遍布全国的“信息高速公路网”，[①] 不仅为美国工业化、信息化发展奠定了良好的技术基础，也为美国工业化、信息化人才队伍建设提供了良好的政策环境支持。

信息高速公路是信息化发展到一定程度的产物。信息高速公路的建成，不仅使美国的高速公路、航运的工作量减少，能源消耗减少，生产效率提高，还带动了半导体技术、通信技术、计算机网络技术等与相关产业的发展。信息高速公路改变了人作用于劳动对象的生产方式，加速了社会产业结构和人才队伍结构的巨大变革，推进了工业化、信息化人才队伍建设进程。

**小案例6.1**

### 美国工业互联网

在通用电气的倡导下，AT&T，Cisco，GE，IBM，Intel等著名公司在美国波士顿宣布成立工业互联网联盟（IIC），以期打破技术壁垒，促进物理世界和数字世界的融合。

另外，作为未来的一个潮流，工厂将通过互联网实现内、外服务的网络化，向着互联工厂的趋势发展。随之而来，采集并分析生产车间的各种信息，向消费者反馈，将从工厂采集的信息作为大数据，通过解析能够开拓更多的、新的商业机会。对硬件从车间采集的海量数据进行处理，也将在很大程度上决定服务、解决方案的价值。

美国因为有着Google，IBM等IT巨头和无数的IT企业，所以在大数据应用上较为积极，非常重视其给社会带来新的价值。Google不断将制造业企业收购至麾下，就是希望掌握主导权。同时，作为美国大型制造业企业的一个代表，GE公司也开始加强数据分析和软件开发，从车间采集数据，进行解析，提供解决方案，开拓新的商业机会。

与德国的工业4.0相比，美国的工业互联网范畴更广阔。它企图将人、数据和机器连接起来，形成开放而全球化的工业网络。相比德国西门子的“工业4.0”，通用电气的“工业互联网”方案更加注重软件、互联网、大数据等对于工业领域的颠覆。所以，德国强调的是“硬”，美国注重的是“软”，而这种柔中带刚的“软性”实力，恰恰是工业4.0这条产业链的最上端，却也是美国最为擅长的！

因此，美国一直企图在工业4.0的上游活动，对德国形成拦截。这体现了面向系统的思维模式。位于价值链上游的企业为了汲取附加价值，不应面向零部件，而应面向系统，以掌控市场。GE的核心技术就是系统。该公司在20世纪80年代已经向能源系统公司转型。如

---

① 万远鹏：美国“再工业化”的内涵及其对中国的启示．江西财经大学．2013.

今，那时积累的成功经验无疑将应用到GE大力推广的医疗服务等领域之中。

美国的工业4.0究竟具有多少延展性呢？通用电气向第三方用户和软件商开放了Predix工业互联网新软件平台，可容纳包括从飞机发动机到医疗核磁共振设备在内的任何系统和机器的数据，可实现远程管理，并与客户现有软件和数据管理系统结合。这种平台扩张起来是非常吓人的！

可以这样回顾和总结：第一次工业革命和第二次工业革命，引发了国家之间对于原料的争夺，以扩张领土为主要目的。这叫“世界大战”。第三次工业革命引发了国家之间对于石油等重要生产资源的争夺，以金融和经济为主要方式，叫“和平演变”。第四次工业革命将引发国家之间对数据和信息的争夺。可以说，以后谁掌握了终端数据，谁就掌控了全球！这叫“未来战争”！

“工业4.0”将产生大量数据。这些数据究竟归工厂德国所有，还是归软件制造商美国所有？所以，以后国家与国家的争夺不仅仅只表现为领土纠纷，更表现为数据和信息的霸占。一个国家的领土被随意霸占，那叫任人宰割；一个国家的数据被霸占，那叫任人掌控，永远只能处于从属地位！

［资料来源：物联智库网，http：//review.cnfol.com/minshengzatan/20150126/20003702.shtml］

### 6.1.2 美国工业化、信息化人才队伍建设现状

美国政府高度重视国家的信息化建设，并把信息化发展作为国家总体发展战略的重要组成部分。美国信息化建设的战略目标是：通过继续占领信息技术研发和应用的制高点，提高信息占有、支配和快速反应的能力，从而主导未来世界的信息传播，保持和扩大在信息化方面的整体优势。①

（1）政府支持。

人才建设一直是美国政府政策支持的重要领域。1989年，美国完成并公布了对信息技术教育发展意义重大的教改纲要——《2061计划：面向全体美国人的科学》（简称“2061计划”）。美国政府在1993—1997年花费了96亿美元推行“国家服务计划”，以培养高层次的IT人才，强化信息资源管理，解决贫困生的经济问题，以及对在职职工和技术人员的培训。

美国政府在信息化发展方面还制订了如“NII”计划、“GII”计划、“21世纪信息技术计划”等。20世纪，克林顿政府提出“信息高速公路”国家振兴战略，大力发展了互联网，推动了信息产业革命，国家经济、科技发展受惠于此战略。目前，美国总统奥巴马又提出新一代信息技术发展战略——“智慧的地球”（Smarter Planet），以期获得科学技术的再次飞跃发展。

在人才引进方面，政府也提出一系列举措。首先，在留学生政策方面。自1946年，美国政府就开始实施《福布赖特计划》，通过提供奖学金吸引各国学生及学者赴美学习。20世纪60年代，美国政府又先后推出了《共同教育和文化交流》及《国际教育法》，扩大与外

① 美国信息化战略：占领IT制高点，http：//www.qqread.com/erp/10/n029153004.html.

国交换留学生计划，并且为留学生提供优越的研究条件和工资待遇。[①] 其次，在签证和移民政策方面。美国国会从 1990 年开始向外国技术人员颁发 H－IB 非移民短期工作签证。签证名额不断增多，已由最初的 6.5 万人增加到约 20 万人。据美国移民局统计，持有 H－IB 签证的外国人主要在计算机及相关行业供职。美国政府在 1991 年还颁布了新《移民法》，制定了计算机制造集成等信息产业领域的科技信息人才优先引进的原则，以强化对 IT 人才的引进。

（2）企业采取的措施。

美国企业在引进外国 IT 人才方面表现也较为积极。很多跨国企业通过海外招聘或者在海外设立研究所的形式，让外国的 IT 人才为其工作。例如，微软公司专门设有 200 多人的人才招聘机构，到世界知名大学招聘优秀的富有创造能力的人才，并建立微软中国研究院，以引进人才。再如，IBM 公司除在中国设立研发中心，利用中国 IT 人才外，还在印度新德里的印度工艺技术学院设立研究中心，以不受限制地约束到这所专门培养科技精英的工艺技术学院招聘人才。

美国企业还采取各种优惠、激励措施留住本公司的 IT 人才，并吸引新人才的加入。其中美国企业采取的绩效考评系统公平、公正，创造了让人才脱颖而出的机会。美国企业激励措施的内容多种多样，包括加薪、升迁，发红利，实行弹性工作制，允许穿便装上班，提供免费午餐，带薪休假，解决配偶工作及子女入托、配股制度等。这些激励措施弥补了固定薪酬合同的不足，增强了报酬的激励性。尤其是配股制度，其发挥的作用更为显著。

此外，企业、高校、社区学院和社会构成了全方位的教育和培训网，培养不同层次的电子信息人才。此外，还对信息技术人员进行在岗培训。如一些大的软件公司与高校和社区学院合办培训项目或委托社区学院代办信息技能培训项目。[②]

（3）教育措施。

美国的 5A1 学校在课程设置上强调用多学科教育培养一流的信息人才，强化数、理、化及基本工程原理的教学，强调通识教育，确立了社会性综合大工程型的人才培养策略。另一方面，其面向社会需求的理念也强调了其实用性的人才培养要求。5A1 学校和社区学院的课程针对性较强，针对社会的需要灵活设置。[③]

美国的“活模块”半工半读的教育模式，是根据教学内容把教学分成几个有机的模块，实行学习与工作交替进行的课程计划。学校与企业合作，实行半工半读制，注重学生的技术背景，培养具有技术与商务知识两者融合的复合型人才。企业也可通过合作教育对毕业实习生进行充分的实际训练和考察，以便选拔合格雇员，减少考核带来的成本。[④]

### 6.1.3 美国工业化、信息化人才队伍建设经验借鉴和启示

新的生产技术，操作先进的仪器，对创新的渴求，以及对可持续发展的要求，都需要具有国际竞争力的复合型人才。奥巴马政府在 2011 年的《美国创新战略》报告提出要改善教育系统，培养具备新世纪知识和技能的新一代人才，打造世界级劳动力，为美国工业化、信

① 兰泳：美国的人才战略．全球科技经济瞭望，2003（07）．

② 杨立军，刘陈：美、日、德、印四国信息人才培养研究．中国电化教育，2010（07）．

③ 同上．

④ 同上．

息化发展奠定人才基础。

（1）开放劳动力市场，优化工业化、信息化人才队伍。

20世纪90年代，美国呈现出“新经济”的良好势头，很大程度上离不开美国灵活的劳动力市场。自20世纪80年代开始，里根总统执政大大放松了对劳动力市场的政府监管，增加了劳动力市场的竞争性和灵活性，人才的工资水平开始市场化，劳动力流动增加。这些变化使得美国企业能够适应更加激烈的国际竞争环境，优化了人力资源配置，尤其是工业化、信息化人才队伍给美国工业化和信息化发展带来了新的活力。长期以来，我国劳动力市场面临劳动力发展不平衡，不同产业劳动力配置不均衡等问题，应借鉴美国的经验，开放劳动力市场，优化工业化、信息化人才队伍，为工业化、信息化发展打下坚实基础。

（2）投资教育，加强工业化、信息化人才培养。

美国致力于通过投资教育加强对工业化、信息化人才的培养。例如，设立教育部先进研究计划署，资助有关提高教育质量的重要研究技术。通过与知名企业联合组成的“改变方程式”联盟合作，激发更多的学生在科学、技术、工程学、数学等方面取得优异成绩并发展其事业。成立“Partnership for 21 Century Skills”组织，开发综合性的21世纪学习框架，构建创新支持体系，帮助学生掌握21世纪所要求的多种技能，为工业化、信息化人才队伍建设提供储备力量。我国在教育资源配置上还存在很多不足，需要进一步增加教育投资，优化教育资源配置，提高学生和劳动者的创新技能和素质，为我国工业化、信息化人才队伍建设提供储备力量。

（3）实施人才引进战略，吸引世界优秀人才。

为吸引全世界的优秀人才，美国出台了许多激励政策和机制，包括：放宽技术移民的限制，只要是专业“精英”，可不考虑国籍、资历和年龄，一律允许优先进入美国；① 增加专业人士工作签证名额，实施H－1B短期工作签证计划，每年签发6.5万个临时工作签证，允许有特殊专长的外国人来美工作；建立以留美学生为依托的科技后备队伍，通过奖学金、绿卡制吸引并留住优秀人才；充分利用外国专家学者为美国科研服务，聘请外国专家学者到美国工作，或做访问学者，使得美国有了更加充实的科研队伍。② 美国大量引进外籍高技能人才，既为美国节省了大量的教育经费，又带来了发展的原动力，使美国的信息化水平一直处于世界领先地位。③ 我国目前处于经济加速发展的黄金时期，借鉴美国的做法和成功经验，减少人才外流，实施人才引进战略，也能为中国的工业化、信息化人才队伍建设起到事半功倍的作用。

## 6.2 英国工业化、信息化人才队伍建设

20世纪中叶之后，发生了以电子信息技术、新型材料、生物技术等为标志的第三次工业革命，推动英国进入了后工业化即信息化发展阶段。英国在信息化发展阶段制定了高新技术发展、低碳经济和基础设施建设三大战略，并针对每一个发展战略特征制定了非常翔实的

---

① 张艳波：中外人才问题研究．哈尔滨工程大学．2004.

② 恩和特布沁：当代中国少数民族人才开发研究．中央民族大学．2010.

③ 韩芳：吸引海外金融人才推进首都世界城市建设．高等农业教育，2011（02）.

战略实施举措，而其核心就是加强工业化与信息化的高度融合，推动以信息技术为重要内容的高新技术在石油化工业、装备制造业、智能电网、金融服务业等产业中的广泛应用，以此推动英国现代工业的发展，也促使英国工业化、信息化人才队伍发展结构性变化。

### 6.2.1 英国工业化、信息化人才队伍建设背景

（1）高新技术发展战略支撑英国工业化、信息化人才队伍建设。

英国政府希望通过实施高新技术战略，努力打造英国企业在全球信息化产业和高新技术产业中的领先地位。2009 年英国政府推出重振制造业战略，拟通过科技创新和信息化技术实现传统工业的升级改造。在技术研发方面，英国年科技预算达 46 亿英镑，其中 3 000 万英镑被用于建立制造业技术中心，未来 10 年还将投入 1.3 亿英镑用于核心技术的研发。英国政府还投资 2.2 亿英镑建立世界级医药研发创新中心，对英国“钻石”同步辐射光源科研项目追加 6 900 万英镑投资。在科技应用方面，英国政府帮助 500 家企业与研究创新单位建立联系，在 2011 年扩展至 1 000 家企业。英国政府发起“制造业未来”运动，期望未来 3 年内为制造业提供 9 000 个员工培训岗位，为英国产业升级提供人才支撑。科技投入有力地保证了英国航空航天、生物制药等工业的技术升级和世界领先地位，[①] 也间接支撑了英国工业化、信息化人才队伍的建设发展。

（2）低碳经济战略助推英国工业化、信息化人才队伍建设。

2009 年 7 月英国政府出台了《英国低碳过渡计划》，以及《英国低碳工业战略》《可再生能源战略》和《低碳交通计划》3 个配套文件。其目标是把低碳产业作为其经济的新增长点，提升英国产业的核心竞争力。根据《英国低碳工业战略》，英国政府在教育培训、政策倾斜、资金投入等方面，给予软件、制药、化工、发电、汽车、航空等制造企业全面支持，协助解决其低碳化改造的技术“瓶颈”，并帮助培训员工，提高应对行业低碳化技术带来的挑战。例如，在汽车行业，英国政府投入 2.5 亿英镑用于混合动力汽车的开发及其产业化进程；向大学和研究机构投入 7 000 万英镑，用于新型清洁汽车的研发，降低汽车碳排放。这些举措不仅直接促进了英国低碳经济的发展，也激发了新型工业化、信息化融合人才的创新活力，间接推动了英国工业化、信息化人才队伍的建设发展。[②]

（3）基础设施建设战略为英国工业化、信息化人才队伍建设服务。

2010 年 10 月英国政府公布了《国家基础设施规划》，规划投资 2 000 亿英镑，重点围绕数字通信、高速交通系统、科学基础研究等进行基础设施建设，为加快工业化、信息化发展提供便利条件。英国政府推出的《英国数字》计划，提出了英国在互联网与通信广播产业方面的战略规划，计划投入 5.3 亿元，在全国投入网络连接，争取在 2015 年建成欧洲最快的宽带网络。[③] 同时，英国政府承诺拨款 4 亿美元自主敷设高速光线网络，升级数字广播，在社会层面提高信息化水平。基础设施建设战略通过新技术的使用加快网络速度，提高整个社会网络硬件水平，从而为社会储备了足够的信息化人才。

---

① 王涛：英国：调整产业结构，推动产业转型．经济日报，2011－03.

② 王涛：英推动产业转型，致力可持续发展．中国高新技术产业导报，2011－04.

③ 同①.

### 6.2.2 英国工业化、信息化人才队伍建设现状

英国在工业化、信息化发展过程中，通过重点发展生物制药、数字创意、微电子以及低碳经济等高新技术产业，促进信息等高新技术的创新和应用，加大人才培训、培养和引进力度，逐步壮大工业化、信息化人才队伍，优化工业化、信息化人才队伍结构。

（1）政府支持。

1999 年，英国政府成立信息技术长远规划小组；2000 年制订“电子英国”信息化战略计划，并正式启动“英国在线”运动，力求尽快普及电子政务和电子商务，实现全民上网。① 2009 年，英国政府出台了《英国低碳过渡计划》，以及《英国低碳工业战略》《可再生能源战略》和《低碳交通计划》3 个配套文件，确定了低碳产业在经济增长中的重要作用。2009 年 6 月，英国政府推出了《数字英国》计划，概述了英国未来在互联网和通信广播产业方面的战略规划。2010 年 10 月，英国公布了《国家基础设施规划》，重点围绕低碳经济、数字通信、高速交通系统、科学基础研究等方面进行基础设施建设，不仅为英国工业化和信息化发展提供了可靠的基础设施，也为工业化、信息化人才队伍建设提供了良好的政策环境。此外，英国政府还将企业视为技术创新主体，并采取多种激励措施支持企业创新。中小企业符合条件的研发费用支出可享受的税收减免额最高可达 150%，成为世界最具吸引力的措施之一，也激发了科研人员创新的活力。

在人才引进方面，英国奉行全球化、实用性的人才战略，并通过所得税减免等优惠政策吸引人才。每年从发展中国家移民到英国的技术人才达 10 万人左右。②

（2）企业采取的措施。

英国对信息技术人才的培训，主要包括对社会公众信息技术的培训和对企业信息技术人才的培训两个方面。在对社会公众信息技术的培训方面，英国政府积极提高国民信息能力，将信息技术教育普及作为全民化的国民教育，列为与核心课程同等重要的位置，规定所有完成义务教育的学生都必须取得合格的信息通信技术课程学习成绩，并且具备自主应用信息通信技术，以支持其他课程学习的能力。英国企业也积极提高员工的信息能力。③ 在政府发动的“制造业未来”运动中，“科学和技术网络”组织积极帮助 14～19 岁青年获取信息技术职级技师和设计师文凭，企业积极接收这些拥有信息技术的青年。在企业信息技术人才培训方面，除了英国政府帮助企业增加对人和技术的投资以外，英国的企业也很注重提高自己员工的信息技术水平，积极听取雇员和技能委员会提供的综合培训建议，有目的地对员工进行技能培训；同时各行业协会也会定期请大企业中有经验的高层管理者和信息专家进行授课，各企业之间进行沟通交流，使得一些中小企业也能不断优化信息化人才队伍。

（3）教育措施。

在工业化、信息化人才教育方面，英国独创了“三明治”工读交替模式。“三明治”模式是一种“实践—学习—再实践”的人才培养模式。该模式以提高教学质量、学生素质为核心，以达成教、学、做三合一为目标，注重培养实际工作技能和实际动手能力，提高适应

---

① 孙志恒：学习借鉴英国芬兰经验加快山东省工业化信息化融合步伐．中国电子报，2008－09.

② 郑秀敏：“三明治”式教学法在高等教育中德作用．高教探索，2004（06）.

③ 同上．

社会的能力。“三明治”式教学法内涵的关键，在于理论与实践的互不结合，在于课堂学习和技术实践两种教育方法的交替运用。[①]“三明治”工读交替模式又可分为“厚三明治”模式和“薄三明治”模式。其中，“厚三明治”模式的主要做法是学生入学后，先到工厂、企业进行一年的工业训练，然后回到学校学习 2 ~ 3 年的书本知识，最后一年再去工厂、企业实习，即“1 +2 +1”或“1 +3 +1”的循环教育模式[②]。这种创新的技术人才教育模式为工业化、信息化人才提供了丰富的实践经验，也使得工业化、信息化人才队伍建设能紧跟工业化、信息化发展的步伐。

小案例 6. 2

**英国：立法促进教育信息化建设**

英国是一个经济发达国家，在信息化教育领域以其战略上的远见卓识和策略上的求新务实著称。1998 年，英国以立法的形式规定，在全国中小学中将原来的选修课全部改为必修课，并拟定了中学信息技术课评价的 9 项标准。

在政府教育经费投入中，法定的 6% 必须作为学校专款专用的微机购置费，以保证 20% 以上的中小学能够上网。从 20 世纪末以来，英国充分发挥综合国力强的优势，加大经费投入和科研开发，大力加强信息基础设施建设，积极发挥信息化教育的人才优势，促进了教育信息化水平的提升。英国的全国学习网络是欧洲最大的教育门户网站，具备强大的搜索功能。

英国通过立法的形式促进教育信息化建设，使得英国在通过信息技术手段建构学习化社会方面迈出了坚实的一步；同时，英国的教育产业化的发展，很大程度上得益于其教育信息化水平的提高。2000 年，英国政府借助信息技术运作的“产业大学”，使人们的学习方式发生了革命性的变化。它们把学习者的需求和各类教育资源的供给及时、有效地结合起来。

这个学习网由遍布全国、分布合理的各个学习中心构成，是一个面向所有人的学习需要，并向所有学习者提供最适当学习资源的新型组织，极大地推动了英国终身学习社会的构建。

[资料来源：中国教育和科研计算机网，http：//www. edu. cn/cio_ 6540/20120331/t20120331_ 761167. shtml]

### 6. 2. 3 英国工业化、信息化人才队伍建设经验借鉴和启示

（1）高度重视信息化的战略地位。

英国地处西欧，曾经在工业革命的大潮中走在全球最前列，但也曾经在信息革命中落后于美国、日本、德国等国家。为了迎头赶上，适应信息时代经济发展的大环境，英国政府将信息化视为实现经济转型的必要手段，将其放在十分重要的战略位置。英国政府 1999 年成立信息技术长远规划小组，2000 年制订“电子英国”信息化战略计划，并正式启动“英国在线”运动，力求尽快普及电子政务和电子商务，实现全民上网，[③] 全面加快信息通信技术

① 郑秀敏：“三明治”式教学法在高等教育中德作用．高教探索，2004（06）．

② 刘力：产学研合作的沃里克模式和教学公司模式——英国的经验．外国教育研究，2005：10 -20.

③ 孙志恒：学习借鉴英国芬兰经验加快山东省工业化信息化融合步伐．中国电子报，2008 -09.

在经济社会各领域的应用，以此增强对信息化人才的需求，推动工业化、信息化人才队伍建设。

（2）注重信息通信技术创新及其产业化发展。

据统计，英国研发投入占GDP的3%，信息通信技术创新水平位居世界前列。英国奉行全球化、实用型的人才战略，并通过所得税减免等优惠政策吸引人才。每年从发展中国家移民到英国的技术移民可达10万人左右。英国政府将企业视为创新主体，并采取多种激励措施支持企业创新。其中中小企业符合条件的研发费用支出可享受的税收减免额最高可达150%，成为世界最具吸引力的措施之一。目前，几乎每个跨国信息通信技术公司都在英国建有研发基地。英国在分立半导体、光纤、软件、数字内容等产业方面都处于欧洲领先地位。2008年1月，伦敦商学院发布的《全球信息通信技术应用报告》显示，英国的信息通信技术创新对经济发展的驱动指数，排在全球发达国家第六位。① 中国落后于俄罗斯，领先于印度，居发展中国家第2位。

（3）积极提高国民信息能力

从20世纪90年代末开始，英国就将信息技术教育普及作为全民化的国民教育，并把它置于与核心课程同等重要的地位。所有完成义务教育的学生都必须取得合格的信息通信技术课程学习成绩，并且具备自主应用信息通信技术，以支持所有其他课程学习的能力。目前，英国公共教育支出约为GDP的5%。② 国民信息能力的提高必然会提升国家整体的信息化水平，壮大整个工业化、信息化人才队伍。

## 6.3 德国工业化、信息化人才队伍建设

德国既是世界主要的经济强国之一，也是欧盟国家中重视信息化建设，信息化程度较高的国家之一。为迎接信息社会的新挑战，确保德国在大数据时代居欧洲领先地位，2014年8月20日，德国联邦政府内阁通过了由德国联邦经济和能源部、内政部、交通与数字基础设施建设部联合推出的《2014—2017年数字议程》，提出在变革中推动“网络普及”“网络安全”“数字经济发展”3个重要进程，希望以此打造具有国际竞争力的“数字强国”。无论是之前的信息社会发展战略，还是现在的数字议程，德国始终在互联网基础设施建设、数据安全保护、挖掘数字化价值创造潜力在公共管理和国民经济各领域的运用等方面均保持了高度关注。③ 这些措施为德国强大的工业化、信息化人才队伍建设提供了有力支撑。

### 6.3.1 德国工业化、信息化人才队伍建设背景

（1）社会经济结构的变化带来劳动组织形式的变革。

随着科学技术的飞速发展，经济全球化和信息技术时代的到来，德国的社会经济结构发生了重大变化。从事第一产业和第二产业的劳动力比例进一步萎缩，削减的劳动岗位绝对数共计160万个。在第二产业职业中，几乎每个领域都在缩减劳动岗位。情况最严重的是钢铁、机器和机动车制造领域，以及化学和石油处理加工、电子，精细化工、光学仪器、手表、玩

① 孙志恒：学习借鉴英国芬兰经验加快山东省工业化信息化融合步伐．中国电子报，2008－09.

② 同上．

③ 马丽：大数据时代德德国信息化战略．学习时报，2014（11）.

具和运动器械、皮革、纺织工业及服装加工业等行业，而第三产业就业岗位数呈上升趋势。由于劳动组织形式的变化，职业结构朝着复合化、综合化的方向发展，职业岗位的数量日趋减少，由此带来了对人员素质要求的变化，[①] 工业化、信息化人才的需求量增加，人才队伍建设日趋紧迫。

（2）技术变革对信息化影响巨大。

高强度的研发投入与劳动者素质的全面提高共同促进了20世纪70年代德国经济增长方式的转变。高强度的投入主要表现为科学技术研究的投资、人力资本的投资，以及固定资本的更新改造投资。第二次世界大战后，德国进行了以内需为主导的恢复性建设。巨大的市场需求刺激了能源、钢铁、建筑、机械、化学和汽车工业的恢复和崛起。“马歇尔计划”的帮助和东欧技术劳工的不断涌入都促进了德国工业化、信息化人才队伍的发展壮大。面对日本、韩国等新兴工业化国家的迅速崛起，为增强国际市场竞争力，德国推进了劳动密集型、资本密集型产业向技术密集型产业的演化，信息通信产业和航空产业逐渐成为主导产业。这些都为工业化、信息化人才队伍的进一步发展提供了坚实基础。

### 6.3.2　德国工业化、信息化人才队伍建设现状

（1）政府支持。

德国政府曾于1996年和1997年颁布了《电信法》和《信息通信服务法》；1999年政府制定了《21世纪信息社会的创新与工作机遇》纲要；进入新世纪后，不仅制定了《2006年德国信息社会行动纲领》，还制定了《第三套信息化行动（2006—2010年）》。面对信息技术人才的短缺，德国加大了对人才教育的投资力度，甚至在移民政策上对信息技术人才给予特别的优待。在东德被西德吞并后，政府每年都会对东德进行财政援助，专门用于东部职工的技能训练。这其中就包括如何适应信息技术条件下的工作。这些举措既解决了传统工业衰落所带来的下岗职工问题，更是为德国自身储备了大量的信息技术人才，促进了信息化社会的实现。

在资金投入以及可持续发展方面，德国教育部每年都会对高等院校或者研究机构的科研部门投入大量的经费。2004年是联邦政府财政整顿年，尽管财政困难，但联邦政府所提供的科研经费总额仍达到75.37亿欧元，比2003年增加1.32亿欧元。[②] 此外，德国政府还吸引外国公司到德国发展信息技术。1999—2011年的13年间，美国的超威半导体（Advanced Micro Devices，AMD）公司在德国已经投资了50亿美元。除AMD公司自有资金和15%的银行贷款外，在资金保障、土地使用、配套基础设施建设，尤其是专业的信息化人才队伍建设等方面都得到德国政府的大力资助。

（2）企业采取的措施。

企业与学校联合，采取“双元制”教学模式。学生具有双重身份，即职业学校的学生和企业的培训学徒。学生的培养计划由校、企共同确定。学校实施理论部分的教学，而企业则按照联邦培训规章实施实践课程的培训。为此，可以直接针对企业需要的人才

① 许英：德国当前经济发展与职业教育改革．中国职业技术教育，2000（09）．

② 刘振，宋献中：国外高新技术企业融资机制比较与借鉴．经济纵横，2007（11）．

进行教育培训，[1] 为企业输出大量合格的人才。此外，为激发科研人员的创造活力，德国企业更是持续不断地增加研究经费，提高企业的创新能力和市场竞争力。2003 年，仅西门子公司的研发培训投入就达到 50 亿欧元。可见，其对科研以及科研人员的重视程度是相当高的。

（3）教育措施。

发达的职业教育不仅是德国战后经济崛起的秘密武器，更是德国工业化、信息化融合发展的重要动力。为使劳动者能够有效吸收、掌握技术，德国在加大投资的同时，还大力推进职业教育培训。为加强职业教育，德国专门制定了《职业教育法》，规定职业教育包括职业培训、职业进修和专业培训。德国目前拥有一套完整、科学的再教育培训计划。尤其是德国电子信息课程的设计，从内容到教学方式都是以学生毕业后可能从事的职业活动为中心。高校普遍实施“双元制”教育模式。其课程以企业技能培训为主，信息理论教学为辅，注重以技能加理论来打造信息人才。[2] 这些培训班不仅为需要更新知识的人，同时也为失业者提供培训。在德国，“终身教育”的观点已经形成。职业进修不仅仅由职业学校或企业提供，其他机构与组织也积极参与。多年来的实践证明，德国企业广泛参与职业教育的模式非常成功。让企业参与办学，职业学校就无须再建造教学车间或者购置大量的设备。这极大地减轻了政府的负担。当然，并非所有的企业都有能力提供职业培训。一般情况下，企业首先应该拥有适当的专业及教学知识，符合国家要求的专业培训员，能够传授国家培训条例所规定的内容，而培训员也必须通过相关的资格考试取得培训资格。正是因为这些先进有效的教育措施，造就了德国劳动者的高素质，为德国信息化在相对短的时期内提供了大量职业化的工业化与信息化人才，加快了德国工业化、信息化融合发展的进程。

小案例 6.3

## 德国：工业 4.0 时代

德国工业 4.0 可以被看作对中国制造、中国两化融合、两化深度融合、战略性新兴产业与产业转型升级的极其严肃的回应。以“日耳曼彻底性”著称的德国式严谨态度，德国工业 4.0 绝对不可以小觑。我国的学界、政界、产业界都应该认真关注、学习并给出中国的回应。

即使欧洲陷入债务危机，德国经济也依然坚挺。德国经济增长的动力来自其基础产业——制造业——所维持的国际竞争力。制造业的发展是德国工业增长不可或缺的因素。基于这一共识，德国政府倾力推动进一步的技术创新。其关键词是“工业 4.0”。

2013 年 12 月 19 日，德国电气电子和信息技术协会发布德国“工业 4.0”标准化路线图。德国“工业 4.0”是德国政府确定的面向 2020 年的国家战略，在 2013 年 4 月的汉诺威工业博览会上首次发布《实施“工业 4.0”战略建议书》（以下简称“建议书”）。

建议书坦言，德国拥有强大的机械和装备制造业，但中国对德国工业构成竞争威胁，美国也在通过各种计划促进先进制造业发展。德国制定工业 4.0 战略的目的，就是确保德国制造的未来。

---

① 杨立军，刘陈：美、日、德、印四国信息人才培养研究．中国电化教育，2010（07）.

② 同上.

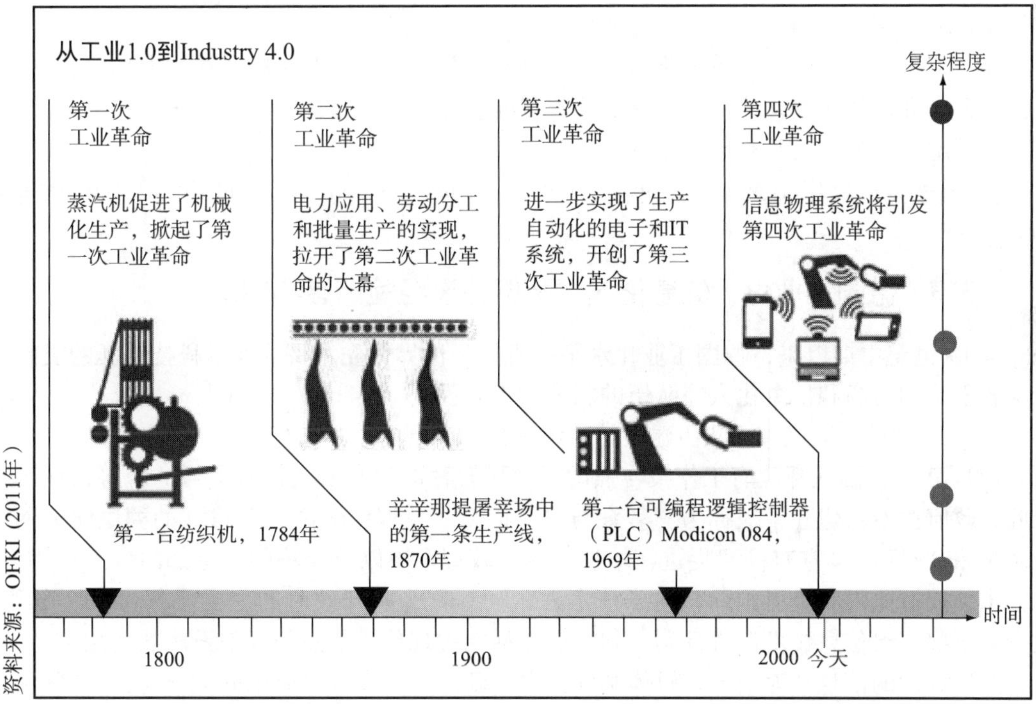


与美国流行的第三次工业革命的说法不同，建议书将18世纪引入机械制造设备定义为工业1.0，20世纪初的电气化为2.0，始于20世纪70年代的信息化定义为3.0。鉴于技术正将实体物理世界和虚拟网络世界融合，建议书称，在制造领域，这种资源、信息、物品和人相互关联的“虚拟网络——实体物理系统（Cyber-Physical System，CPS）”可以被定义为工业4.0。CPS包括智能机器、存储系统和生产设施，从入厂到出厂，整合整个制造和物流过程，实现数字化和基于信息技术的端对端集成。

建议书指出工业4.0的诸多潜力。在生产能力上，工业4.0将确保仅一次性生产，且产量很低时的获利能力，确保工艺流程的灵活性和资源利用率。另一方面，工业4.0将使人的工作生涯更长，工作与生活更加平衡，高工资时产业仍有强大竞争力。

建议书提出，为了将德国向工业4.0升级，需要采取双重战略。一方面德国要成为工业4.0智能技术的全球领导性供应商；另一方面，德国需要为CPS技术和产品培育新的市场。配合双重战略，建议书提出需要在标准化和参考架构、管理复杂系统、监管框架等8个关键领域采取行动。

建议书还列举了若干工业4.0在现实中的一些案例。

当前汽车车身激光焊接生产线运行具有间歇性。间歇期各种设备的能耗占总能耗的12%。工业4.0之下，采用“网络唤醒模式”，可大幅减少间歇期能耗。

当前产品设计已被高度固化，客户不可以将跨一款车的雨刷器用于跨厂商的其他车型。工业4.0之下，设计、生产均具有高度的灵活性，可以完成端到端的从客户需求到加工制造等各方面的配置，以较低的成本满足客户需求，实现产量很低仍能获利的一次性生产，为客户生产该款雨刷器。

当前汽车生产线也是高度静态配置，不可能将同一厂商不同产品组的部件相互置换。比如，客户不能将同是大众品牌下的保时捷的座椅用于大众其他车型。工业4.0之下，将形成动态生产线，实现车辆的混装并确保匹配。

在工业4.0之下，生产系统将如同“社会机器”，以类似于社交网络的方式运转，自动连接到云平台，搜索合适的专家，以便处理问题。专家将通过集成的知识平台，通过移动设备更有效地进行传统的远程维护服务。

[资料来源：数字化企业网，http://iitc.e－works.net.cn/document/201405/article17594.htm]

### 6.3.3 德国工业化、信息化人才队伍建设经验借鉴和启示

自19世纪中期以来，德国工业化水平一直处于世界领先水平，除了科技创新的贡献外，劳动者素质的提高和信息化人才队伍的壮大功不可没。

（1）政府对信息化人才队伍建设的政策支持。

1994年，德国联邦政府工作报告强调要加强教育部门与研究机构项目的统筹协调工作。为此，政府拨专款建立了被称为“教育与研究信息、数据传输高速公路”的德国研究网络。1996年和1997年又宣布将“促进在培训、继续教育领域以及经济的关键部门广泛使用多媒体技术，挖掘国内和吸引国际微电子技术人才”等作为联邦政府的主要任务。1997年联邦政府教研部提出信息技术促进计划。其重点包括挖掘现代化信息与通信设施的运用潜力，提高具有远景性的信息、通信与多媒体基础技术创新能力，发展具有国际竞争能力的网络中心等。该计划为信息化人才队伍建设提供了有力支持。1999年德国政府制定了“德国21世纪的信息社会”的行动计划。该计划的实施重点是推进信息技术在教育领域和工业部门中的应用。[①] 为此，德国政府启动了规模很大的广告活动；同时降低互联网费用，增加了互联网接入的竞争。政府也动员企业界提供了相当大量的计算机设施和费用，并且在学校、企业开展培训课程，增加电子学习软件的开发。政府大力支持最直观的效果就是，1998年德国互联网使用者仅1 400万人，只有15%的学校接入互联网；而到2001年10月，德国就实现了

① 德国德信息社会战略，http://www.e－gov.org.cn/xinxihua/news003/200905/101874.html.

所有学校全部免费上网①。

（2）人才结构的变化改变了经济运行方式。

工业化和信息化的融合发展一方面把人从繁重的体力劳动中解放出来，另一方面也对人的文化水平、技术素质，特别是计算机运用能力提出了很高的要求。在德国的信息化水平比较高的企业，大部分工作基本是在计算机或可编程控制器上完成的。因此，培养高素质的劳动者已成为工业化和信息化发展的关键所在。德国历来重视职业技术教育，早在工业化早期就推出了举世闻名的“双元制”职业教育模式。随着工业化、信息化水平的提高，“双元制”已由高中阶段延伸到高等教育阶段。目前，德国约80%的人要接受高等职业教育，而且基本上是免费。因此，在德国企业中大学生比比皆是，博士、硕士也并不少见。即使如此，德国企业对员工的培训、进修依然十分重视。许多企业的培训中心不仅规模大，而且设施十分先进。不仅刚进入该公司的大学生要进行岗前培训，在该公司已工作多年的员工也要接受定期的培训或进修。这既是企业正常运作的需要，也是其不断发展壮大的需要。在他们看来，在工业化和信息化融合发展的背景下，物质资本已不起主要作用，而人力资本，尤其是工业化、信息化人才才是企业最重要的核心竞争力。②

## 6.4　日本工业化、信息化人才队伍建设

21世纪以来，随着经济全球化的发展和地球村时代的到来，信息产业越来越成为全球经济发展的巨大动力。2000年7月八国首脑会议发表的《冲绳宪章》，使日本各界认识到IT既是面向21世纪最有效的推动力，也是世界经济发展不可缺少的引擎③。从2000年开始，日本全力加速IT产业发展，每过5年都制定一个信息化发展战略。迄今为止日本已相继制定了《e-Japan》《u-Japan》和《i-Japan》3个战略。这些战略顺应了经济环境、信息技术的发展变化，勾勒出不同阶段日本信息化的发展蓝图，为工业化、信息化人才队伍建设提供了有力支持。

### 6.4.1　日本工业化、信息化人才队伍建设背景

20世纪90年代以后，日本逐步确立了IT立国的战略。2001年日本制定并开始实施《e-Japan》战略，从此互联网和宽带通信高速发展。20世纪60年代末，正值日本进入经济高度成长时期，一些学者和研究人员基于对经济发展阶段和存在的社会问题的基本判断，最先提出了信息化的概念，提出国家经济发展应由实物生产为核心的工业社会向以知识获取和出售为主要内容的信息社会转变。1974—1984年，日本克服了两次石油危机对经济产生的影响，经济高速发展，进入成熟阶段。此时日本真正认识到了作为资源稀缺国继续发展重工业经济所面临的危险，积极进行产业结构调整，将发展的重点转向具有耗能小、技术水平高、附加值大的电子和电信业等知识密集型高新技术产业，并高度重视信息技术的研究开发和信息网络基础设施建设。1984年日本开始实施“综合业务数字网”（ISDN）建设计划。

---

① 王卿，韩颖：德国教育信息化历程之启示．科教文汇，2009（31）：48.

② 张新生：日本信息化建设及启示．通信世界，2002（07）.

③ 刘昌黎：日本政府推进信息化发展的政策措施．日本学论坛，2008（2）：77－83.

1991 年日本加大在电子和通信业方面的投入。1995 年日本出台了《推进发达的信息通信社会的基本方针》等指导方针，稳步推动日本信息通信技术和产业不断发展。1996 年，实现电子和通信业产值超过建筑业，一跃成为工业产业中第一大支柱产业、新的经济增长点，以及工业产业的领头羊。这个成就为日本由工业社会迅速进入信息通信和网络社会，即信息和知识成为高附加值的社会奠定了稳固的基础，也带来了日本工业化、信息化人才队伍的发展壮大①，使得工业化、信息化人才队伍建设进入快速发展时期。

### 6.4.2 日本工业化、信息化人才队伍建设现状

相较于美国来说日本在信息技术方面起步较晚，但在 20 世纪 90 年代经济衰退时，日本目睹美国因“新经济”而持续发展的现象，充分认识到了信息产业就是 21 世纪新的经济增长点，于是政府、企业与高校都采取了相应的措施。

（1）政府支持。

日本制定了相关法律，执行“电子政策”，发展信息技术。1999 年 12 月，日本制订了《教育信息化实施计划》，旨在通过加强基础教育中的信息教育，推进全民信息教育，全面提高日本国民的信息素质。2000 年 11 月 6 日，日本首相官邸的 IT 战略本部提出了日本 e-Japan（electric-Japan）战略，提出以 IT 技术带动整个产业结构的改造。其中，在公共领域信息化方面，实现通过互联网为全国人民提供最高水平的、高质量的信息服务。加快在医疗、保健、福利、文化、交通、防务等公共领域的信息服务，普及远程医疗和远程教育。到 2005 年，实现用户上网普及率超过 60%，使全国人民都能从世界范围读取、发送和共享各种信息。为中小学配备相应数量的计算机并创造上网条件，近期实现所有中小学、盲人和聋哑学校全部上网。其中 1 500 所中小学通过数字用户线路上网（ADSL），使中小学宽带上网数达到 5 200 所。加大对全社会提供学习信息技术的机会，提高全民使用和掌握信息技术的能力。大力培养具有信息技术的硕士和博士生，吸引国外高级信息技术人才到日本，实现拥有比美国还要多的高级信息技术人才。2004 年 5 月，日本总务省接着提出了 u-Japan 构想（u-“ubiquitous”），为信息化营造基础环境。2009 年，日本又提出了“i-Japan”，即“inclusion”（信息技术应用的自在化）和“innovation”（创新）计划。作为日本更新版本的国家信息化战略《i-Japan 战略 2015》，规划到 2015 年通过远程办公、绿色 IT 等数字技术和信息提升生活品质，体现人文关怀。②

在人才培训方面，日本政府不仅对企业技术人员的信息技术培训予以了政策支持，而且专门创立了“信息风险企业支援中心”，为信息风险企业的经营者和立志于信息风险创业的人员举办各种学习班。不仅如此，日本政府还特别针对中小企业经营管理者进行了信息技术培训，以提高其信息技术技能；实施了“人才投资促进税制”，对教育培训费比前 2 个事业年度有所增加的企业，将其增加额的 25% 从企业的法人税中扣除；与大学、企业合作，开展高层次 IT 人才培训。

在人才引进方面，日本政府也采取了一系列措施。如制定向海外人才发放永久居住权的优惠措施。为促使科研机构加大对外国机构和非日籍研究人员的吸引力，文部科学省在编制

① 资料来源：http：//www. sina. com. cn.

② 张新生：日本信息化建设及启示．通信世界，2002（07）.

2008 年度预算案时还制订了一个吸引国外科学家的新计划。在 2001 年的《e-Japan 战略》中，日本政府提出对高学历、高层次 IT 专门人才的数量要求，并采取相应政策措施，培养多方面的人才。日本在 2002 年实施了《240 万名科技人才开发综合推进计划》，提出到 2006 年培养 240 万名尖端技术人才的目标，并且把软件人才培养放到了首位。日本政府还在 2002 年 3 月专门制订了《IT 人才培育计划》。其目标是到 2007 年使日本成为 IT 人才资源大国。

（2）企业采取的措施。

首先，就企业而言，日本主要的 IT 公司一般都设有自己的培训部或培训中心，根据市场和公司的需求培养各个层面的动手能力强的 IT 人才。为使员工能兼备基础知识与实践能力，一些大型 IT 公司还与高校或社区学院合办培训项目，也有的是委托社区学院代办培训项目。其次，日本政府还与大学、企业合作，开展高层次 IT 人才培训。再次，日本社会上还有数目众多的民办或私营培训公司、咨询公司。它们在信息技术职业教育和培训中也发挥了重要作用。另外，日本已对科研上存在的资历主义进行了一定改良，从而加强了对信息人才的激励机制。

（3）教育措施。

自 20 世纪 80 年代以来，日本各大学相继设置或改组了有关信息学科专业，扩大了招生名额。日本大学还十分注重培养高层次 IT 人才，在研究生阶段增设有关信息学科专业并扩大招生规模。日本职业教育的主体不仅包括学校和企业，而且包括政府、民办或私营培训机构，在信息职业教育方面也同样采取了国家、企业、私人并举，产、学、研相结合的方式。

小案例 6.4

**日本《i-Japan 战略 2015》节选：教育和人才培养领域的信息化战略**

20 世纪 90 年代以后，日本逐步确立了 IT 立国的战略，2001 年制定并开始实施《e-Japan 战略》，从此互联网和宽带通信高速发展。《i-Japan 战略 2015》是《e-Japan 战略》的后续。在分析日本所处的环境、2015 年数字社会前景的基础上，本报告重点阐述了三大重点领域（电子政府和电子自治体领域、医疗和健康领域、教育和人才培养领域）的未来前景与目标、战略措施。报告还提出了日本相关产业发展、信息基础设施建设的发展目标和战略措施。这里分三期介绍日本在三大重点领域的战略，供广大读者参考。

**一、未来前景与目标**

到 2015 年，在幼儿、小学、中高等学校的教育以及大学的人才培养领域，要实现以下几个目标：

1. 在对信息技术应用成效进行客观评价的基础上提高孩子们的学习欲望和学习能力

在学校授课过程中，深化与各个学科相适应的特定的信息技术应用，实现更加容易理解，更富有创造性、启发性的互动教学。通过客观评价利用信息技术开展教学活动的效果，来提高孩子们的学习欲望和学习能力。

2. 提高孩子们利用信息的能力

通过深化信息技术在教育领域的应用，培养和提高孩子们的以下能力：①灵活应用信息化手段进行信息检索和利用的能力；②对信息处理方法的理解能力；③对信息化应用本身存在的负面影响的处理能力。

3. 建立与高水平信息化人才需求相匹配的、稳定的人才培养结构

在大学广泛开展高等教育试点工作，培养与国际接轨的高端信息化人才。在产业界，建立和完善根据个人经验提高相应能力的人才培养结构。

4. 加强大学阶段的信息教育，完善信息基础设施，发展远程教育

在加强大学阶段的信息教育并完善信息基础设施的同时，还要大力发展基于互联网的远程教育，丰富远程教育内容，并为远程学习提供必要的支撑。

关于高水平的信息化人才：

信息技术是个人生活和企业经营等所必不可少的东西，支撑着整个经济社会发展。信息化人才是能够理解和有效利用信息技术，并能创造高附加值的高端人才。具体来讲包括以下几类：

(1) 能够创造和革新科学技术的人才。

(2) 不仅拥有信息化相关知识和能力，还精通包括企业经营和业务改革等多领域知识的人才。有代表性的是企业的CIO。

(3) 具备设计大规模、复杂化系统和软件能力的人才。

(4) 善于使用高难度的系统软件，并拥有项目管理实践能力的人才。

(5) 具备较高软件管理能力的人才。

(6) 具备信息安全知识的人才。

(7) 精通信息技术同时具备业务能力，并且能够开拓新的事业领域的人才。

不论哪种人才，都应该能够流利地使用英语，具备进行国际交流与合作的能力。

**二、战略措施**

1. 以推进网络化为基础，深化信息技术在各学科教学中的应用

为提高孩子们的学习能力和信息利用能力，在明确效果评价的前提下，采取以下措施：

(1) 提高教师们利用信息技术开展教学活动的能力。

要明确教师们需要具备的信息化教学能力。在学校和教育委员会等地方有组织、有计划地开展教师培训，使所有的教师们都逐渐具备利用信息技术进行教学的能力。

(2) 完善支撑信息化教学的体制。

在所有的教育委员会和小学、中学、大学等机构，宣传和推广利用信息技术辅助教学的理念，开展利用信息技术提高教育质量的方法的讨论，配备开展相关活动所需的支撑人才，明确责任人。

(3) 实现双方都容易理解的授课。

进一步完善有利于开展信息化教学的硬件一体化设备。具体来说，要以学校信息基础设施的现状和应用效果为依据，做好以下几点：一是，根据落实IT新改革战略的需要，进一步完善学校用于教学、管理工作的电脑、校内LAN建设、高速互联网等信息基础设施；二是，推进电子黑板等数字化设备在教室中的普及；三是，推进教学内容的开发和利用，推进公共机构所保有的教学资源的利用；四是，进一步普及信息化教学方法。

(4) 充实信息教育内容。

以新的教学大纲为依据，适当活用与科目和教学目的相适应的信息手段，培养学生们信息收集、判断、处理和创造等能力，提高其信息安全意识和信息道德水平等。

(5) 加强校务的信息化建设，推进家庭、地域间教育信息化的一体化。

完善校务用计算机和网络等基础设施，以进一步实现校务工作信息化，减轻业务量，提高工作效率，提高教育质量，并且改善学校的经营状况。推进家庭、地域间的信息联合，并通过企业的帮助来推进地域间一体化教育。

2. 鉴于经济界每年需要1 500名高端信息化人才，借鉴国际经验，需要制订包含目标在内的实施计划，从以下几个方面着手，逐步建立能够稳定地、持续地培养高端信息化人才的体制

（1）通过多种方法开展信息化教育试点。

除了大学之间的联合外，还可通过先进企业之间的联合，推广从业者的讲义和团队演练等多种途径和方法，开展信息化教育试点，并不断拓宽试点范围。

（2）进一步发挥产学官联合的国家中心的功能。

吸纳产业界人士做大学教员，进行数字化教育的教材、课程的开发和推广工作。建立产业界和教育界相结合的教育和实践体制，以进一步充实国家中心功能。

（3）对使用数字化技术系统服务的供给方和使用方间的机遇和职业道路的实现的支援。

各种资格制度等人才培养评价方法与进一步促进人才技能相关的信息共有的人才适当配置和流动，以模架的制定普及、社区的形成和促进为开端，研究具体的方法，实现与能力和成绩相适应的机遇和职业道路。并且，完善满足供给方和使用方各自需求的教育研究的实行和独创的人才发掘和培养，促使更多的人希望成为高端数字化人才，完善高端数字化人才发掘和培养的环境。

（4）高端信息化人才的认定。

研究探讨多种人才评价标准和方法，探讨和建设高端信息化人才鉴定系统，与此同时进行广泛的普及工作。

3. 在进一步完善大学的信息基础设施的同时，为应用信息化手段开展远程教育、授课和学习等活动提供更多支持

（1）进一步完善教育信息基础设施。

在进行大学信息化教育典型事例推广和普及的同时，还要进一步完善有关信息基础设施，使多样性的教育活动成为可能。

（2）进一步充实教育内容。

进一步充实以高等教育和辅助教育为目标的教育内容。

（3）活用先进的网络。

活用先进的网络，使远程教育具有临场感的教育环境，实现教材等教育资源广泛而有效的利用，从而提升教育成果。

［资料来源：于凤霞　编译．日本《i-Japan战略2015》节选：教育和人才培养领域信息化战略．信息化研究］

### 6.4.3　日本工业化、信息化人才队伍建设经验借鉴和启示

（1）政策引导，做好战略规划。

自日本政府发展信息技术以来，就一直强调信息技术的国际竞争力。信息技术一直被列入日本《科学技术基本计划》中的重点，且在第三期《科学技术基本计划》（2006—2010年）中直接被列为重点研究开发的四大科技领域之首。此外，日本在e-Japan计划中，就IT

人才培养，IT 基本知识的普及和教育做了具体规划，体现了日本政府对信息化人才培养和 IT 知识普及和教育的高度重视。在我国公布的有关 2000 年国家信息化水平总指数的报告指出，“信息化人才不足，已成为制约我国信息化发展的关键因素”。为了推进我国信息化建设，一方面要加强信息化基本知识的普及和教育，另一方面要大力培养具有信息技术的高级人才，并将这项工作抓实，抓具体。这是当务之急，一定要下大力气抓好这项工作。①

（2）提供智力支持，加强工业化、信息化人才队伍建设。

日本政府高度重视工业化、信息化人才队伍建设。2004 年日本信息技术的研究人员就达到 19.4 万人，占研究人员总数的 42.5%②。日本通过高等教育和培训教育的方式培养工业化、信息化人才。研究生院教育是日本信息技术高等人才培养的主要途径，而信息技术的研究生比例占研究生人数的比例逐步提升。培训教育是日本企业培养信息技术人才的手段，主要有外部培训、内部培训和自我学习 3 种方式。外部培训主要是针对高级 IT 人员，企业内部的 IT 教育培训主要是针对信息系统维护和操作的企业基础 IT 人员，而对于企业员工自主学习，企业则提供时间和资金方面的支持和奖励。日本政府还专门建立了“信息风险企业支援中心”，通过该中心为懂得信息技术，有志于创业的人才提供有关如何创业，吸引风险投资，以及企业管理等方方面面的专业知识培训，丰富并壮大了日本的工业化、信息化人才队伍。

## 6.5 韩国工业化、信息化人才队伍建设

20 世纪 60 年代的韩国，虽然在国际上面对以美、欧、日为主导，新兴国家不断发展的产业竞争格局，而在国内则受到资源压力的制约，但在信息产业的推动下，各行业的信息化改造进程仍在稳步推进。韩国自 20 世纪 80 年代起大力推进信息技术在工业领域的应用，取得了明显效果。2008 年，韩国又提出 IT 与产业融合战略，并通过一系列强有力的措施加以推动。③ 这些措施为韩国工业化、信息化人才队伍的建设打下了坚实基础。

### 6.5.1 韩国工业化、信息化人才队伍建设背景

（1）国际产业竞争不断加剧促使产业转型，进而带来人才结构转变。

自 20 世纪 60 年代以来，美国、欧盟、日本等发达国家和地区在高端制造业和现代服务业的优势明显，主导着全球经济的发展，中国、巴西等发展中国家通过大力发展低端制造业也相继崛起，冲击着世界经济格局。韩国产业发展面对着来自发达国家和发展中国家的双重竞争压力，产业转型升级的需求更加迫切，促使韩国广泛应用信息技术，加快产业升级，成功地完成了由劳动密集型、资本密集型到知识密集型的产业转型。因此，自 20 世纪 60 年代初开始，韩国确立了以引进技术为主的科技路线。70 年代，为了发展重型工业，韩国政府选择钢铁、机械、造船、电子、非金属、石油化学工业为战略性行业，集中投资并给予税收、金融等优惠政策。为培养自己的核心技术，韩国政府推出了《振兴科技发展 5 年计划》

① 杨书臣，孙英：近年日本信息产业的新发展及其启示．日本问题研究．2007（4）：1－5.

② 同上．

③ 安应振：韩国比较优势战略性贸易政策的探讨．吉林大学．2004.

《技术开发促进法》等政策法规。这一时期，韩国对科学技术的研发使韩国跻身新兴工业国的行列，韩国以重工业为代表的传统产业取得了飞速发展，汽车、船舶、钢铁业等产业部门初步具备了世界竞争力。[①] 产业结构的转型升级带来人才结构的改变，对信息化人才的需求开始增加，工业化、信息化人才队伍建设开始发展。

（2）资源压力不断加大促进工业发展模式转变，推动工业化、信息化人才队伍发展。

韩国自然资源匮乏，矿物资源、动力资源和农林资源的自给能力很低。产业部门生产和居民生活所需要的资源型产品均需从国外进口，资源对外依存度达到70%以上。从矿物资源来看，韩国已探明的矿物虽然有287种，但是有经济价值的矿物仅52种，且储量非常小。韩国人口占世界人口的0.93%，而国内主要矿物储量占世界同类矿物储量的比重更小。煤炭、铁矿、铜矿分别为0.02%、0.05%和0.26%。从动力资源来看，韩国可利用的动力资源（主要为煤炭、木炭和水力）的自给率总计为30%左右，其余的动力资源主要靠进口解决，其中石油进口占80.3%。从农林资源来看，韩国农业耕地只占总面积的22.7%，人均耕地面积不足2.1亩[②]，少于世界人均拥有耕地面积3亩左右的水平。[③] 韩国资源的缺乏，国际产业的激烈竞争，促使韩国需要不断发展高技术产业，发展信息产业，以高新技术和信息技术改造提升传统产业，改变外延式经济增长方式。

因此，20世纪80年代开始，韩国政府提出“科技立国”的口号，重点发展以信息技术为核心的尖端产业。随着经济的发展，韩国的劳动力成本优势逐渐丧失，开始发展技术密集型高科技产业，提升产业结构。韩国政府决定把半导体产业发展成为优势产业，并带动其他产业的发展。为此，韩国确定了通过发展信息产业提升其主导产业在世界市场上的竞争力的主要举措。因此，这一时期，作为替代劳动力和提高产品质量的自动化、柔性化生产设备开始加速进入韩国传统产业部门。韩国的目标是，通过信息技术对产业的带动，使韩国在进入21世纪时，技术实力提高到世界第一流的工业发达国家的水平。从20世纪90年代开始，韩国信息化与工业化融合步伐加快，伴随着韩国将战略重点转移到以信息产业为代表的高新技术上的高级先进技术国家计划（G-7计划），韩国陆续出台了相关的信息化促进计划，且每一项计划都将企业信息化作为推进国家信息化的一个重要部分，以促进传统产业中信息技术的嫁接与开发，进而提高产品的附加值，[④] 并由此带来信息化人才和高技术人才的增加和快速发展，推动了工业化、信息化人才队伍建设的快速发展。

### 6.5.2　韩国工业化、信息化人才队伍建设现状

（1）政府支持。

2001年11月15日，韩国政府发表了主导未来国家发展的《国家战略领域人才培养综合计划》，在人才培养方面投入了大量财力。2003年2月政府提出了建设信息化和科技强国的政策，包括：大幅度增加研究开发投资；把基础科学领域的投资比例提高到整个研发投资的25%的水平；提高科技人员担任公职的比例和增加其参与决策的机会，改善科研环境；向1P3的理工科大学生提供奖学金，集中培养高级技术人才；培养10万名IT高级人才；集

① 郭利：韩国如何融合信息化与工业化．x信息化建设，2010（07）．

② 1亩=666.67平方米。

③ 安应振：韩国比较优势战略性贸易政策的探讨．吉林大学．2004.

④ 吴莲姬：韩国的IT人才培养政策．国外社会科学，2004（07）．

中培育100项世界第一的技术，建设世界最高水平的数字技术强国；实行世界第一个“因特网普及服务”制度，开创全民因特网时代等。另外，韩国科技部制定了“科学技术人才培养与使用促进方案”，决定培养1万名建立国家未来战略产业和新产业所需的核心人才。韩国科技部又推出了2004年的科技政策，积极引进国外优秀的科学技术研究机构，建立东北亚科学技术合作体，同时努力扩大同中国、朝鲜的合作。韩国政府从2000年开始鼓励民间机构开办IT培训班，实行民间机构的IT资格认证制度。2003年2月，韩国信息通信部赋予民间机构以6种国家认可的IT民间机构资格。①

另一方面，政府针对人才激励采取了一系列措施：政府允许大学根据战略领域的需要有弹性地招生；增加在战略领域学习的大学生的奖学金，对最近获得博士学位的人才在3年内向其提供研究费用；从2002年起聘用从事基础科学研究的博士为大学研究所的研究人员，在3年内每年为每人提供3 000万韩元的费用，以鼓励他们专心致志地进行科学研究；延长公费留学人员的留学期限；鼓励大学之间进行合作研究；支持企业参与大学硕士、博士教育管理，同时支持海外优秀人才担任研究开发项目的负责人；把海外人才在韩国居住的最长期限从原来的2年延长至4年等。②

针对人才策略，政府采取以下措施：第一，在大学培育IT研究中心，建立并促使IT专业研究所运营。政府将对大学的每个IT研究中心都给予8年的援助，每年提供8亿韩元。2002年5月在韩国信息通信大学（ICU）建立了数字媒体研究所，与大学或培训机构共同研究并实施培训项目，与合作单位互派优秀的研究人才。第二，资助优秀人才出国留学、进修或实习。在其攻读IT硕士或博士学位期间，提供最长为4年的奖学金（包括学费及逗留费等）。第三，派遣IT领域的大学生或研究生到美国、英国、加拿大等相关的优秀大学进修或者到国内外IT研究所或企业去实习，培养具有国际能力的IT专业人才。第四，对掌管IT产业政策及国家信息化业务的相关部门的负责人提供访问发达国家的IT教育机构或政府机关以及信息化场所的机会，帮助他们学习发达国家成功的先进IT政策。③

政府实行积极吸引国外IT人才的制度并采取一系列措施。第一，设重奖网罗IT人才。首先，通过给外国留学生提供奖学金的方式吸引人才。2002年10月，韩国政府向中国、印度等国派出访问团，宣传韩国最新推出的瞄准亚洲IT人才的奖学金计划。其次，各大学还另设奖学金积极吸引外国留学生，为韩国的IT产业长期占领国际市场奠定坚实的基础。再次，吸引中国等亚太国家的信息通信政策公务员以及专家来韩国读学位，帮助他们与韩国专家取得联系，形成对韩国友好的国际IT政策网络。第二，实行IT卡制度，为国外优秀人才提供方便。韩国信息通信部与法务部合作，从2000年11月起实行IT卡制度，推荐国外优秀人才到韩国就职。具有IT卡的国外人才申请入境时，可享受简化签证手续，延长滞留期限等优惠条件，以此缓解本国企业IT人才的严重缺乏状况。2002年，韩国信息通信部开设了IT卡网站，在网上直接办理对雇用国外人才的审核业务，帮助国内企业及时利用国外优秀人才。④

为防止人才流失，政府采取了一系列措施：第一，2001年11月韩国政府实行对包括IT

① 吴莲姬：韩国的IT人才培养政策．国外社会科学，2004（07）.

② 同上.

③ 同上.

④ 同上.

产业在内的国家 6 大战略领域科技人才的免服兵役制度。第二，2004 年开始逐步实施对 50% 以上的理工科类大学生发放奖学金，提供无息融资、研究费以及免交学费等方案①。第三，改革大学机制，提出把大学变成重新教育企业人才的机构等方案。

（2）企业采取的措施。

为防止人才流失，韩国企业相应地采取了一些措施，如改善工作环境，提高工资待遇，实施培训，提供自我发展的机会，改善人才管理体系等，尽量减少人才流失所造成的副作用。为了构建与外流的高级人才交流知识和技术的人才网络，韩国每年都举办世界韩民族 IT 网络会议等活动。

（3）教育措施。

首先是通过信息化加快人力资源开发。在信息化技术高度发达的今天，国民信息素质的提升，企业家队伍的培育，以及高素质人才队伍的培养也必须充分运用信息化手段。韩国非常重视利用信息化的手段培养人才。在知识更新方面，韩国通过开办网上课堂、虚拟学校的手段培养人才。通过该种方式，一是有利于提高培训的受众面和广泛性；二是可以更加及时、快捷地运用最优秀的教育资源和最新研究成果进行知识普及；三是突破时间、空间上的限制，降低培训成本；四是增强了教育的灵活性，使学员可以在任意时间进行学习，避免了学员对时间安排的抱怨。

其次，政府还与国外优秀的培训机构建立合作关系，共同培养 IT 专家。在全国设立了 15 个“科学英才教育中心”，对有发展潜力的学生进行重点教育培养，为国家科技发展储存后备力量。为了培养 IT 后续人才，韩国政府制定了《英才教育振兴法》，2003 年起开办全日制英才学校。除了英才学校外，为了早期发掘英才，韩国政府还设立了主要在课余或者假期以科学讲座的形式实施英才教育的英才班及英才教育院，并举办 IT 竞赛等活动。②

小案例 6.5

## 韩国重金打造信息化海空军，重视人才建设

21 世纪初，韩国军事变革紧锣密鼓，陆续出台了一系列改革措施。

- **重金打造海空军**

进入 20 世纪 90 年代以后，韩国军队建设开始向海、空军方向倾斜，同时不断调整陆、海、空三军比例，一改过去“大陆军”的格局。

一方面，加速建设一支远洋型的“战略机动舰队”。在发展航母方面，韩国海军并没有过分张扬，而是采取了和日本颇为相似的做法，以建造“大型多功能登陆舰”作为发展中大型航空母舰的铺垫和过渡。LP－X 两栖直升机攻击舰拥有较大的飞行甲板，外形更接近直升机母舰，可运载 700 名士兵，10 辆装甲车，10 架直升机，12 艘登陆艇。其船坞根据需要可以承载两栖登陆车和气垫登陆艇。另据韩国《东亚日报》报道，韩国海军计划在 2007 年装备两艘能搭载垂直起落战斗机的万吨级轻型航空母舰。在驱逐舰发展方面，韩国自 1998 年已先后建成并服役 3 艘 KDX－1 级驱逐舰，至 2003 年 11 月又建成下水 3 艘 KDX－2 级驱逐舰。该舰舰体采用隐身设计，装有大量先进武器，不仅具有较强的远程防空能力，反舰、

① 吴莲姬：韩国的 IT 人才培养政策．国外社会科学，2004（07）．

② 同上．

反潜能力也相当不俗。最近，韩国海军又开始实施KDX三期计划，准备到2012年再建造3艘配备“宙斯盾”系统的7 000吨级的大型驱逐舰。

另一方面，全力打造一支空天一体的“战略空军”。据悉，韩国计划于2008年前，陆续引进法“阵风”、俄“苏-35”等型战斗机。出于对“空地一体”作战的考虑，韩国除引进“眼镜蛇”“长弓阿帕奇”等武装直升机外，还将自己生产具有隐形性能的KMH武装直升机。韩国还计划用新型导弹替代现有的“奈基”防空导弹，并加快引进空中预警机和空中加油机。尤其重要的是，为适应未来陆、海、空、天四维一体联合作战的发展趋势，韩国空军早在20世纪末便制定了《战略空军建设发展规划》，提出了发展“战略空军”的构想。其核心就是努力将韩空军建设成为一支航空航天一体化部队。根据这一规划，韩国的军事航天力量建设将以2015年为界，分两步实施；第一步，2015年前建立“太空作战基础体系”；第二步，构筑“航天作战能力”。此外，韩国军方还准备在“宇宙司令部”的指导下，加快组建航空航天部队的步伐。计划在2015年前组建太空作战团，负责对韩国军事卫星进行管理，并建立弹道导弹预警系统。

**• 以人才建设为“突破口”**

韩军强调，要迎接21世纪军事上的挑战，仅有武器装备上的优势远远不够，还必须占据人才的优势，而且人才优势将是第一位的优势。为此，韩军新近通过了军队人事政策调整方案。

提高军人待遇，改善生活条件。为扭转目前军队兵源不足、质量不高的现象，韩国军队通过不断提高军人待遇，改善生活条件来吸引社会各类人才。韩国军官的待遇普遍比政府公务员、警察、教师要高。此外，韩军积极改善从地方聘请教师的工作和生活条件，以吸引地方高水平教师到军事院校来任教。

拓宽知识结构，提升军官素质。为不断完善和更新军官的知识结构，以适应未来战争的需要，韩军注重适时调整对军官培训的内容，特别强调培训要与未来战争密切相关，以使军官具备较高的作战理论水平以及谋划部队联合作战的能力。与此同时，韩军还通过增加出国留学的军官数量，加大依托国内地方高等院校培养军官的委托教育力度，利用电视、网络等信息资源开展网络化教育，完善函授教育和继续教育制度等措施，力求不断提高军官素质。

引入竞争机制，实行择优晋升。韩军为了建立科学合理的军官晋升制度，激发军官的进取心，在军官晋升中注重引入竞争机制，实行择优晋升，即优化或提前晋升在思想品德、资历、学历、能力和工作实绩等方面优势突出的军官。同时，为了保证晋升的公正性，韩国防部还制定了晋级制度改革方案，采用计算机管理军官人事档案，通过计算机审议拟晋升的对象，并由选拔监督委员会负责最后的审核与把关。

**• 锁定“信息化军队”目标**

伊拉克战争使韩军更加深切地认识到信息能力将成为决定未来战争胜负的重要因素。为此，韩国把建立一支精锐“信息化军队”作为21世纪军队建设的核心环节。

目前，韩军已制订了《信息化军队2010计划》。2010年前，韩军欲投资3.6亿美元用于信息指挥系统建设，同时改善部队结构，使陆、海、空军向合成化方向发展，减少指挥层次，提高指挥效能。为保证计划的协调与落实，韩国专门成立了国防信息化促进委员会，计划在2010—2015年，将国防信息系统建成能够适应信息化战争要求的网络体系。另据报道，韩国陆军目前正在组建第一支数字化步兵师。

在信息化建设实施过程当中，韩军既注重抓院校的正规教育，又重视开展部队普及教育，力求官兵信息化能力的整体提高。韩军把军事院校的教育课程加以调整，重点强化英语、计算机等课程的教学，并把英语作为全军院校的必修课程，以培养出适应军队信息化建设和作战需要的职业化、专门化军事人才。同时，韩军注重普及计算机教育，提高官兵的实际应用能力。

韩军不仅充分利用现有的信息化教学设备，而且不断开发计算机网络新技术，使网络系统功能趋于完善，并逐步扩大应用领域。目前，韩军已开发出教育训练自动化网，能将国防计算机网与官兵借助计算机手段进行教育训练融合起来，实现了远程音频授课和直接质疑应答。韩空军还利用空军计算机网成功地开设了网上医院和网上气象台，为官兵提供医疗和气象服务。韩国防部还借助其网站，大力促进国民了解国防信息，并在军内外广泛征求部队建设的合理化建议和意见，使之积极参与到国防事业中来。

［资料来源：中国日报，http：//www. chinadaily. com. cn/gb/doc/2004 －08/11/content_364299. htm］

## 6.5.3　韩国工业化、信息化人才队伍建设经验借鉴和启示

（1）政府大力支持是推进工业化、信息化人才队伍建设的重要力量。

在全球信息化背景下，韩国信息化对工业化的发展起到了非常重要的推动作用。在工业化和信息化融合发展的过程中，韩国将工业化、信息化融合发展上升为国家发展战略。韩国政府的统筹规划和大力推进是韩国工业化、信息化人才队伍建设的重要力量。政府在工业化和信息化融合进程中的作用是复杂和多方面的。政府不仅掌握着信息化和工业化发展的方向盘，而且提供燃料，在财团的驱动下，工业技术创新和应用得以有效推进。

韩国政府积极推进信息和产业融合，把国家发展的战略重点转向信息化，并以信息化技术改造传统产业，发展新兴工业。韩国由总统主持的信息化战略会议先后出台了《信息化促进法》《技术开发促进法》《信息化促进计划框架》《信息化促进主要规划》《韩国21世纪信息化计划》《振兴科技发展5年计划》《u-Korea促进战略》《e-生活》《IT韩国未来战略》《网络韩国21世纪》《2006电子韩国展望》《2007年宽带IT韩国展望》《IT KOREA未来战略》《IT融合发展战略》《产业融合促进法》等一系列的法律、法规、政策和战略规划。韩国通过法规和政策引导、促进信息化发展的同时，也为工业化、信息化人才队伍的壮大提供了保障，带来了工业化、信息化人才队伍的快速发展。并且，从2009年开始，韩国政府积极举办十大产业（汽车、造船、机械、医疗、建筑、纺织、照明、国防、能源和机器人）的IT融合论坛，为IT专家和相关专业专家定期碰面，为工业化、信息化人才的发展壮大提供平台支持。此外，在韩国政府的主导和支持下，韩国逐步建成了“大德科学城”“尖端产业研究基地”等工业科技园区。这些科技园区逐渐发展成为精密器械、精细化工、信息产业、生物工程等尖端产业基地和科研机构密集地。技工贸一体化的新兴工业区，不仅促进了以信息技术为主要内容的高新技术与工业的融合与发展，更间接加快了工业化、信息化人才队伍的发展，为韩国工业化、信息化人才队伍的建设提供了高效的平台保障。

（2）重视培养信息化人才，推动工业化、信息化人才队伍建设向高端发展。

为了解决信息化技术人才匮乏的问题，韩国加强了信息通信技术（ICT）的培训，主要

是对技术支持和电子商务管理的培训。具体措施包括：建立从技术中学、大学到高效科研机构等多层次的电子技术教育体制，培养超大型集成电路和软件人员。“全国信息化教育计划”旨在提高公民信息素质。“职业高等学校 IT 培训”行动，向企业雇员提供高级 ICT 培训课程（如 ERP、电子商务等）。“职业 IT 咨询项目”，培养和开发 IT 咨询者的技能。韩国的电子商务资源中心与当地的政府、大学和研究机构合作，为企业应用电子商务提供教育咨询和帮助。韩国于2000 年制订电子商务人力资源发展计划，制定并实施培训项目，培养了一大批电子商务人才。早在2010 年2 月，韩国知识经济部就提出了“信息技术人力培育中期改编案”，在 2013 年以前投入 4 011 亿韩元，培育符合企业需要的信息技术基础人才 35 000 人，高级人才 4 000 人，以及其他领域的高级人才 2 000 人。[①]

## 6.6 印度工业化、信息化人才队伍建设

印度的工业化进程已长达半个多世纪。在起始阶段，尼赫鲁总理仿效苏联采取进口替代模式。1991 年实行经济改革开放后，印度的工业化开始向技术驱动模式过渡。在电脑软件技术和服务业等信息化产业的带动下，印度不仅赢得了“世界办公室”的美誉，[②] 更是形成了庞大的工业化、信息化人才队伍。

### 6.6.1 印度工业化、信息化人才队伍建设背景

（1）科教兴国战略奠定工业化、信息化人才队伍建设基础。

为了实现工业化，推进信息化，印度政府奉行科教兴国战略。1996 年，人民党联合政府委托阿布杜勒・卡拉姆领导的信息预测评估委员会编制《2020 年印度技术远景规划》。这个规划旨在使印度经济增长转向技术驱动模式，并最终使印度从发展中国家转变为发达国家。和以前制定的规划不同，《2020 年印度技术远景规划》采用了大量未来学原理，并以预测技术作为基础。产业部门负责的研究专题有化学、农业、医疗卫生、生命科学、生物技术、机械工业、材料加工、电子、通信、战略工业、服务业、基础设施、驱动力和障碍。战略工业包括航天、空间通信、重要材料加工、机器人、人工智能等。各研究小组要估计跨国公司对技术发展的影响，并制定一个适应加入关贸总协定后与知识产权问题有关的框架，且各部门要进行全面的技术更新和改造。[③] 这些举措均需要大量的工业化、信息化人才。这为工业化、信息化人才队伍的建设奠定了基础。

（2）政策实施细则的落实壮大了工业化、信息化人才队伍。

1985 年，拉・甘地提出要用电子革命把印度带入 21 世纪。这一战略使印度比其他发展中国家更早抓住发展电脑软件技术的机会，跟上了以科学技术和信息化为核心的第三次全球化浪潮。实行经济改革以来，印度历届政府都把软件技术列为优先发展的产业，并很快成为仅次于美国的第二大软件出口国，从而带动了服务业迅速发展。瓦杰帕伊总理提出印度要在 2010 年成为信息技术大国、生物技术大国和核大国。印度政府早在《2003 年科学技术政

① 华碧云：艰难跋涉的印度工业化之路．中国金融，2006（05）．
② 同上．
③ 同上．

策》中就阐明：到“十五”计划结束时（2007 年），印度的科研经费开支将占 GDP 的 2%；印度要在世界前沿科学研究中占有重要地位；鼓励创新和科研成果商品化；推进以生物技术为核心的“第二代绿色革命”；改善教育设施，培养和留住尖子人才，教育开支占 GDP 的 6%，通过教育提高全民科学技术水平。[①] 政策实施细则的落实为工业化、信息化人才队伍的发展提供了保障，极大地壮大了印度的工业化、信息化人才队伍。

### 6.6.2　印度工业化、信息化人才队伍建设现状

软件业的高速发展，离不开大量高水平的软件开发技术人员。为了满足印度信息技术快速发展的需要，保持其在信息技术外包等软件领域中的领先地位，印度自 1947 年自治以来，就一直高度重视对信息技术人才的培养，尤其是对软件业技术人才的培养，从而成为世界上最大的“软件人才库”和全球软件人才输送基地。

（1）政府支持。

政府高度重视 IT 技术人才的培养，并作为长期的战略任务实施。早在 1968 年，印度就颁布了《国家教育政策》，规定实行儿童免费教育等，提出“要用电子革命把印度带入 21 世纪”的治国方略。1999 年印度专门设立了 IT 产业部，成立了内阁信息文员会。此外，印度及时成立了 NIIT（印度国家信息技术研究院）机构，组建了国家信息技术特别工作组，由国家总理任组长，制定了“信息技术超级大国”的 108 条政策。为应对日益增长的海内外 IT 技术人才需求的挑战，2001 年，印度又提出了“知识行动”人才培养计划。

在吸引人才方面，政府也提供许多政策支持，如在税收、创办公司等方面实行一系列优惠等，以支持软件行业的发展，吸引有才华的青年投身软件业。为满足计算机专业人才的不足，全印度每个城市都有数百家计算机教育机构。

（2）企业采取的措施。

对印度企业急需的人才，企业采取以下措施培养：第一，由各类商业性软件人才培训机构培养。第二，IT 企业自身建立的培训机构培养。世界著名信息技术公司在印度扎根，使得印度信息技术教育与世界接轨。一大批世界著名的信息技术公司，如微软、IBM 以及 Oracle 等都在印度设立了分公司，建立自身的培训机构，从而使得印度软件人才培养与世界接轨。第三，依靠高等院校培养，主要是依靠理工高校。几乎所有高校都设置了计算机专业。另外，5 所印度理工学院按照“MIT”的模式培养了高端的信息研究型人才。号称印度最大软件培训机构的印度国家信息技术学院（NIIT），一方面是高水平的软件开发公司，已达到软件业的最高标准 CMM 五级认证；另一方面，是印度的第一大 IT 教育和服务机构，培养出的学生深受企业欢迎。

（3）教育措施。

印度信息高等院校的教学内容密切跟踪市场技术发展，强调针对性和应用性。20 世纪 50 年代末 60 年代初，印度仿照美国麻省理工学院 MIT 模式建立了印度理工学院等 6 所理工学院。目前，理工学院成为培养 IT 技术精英的基地。

以专业教育为主、学历教育为辅的模式培养 IT 人才。职业教育的长处就在于让学生从“做”中学，碰到问题后，以解决问题为出发点学习专业知识，学以致用，从而取得巨大成

① 华碧云：艰难跋涉的印度工业化之路．中国金融，2006（05）．

功。目前，印度已形成庞大的教育体系。正规的和私立的理工信息技术专科学校，遍布全国的3 000所信息技术培训学校，使得印度每年可以培训、教育百万计的信息技术相关劳动力。印度的信息技术培养从娃娃抓起，在近3 000所中学，1 000所大专院校中开设信息技术课程，形成多层次IT人才培养体系。

小案例6.6

**透视印度软件人才培养模式**

近年来，印度软件及相关服务出口年均增长率超过50%，成为世界第一大软件外包供应国；而中国2003年软件出口只有20亿美元，不及印度的1/5。造成两国软件出口出现落差的原因有很多，其中软件人才培养模式的不同是主要影响因素。

**培养国际化**

从20世纪80年代开始，印度政府对软件产业就实行了一系列政策优惠，创造了良好的投资环境，为海外留学或工作人员回国开办软件企业及从事软件开发工作大开"绿灯"。这些海外归国的软件人才具备了从事软件开发与服务的良好技能，积累了丰富的经验，也拥有一定的资金，特别是与海外同行有着十分密切的联系。他们当中每人都形成了一张巨大的海外"关系网"，对促进印度软件外包起到了重要的作用。

**培养目的**

印度软件人才培养以应用为目的，体现在三个方面：一是产、学、研结合的教学模式。印度软件教育的一大特色是产业、教育互动关系密切，教学和新技术发展不脱节。二是市场驱动的教学模式。印度政府没有具体规定学校如何运作。学校可以自己决定运作方式及收费标准。三是强调实践教学。实践是印度软件人才培训的主要方式，即不是按照从基础理论到专业理论再到实习的路径来展开教学的，而是把传统教学顺序完全颠倒过来，先从"做"开始。学生在"做"的过程中如果遇到问题，就再以此为基础学习专业理论。

**职业教育**

印度软件人才主要是通过职业教育，而不是高等教育来培养的。目前，印度每年约有50万名新生软件人才。其中大学毕业的只有7.4万人，剩下的几乎全是通过职业教育与培训模式培养出来的。这充分反映了印度软件人才培养模式的职业教育定位。另外，印度软件人才的语言能力培养也是重要一项。

**语言能力的培养**

印度独立以前一直是英国的殖民地，英语成为该国的通用语言。印度大学生都能熟练地会话。这一特点使印度开发的软件可直接出口英语国家，不存在语言障碍。

[资料来源：中国信息化周报，http：//www.183read.com/preview/article_ 277220.html]

### 6.6.3 印度工业化、信息化人才队伍建设经验借鉴和启示

（1）强化政府的领导和推动作用。

印度通过法律形式把发展IT产业作为国家战略，并采取有力的领导机构来推动和保障战略目标的实施。如早在1998年就制定了"信息技术行动计划"法案，于1999年在原电力部基础上建立了信息技术部，专门负责推动"行动计划"的实施，并成为印度政府最具权威的部门之一。对于信息技术部制定的政策措施，其他相关部门都紧密配合，充分体现出信

息产业在印度经济和社会发展中的地位和作用，这为工业化、信息化人才队伍的建设奠定了基础。因此，基于对信息产业的看重，印度还制定并实施与以信息化带动工业化发展战略相适应的人才政策，重视科技进步，重视人力资本建设和创新人才的培养。同时，结合现实情况，开展职业技术教育和在职培训，培养出能适应高科技产业，特别是信息产业的专门人才。[①] 推进产、学、研相结合，形成企业生产、学校培养人才，以及科技成果转化相结合的运作机制。此外，我们应学习印度经验，采取有效措施吸引人才，建设“信息化人才工程”，以适应高技术产业发展对高级技术人才的需求。

（2）重视软件人才的培养和输出，营造 IT 产业发展的良好环境。

印度是世界上仅次于美国的第二大讲英语的国家。其独特的语言优势使其从中学开始就按照发达国家的要求训练软件开发的思维与方法。全国近 3 000 所中学开设了电脑课，1 000 所大专院校开设了计算机及电脑软件专业。目前，印度建成了世界最大的多媒体教育设施体系。从 20 世纪 50 年代开始，印度就投入巨资先后成立了 6 所国家级“印度理工学院”（仿照美国麻省理工学院模式），而各邦则以吸引民间和外资办学的方式设立“印度信息技术学院”。此外，印度每年还对 25 万人提供信息技术培训。庞大而成功的教育体系为印度培养了数以万计从尖端的科技研发到实际应用的梯队型人才。从 1997 年开始，其软件科技人才就以每年 6 万人的速度急剧增长。这些人才造就了印度致力于发展 IT 业的优势，成为世界最大的“软件人才库”和全球软件人才的输送基地，[②] 为工业化、信息化人才队伍的建设做出了重大贡献。

## 6.7　中国台湾地区工业化、信息化人才队伍建设

台湾原是一个自然资源匮乏，市场狭隘，各方面都很落后的地区。第二次世界大战后，台湾经济发展采取以产业结构调整为主线，经过 70 年的发展，产业结构不断调整优化，经济发展取得了举世瞩目的成就。2000 年台湾人均 GDP 已达 13 000 美元，被世界银行列入“新兴工业化国家和地区”，与新加坡、韩国、中国香港一起被称为“亚洲四小龙”。[③] 经济快速发展的同时工业化、信息化人才队伍也在不断壮大，以此适应高技术产业发展对高素质人才的需求。

### 6.7.1　台湾地区工业化、信息化人才队伍建设背景

产业结构优化带来人才队伍的重大调整。20 世纪 50 年代到 60 年代初，台湾是一个落后的农业社会。当时农业活动是经济活动的主体，整个经济基本处于自给自足的状态，表现在其产业结构中就是以第一产业（农业）为主，工业相对薄弱。1952—1962 年，第一、第二、第三产业的年平均生产净值占岛内生产净值的比例分别为 32.1%，23.3% 和 44.6%；产品出口结构中，农产品和农产加工品占 87.4%；就业人口方面，1952—1964 年，农业就业人口占总就业人口的比例平均为 51.6%。在此阶段，台湾还处于工业化前的资本积累阶

① 石红艳，潘海岚：韩国、印度信息化带动工业化的经验与借鉴．兰州学刊，2005（08）.

② 张骥，韩晓彬：论台湾产业结构的演变及其原因．台湾研究，2000（09）.

③ 张方华，许为民：台湾产业结构的优化：以信息化带动工业化．科技进步与政策，2003（02）.

段。因此，台湾实行了战时统治经济体制，制定了“以农业培养工业，以工业发展农业”的产业政策，采取“进口替代型”的内向性发展模式；同时十分注意吸收和引进发达国家产业结构调整中转移下来的劳动密集型产业和新开发的产品技术。由于这些转移来的产业具有技术简单、加工层次低、劳动密集，以及低耗高效等特点，正适合台湾当时产业发展的需要。① 这种产业政策为以后的产业升级和工业化人才队伍的建设和壮大打下了良好的基础。

20 世纪 60 年代初到 80 年代中期，随着台湾地区经济的不断发展，农业在产业结构中的地位逐渐下降，而工业则上升为主导产业。由于台湾岛内自然资源匮乏，市场狭小，资金不足等，台湾当局确定了发展经济的基本方针：“调整经济结构，促进经济升级，大力发展重化工业”，将经济发展模式由“进口替代型”转变为“出口扩张型”，经济体制也由“战时高度控制性”转变为“计划市场经济体制”，并积极发展资本密集型的重化工业及中间材料工业，使产业层次由下游加工业向上游原材料工业逐步升级。因此，随着生产力水平的不断提高，1963 年台湾的工业生产净值首次超过农业，表明台湾产业结构已经突破了以农业为主体的时代，进入工业化的初期阶段。70 年代以后，由于日本国内的产业结构向知识密集型的方向转变，将资源和能源消耗多的材料型重化工业向其他发展中国家和地区转移，台湾及时抓住这一有利时机，大力发展劳动密集型和资本密集型产业，并逐渐形成“进口日本，岛内加工装配，出口美国”的经济发展模式。至 1985 年，第一、第二、第三产业净值占岛内生产净值的比例分别为 6.9%，44.9% 和 48.2%；工业产品出口占总出口比重达 93.8%，而农业就业人口则降为 17.5%，因此形成了以第二产业为主导的产业结构，② 工业化人才队伍还是逐渐壮大。

20 世纪 80 年代末期以后，台湾地区积累了一定的资本，并不失时机地从美国、日本引进电子等高新技术，迅速向资本和技术密集型产业开拓。产业结构以“科技为导向”，大力发展电子产品等信息产业，服务业逐步取代工业在经济活动中的主导地位，经济社会逐步迈向以服务业为主的时代（1989 年服务业占岛内生产净值的 51.2%）。据台湾“行政院主计处”统计，到 1996 年，台湾的产业结构已由劳动密集型转向重化工业和技术密集型产业，出现类似美国工业发展的趋势。台湾在经历了 70 年代中期和 80 年代初期的两次石油危机的冲击之后，认识到发展技术密集型产业的重要性。因此，从 80 年代初开始大力推动产业结构升级，重点发展信息产业（IT 产业，台湾称资讯产业）等高科技产业。据统计，高科技产品占工业制成品出口总值的比例由 1978 年的 16.7% 增加到 42%。从 80 年代的“策略性工业”到 90 年代的“十大新兴产业”，信息产业在经历了 20 多年的持续发展后，逐渐成长壮大起来。90 年代以来，台湾的高科技产业在“新竹科学工业园区”的带动下蓬勃发展，方兴未艾。由于台湾当局非常注重在产业政策的指导下，主动、适时地转换产业结构，促使产业结构升级，其结果必然是转向高新技术产业的培育轨道上来。这是因为只有形成以高新技术为内容的高新产业群，才能在世界经济的大环境中谋得发展的可能。1999 年，台湾的笔记本电脑、显示器、主机板、光驱、电脑机箱、显卡、键盘和鼠标等 10 多项硬件产业的全球占有率在 30% 以上，覆盖了个人电脑（PC）业的大部分领域。近年来台湾硬件业产值（硬件业约占信息产业总产值的 85%）一直排在美国和日本之后而位居全球第三。同年，台

① 张方华，许为民：台湾产业结构的优化：以信息化带动工业化．科技进步与政策，2003（02）.

② 张骥，韩晓彬：论台湾产业结构的演变及其原因．台湾研究，2000（09）.

湾半导体业的规模超过130亿美元，成为全球第四大半导体生产基地，且其半导体生产技术工艺已达到0.18～0.25微米，达到世界先进水平。半导体产业的成长使台湾信息产业形成了一个比较完整的上、中、下游垂直分工的产业结构模式。电子（含半导体）、资讯业等高技术产业已成为台湾出口的新龙头，且其出口贸易对高技术产业的依赖度日益加深。由于高科技产业的不断发展，台湾的产业结构不断得到升级和优化，[①] 由此带来了人才结构的重大调整，信息化人才的需求快速增长，工业化、信息化人才队伍开始不断发展壮大。

### 6.7.2　台湾地区工业化、信息化人才队伍建设现状

（1）坚持规划先行，人才资源开发纳入全岛战略发展全局。

台湾早在1964年制订第四期四年计划时，就第一次列入“人力资源发展”内容。自此，人力资源开发计划成为台湾当局经济和社会发展计划的重要组成部分。到制定第五期四年计划时，人力资源开发计划已被置于更为突出的地位，从原来隶属于“社会建设”的子项，升格为整个计划的一个独立部门。台湾还制定了许多专项规划，比如1966年台湾制订了第一个劳动力发展计划，从70年代开始又制订并推行完整的职业训练五年计划，80年代还制订了信息和计算机领域的五年技术训练计划。为促进科技创新，台湾于1969年推出《12年科学发展计划》。针对高级科技人才不足的问题，台湾于1983年颁布了《培育和招揽高级科技人才方案》。[②]

（2）坚持适用原则，大力发展职业教育提升技能人才素质。

发展教育是台湾人力资源开发的重要内容，而注重职业教育发展则是台湾实现教育与经济建设相衔接的关键所在。为大量培育发展急需的、用得上的技能人才，台湾在60年代广泛兴建工业或商业职业学校。到1986年，高中和高等职业学校的招生比例达到2.7∶7.3。为推进职业教育发展，台湾打通了职业教育与高等教育之间的门槛，先后设立了相当于大学本科层次的工业技术学院。前者主要招收高中、高职毕业生，而后者则招收专科和高工毕业生。此外，还设有一些专门的硕士班、博士班和研究所。这种广泛、完备的职业教育体系，切实解决了技能人才接受更高层次教育的问题。此外，台湾还把强化在职训练摆在和教育同等重要的位置，即实行双轨的人力开发制度，颁布《艺徒训练条例》，实施《劳动标准法》，要求企业在雇用徒工时，必须在契约中明确技能培训内容。台湾的大企业自身都建有职业训练中心。在职训练成为职业教育的有益补充，同时也使技能培训成为全社会的一项终身行动。[③]

（3）坚持外向带动，吸引海外人才回流构建高端人才优势。

为填补产业升级发展带来的高级科技人才缺口，台湾在扩大高等教育发展规模，加快培养硕士、博士等高层次人才的同时，非常重视吸引海外人才到台湾发展。台湾每年都有大批留学生在海外学习，尤以到美国居多，多年积累形成了一支数量庞大的海外军团。为用好这一资源，台湾专门制定《加强运用高级科技人才方案》，提出要每年引进海外资深专业人才350名，增聘具有适当经验的博士级研究员250名。为做好海外引才工作，台湾做了3个方

① 白云萍：台湾人才战略对后发展地区的启示．人才开发，2010（11）．

② 同上．

③ 同上．

面的努力：一是设立专门工作机构。台湾地区的“行政院青年辅导委员会”先后组织海外学子与用人企业开展 14 次座谈会，还专门建立了海外学子档案，共细分为 8 个类别 1 269 个专业，为促进海外人才回流提供了有效的对接服务。二是重视发挥民间力量。台湾一些比较有影响的民间组织，如“杰出人才基金会”“贝尔人俱乐部”等都资助大批海外人才回台湾工作。三是出台优惠文件，如提供回台旅费和零用金，回台人员比岛内同类人员工资可高出 1 ~2 级，发放研究补助和住房津贴，协助安排眷属就业等。对一时还不能回台服务的高级人才，采取以“访问学者”“客座教授”的名义邀请来台主持或参与研究计划等形式为台湾服务。留学人员的大量回归使台湾的科技创新能力迅速攀升，为台湾经济发展，产业升级，以及技术创新提供了重要源泉。①

（4）坚持重点突破，建设高新园区，推动创新要素快速聚集。

在台湾地区提出的“科技岛”计划中，发展各类科技园区是重中之重。台湾新竹科学工业园区创办于 1980 年，重点发展电子产业，选址在台湾“清华大学”、台湾“交通大学”、工业技术研究院等所在地新竹市。两所工科大学和一批工业研究机构支持了园区的技术和人才。为促进园区发展，地区政府制定了一系列优惠政策，比如：免征所得税 5 年，而且是以产品销售后 4 个年度中任选一个年度作为免征的首年；对企业的研究发展经费予以补助，最高补助额可达到研发总金额的 50%；为园区企业和科技人员提供优良的工作、生活环境等。新竹园区还给技术投入者以最大的利益，规定以技术作为股份投资，其作价最高可达投资总额的 25%。新竹园区的这些优惠政策吸引了大量海外学子带技术回台湾创业。目前园区内集中了 1.2 万名高级人才，每年营业额占到台湾产业总产值的 1/10，成为世界上微电子产业的三强之一。②

（5）坚持市场推动，培育人才中介机构有效配置人才资源。

台湾的人力资源市场发展比较成熟，既有比较专业的人力资源中介机构，如 104 人力银行、1111 人力银行等，也有颇具行业、区域影响力的管理研究机构，如台湾中小企业经营管理专家协会、台湾执业证照协会、台湾劳动及人力资源协会等，形成了比较完善的人力资源服务网络，较好地促进了各类人力资源的合理流动。1111 人力银行会员企业达到 12 万家，人才信息库达 128 万人。其服务对象既包括高科技人才，也包括普通的技能人才；不仅具有人力资源的信息传播功能，还具有人力资源的公共行销功能。台湾劳动及人力资源协会等机构在推进人力资源市场健康发展，促进区域合作交流，开展相关政策研究等方面，都发挥了很好的作用。③

### 6.7.3 台湾地区工业化、信息化人才队伍建设经验借鉴和启示

（1）制订相应的人力资源发展计划，为工业化、信息化人才队伍建设提供保障。

科技发展的关键在创新，而创新的关键是人才。因此，为呼应高技术产业发展政策与计划，1981 年和 1983 年台湾分别制订了《十年人力发展计划》与《加强培育及延揽高级科技人才方案》，不断采取有效措施，吸引海外留学人员回台湾创业，以适应高技术产业发展对

---

① 白云萍：台湾人才战略对后发展地区的启示．人才开发，2010（11）．

② 同上．

③ 同上．

高级技术人才的需求,① 为工业化、信息化人才队伍建设提供保障，使得工业化、信息化人才队伍开始逐渐发展壮大。

（2）大力发展教育，重视科技进步和人力资本的提高。

美国著名经济学家库兹涅茨说，台湾之所以在短期内实现了工业化，主要原因就是它培育了许多高素质的劳动力，并能够成功地吸收西方工业国家花费了 200 多年时间才发展完善的“知识库”。从 20 世纪 50 年代开始，台湾当局就保证 6 ~ 11 岁儿童接受 6 年小学免费教育。到 1960 年，适龄儿童入学率高达 96%。1968 年以后，又将义务教育年限延长为 9 年。到 1979 年初中入学率达 95.58%。据教科文组织统计，中国台湾每千人中受过高等教育者有 25 人，仅次于美、加、日、韩而名列世界各地区第五位。1995 年，教育经费占 GDP 的比例已达 26.75%，用于技术引进和科技开发的费用占生产总值的 1.8%。同时，台湾还非常注重发展职业技术教育和在职培训。教育的普及和教育水平的提高，使劳动者素质得到增强，形成了高素质的劳动大军,② 提升了工业化、信息化人才队伍建设的水平。

## 6.8　典型国家和地区工业化、信息化人才队伍建设的比较与经验借鉴

当前，我国正处于工业化和信息化深度融合的关键时期，如何应对国际、国内形势的深刻变化，走出一条具有鲜明时代特色的转型发展之路，成为经济发展面临的首要任务。国外典型国家推进工业化、信息化人才队伍建设的做法，对我国工业化、信息化人才队伍的建设和发展有着重要的借鉴意义。

### 6.8.1　典型国家和地区工业化、信息化人才队伍建设的经验比较

典型国家和地区对工业化、信息化人才的争夺和培养可谓绞尽脑汁，奇招尽出。第一，各国很重视用创新的理念改革教育、培训或培养人才的体制。从根本上说，都注意到了信息化人才的主要来源与解决途径在于教育和培训，因此都以重点和加紧调整本国的教育和培训体制为着力点，改革旧的不合时宜的教育方式和教学内容，加大对信息化人才的投入力度，以期从总体上满足和适应本国的信息化进程需要。美国为了培养“21 世纪的美国人”，早已成为教育投入最大的国家，不仅对改革教育体制加大投入，而且利用资金优势大力吸引国外学者和留学生为其效劳，仅 1991—1992 年 60 万名外国留美学生中就有 65% 毕业后留美工作；法国很早就创立了网络教育，还千方百计发展教育多媒体产业，并资助企业设立信息化人才培训中心；日本为了培养“世界通用的日本人”，积极推行新型教育改革方案，推广跨国办学模式和人才流动；韩国制订了“21 世纪头脑开发”计划，投资 1.4 兆韩元，拟在 7 年内为科技和新兴产业部门培养大批高素质的信息化人才，使其跻身于世界十大信息强国之列；印度推行教育改革较早，通过理工学院培养了大批技能型的人才，使软件业走在了世界前面，加上他们的母语为英语，有半数以上的人在 30 岁以前就受到了良好的信息教育，在知识创新方面成绩优异。印度之所以能够成为“全球知识中心和知识及服务跨国流动的集

① 张方华，许为民：台湾产业结构的优化：以信息化带动工业化. 科技进步与政策，2003（02）.

② 张骥，韩晓彬：论台湾产业结构的演变及其原因. 台湾研究，2000（09）.

散地”，就是以其目前的信息化人才优势为依托的。第二，用重金收买人才。如西欧一电子公司企图以 200 万美元高薪挖走美国硅谷一位研究 1 024K 超大规模集成电路专家未果，又不惜用 3 000 万美元干脆连人带企业一起买下。第三，变相网罗人才。发达国家常常以援助发展中国家为名，搞一些项目到发展中国家研究，实际上是变相争夺人才。第四，就地利用人才。如跨国公司在世界各地办厂就是这种办法。第五，高薪聘请人才。如日本实施“借脑工程”高薪聘请了不少人才。第六，实施科技移民和绿卡政策。美国通过发放 H－1B 签证，每年增加外籍移民 75%；德国早在 2000 年就批准了旨在方便外国信息技术人才赴德国工作的计划，向两万名外籍信息技术人员提供了就业优惠条件；法国宣布高薪聘请信息工程师不受其移民法的限制；奥地利计划每年吸纳 8 000 名移民，而其中 1 200 名为高级信息技术人才；韩国通过发放“金卡”，允许外国高级信息化人才在韩国居留 10 年，已经吸引了 20 万名高级信息化人才。第七，用优惠政策留住本国信息化人才。美国公司为吸引本国信息化人才，通常采取加薪、升迁、红利、带薪休假以及解决配偶工作等方法，甚至对高级信息化人才实行高额配股制度①；印度通过高薪和优厚待遇吸引印度籍信息化人才回国工作；台湾大力兴建科技园，达到了吸纳人才的目的。

### 6.8.2 典型国家和地区工业化、信息化人才队伍建设的启示

（1）要充分认识工业化、信息化人才建设的重要性。

从过去的信息化建设经验看，由于我国从总体上对信息化人才建设认识的缺失，所以在国家和各地的工业化、信息化推进和中长期实际规划的制定中，对工业化、信息化人才的论述着墨不多，致使在工业化、信息化建设的推进中重物轻人的现象比较严重，甚至在一些地区和行业形成了工业化、信息化的畸型发展，大量投资兴建的信息基础设施，由于人的素质不适应，特别是各级政府网站数据少，更新慢，利用率低等现象十分突出，导致了设施闲置或大量浪费。凡是信息化人才建设先进的国家和地区，那里的领导层、人才界、教育界和信息界普遍对信息化人才建设有很高的认识，不仅把培养信息化人才看作推动社会经济发展的战略举措，把提高全民信息素质看作提高全民素质和增强综合国力的重要内容之一，而且把这些看作是一项影响国家长治久安和民族生存发展的政治任务；而那些信息化人才建设相对落后的国家和地区，多半对信息化人才没有引起高度重视，信息素质教育也大多停留在某些狭窄的领域。②

（2）工业化、信息化人才已经成为推动科技创新、经济发展和社会进步的重要力量。

当代经济正在从传统的工业经济向信息经济迅速转变。发达国家信息产业的增加值早已占 GDP 的 40% 以上，且信息化人才也已成为内生性经济增长的重要源泉，而其对经济发展和社会进步的推动作用是任何其他人才群体所无法比拟的。信息化行业是技术变化快，渗透能力强，国际化特征显著的行业。其中，人才是信息化行业持续发展的六大要素之一，直接关系到信息化行业的技术创新和制度创新，被认为是信息化推进的核心和动力。因而，积极推进信息化人才建设，在各行各业实施信息化人才战略，是顺应时代发展的需要，关系到信

① 邢志强，殷玉军，张彦洁，臧大乔：国外信息化人才建设的经验与启示．河北示范大学学报（哲学社会科学版），2006（03）．

② 同上．

息化的持续、快速、健康发展和核心竞争力的全面提升,[①] 而且对推动整个科技创新、经济发展和社会进步具有重要意义。

(3) 加强工业化、信息化人才建设有利于实现国家和地区的超越式发展。

依据 GDP 国际标准来衡量，我国经济早已进入工业化、信息化深度融合，快速发展的阶段。对于发展中国家和地区，在通常条件下，弱势经济的线性增长和强势经济的指数增长是难以缩短距离的，而抓住当前时机，大力加强工业化、信息化人才建设，用信息化推动整个经济和社会发展的进程，弱势经济是有可能快速完成经济增长模式的转换并实现超越式发展的。物理和地理优势已经不再是决定发展的主导因素。[②] 实施信息化人才战略是各地实现超越式发展的最佳切入点。

(4) 要实施工业化、信息化人才资本优先投入战略。

各国和各地的工业化、信息化推进，常常有这些情况出现：留住一个尖端工业化、信息化人才，就有可能带动一个行业或企业的蓬勃发展；而流失一个尖端工业化、信息化人才，往往会造成这个行业或企业的倒退，甚至破产。工业化、信息化人才的这种重要作用，决定了实施工业化、信息化人力资本优先投入战略的重要意义。实施工业化、信息化人才资本优先投入战略是一项系统工程，涉及体制内和体制外诸多因素。这里关键是要舍得投资，并投资到重点领域。工业化、信息化人力资源投资的核心是要提高人的信息能力，不仅使高层次工业化、信息化人才竞相出现，而且要推进人才总量增加和整体信息素质的提高。[③]

(5) 以信息化推动教育和培训体制的深层改革。

信息化人才满足需要的基本途径在于教育和培训的发展。在这方面，印度的成功经验值得借鉴。印度的计算机教育不仅从小学抓起，而且贯穿于教育的始终。他们特别重视教材建设，要求软件教材每年更新 30% 以上，并且要紧跟世界新潮，博采众长。这和我们的教材多年一贯制形成鲜明对比。印度的继续教育抓得很紧，甚至对于非信息专业的学生和没有上大学的高中和职高的学生，他们也通过举办信息技术培训班使其转化成信息化人才；同时，印度的高校和企业结合得非常紧密，培养的人才能够直接进入企业。与其相比，我们的教育不仅缺乏新鲜度，也缺乏与企业的亲密接触,[④] 迫切需要以信息化推动教育和培训体制的深层改革，由此会带来大批适应工业化、信息化深度融合发展的工业化、信息化人才。

(6) 采取灵活政策，积极引进国外高层次工业化、信息化人才。

随着经济国际化进程的加快，具有国际企业管理经验的高层次信息化人才供求缺口在加大，已经成为目前国内外共同面临的问题。尤其是发展中国家和地区的高端工业化、信息化人才流失严重。根据典型国家和地区在工业化、信息化人才队伍建设方面的经验，落后地区解决这一问题最有效和最廉价的途径，就是用良好的创业环境和待遇直接引进国外的工业化、信息化人才，以此带动本地人才的迅速扩大。在这方面有 4 点经验值得借鉴：一是优化事业环境。人才都是做事业的。哪里有良好的事业环境，人才就会往哪里流动。工业化、信息化的深度融合亦是如此。二是参照国际薪酬待遇和薪酬方式招揽国际高层次信息化人才，

---

① 邢志强，殷玉军，张彦洁，臧大乔：国外信息化人才建设的经验与启示．河北示范大学学报（哲学社会科学版），2006 (03).

② 同上.

③ 同上.

④ 同上.

特别应推广国外信息化领域流行的股票期权等激励方式。三是参照典型国家的做法完善吸引和使用工业化、信息化人才的制度。四是要寻找机会参与各种国际人才合作，通过合作利用国外的先进技术和管理经验，培训和锻炼适合我国工业化、信息化发展情况的工业化、信息化人才。[①]

(7) 优化工业化、信息化人才的成长和发展环境。

优化工业化、信息化人才的成长和发展环境，必须抛弃用人上的陈旧观念，为工业化、信息化人才发挥作用提供良好的政策环境。在这方面美国的经验值得借鉴。美国通过建立有所为和有所不为的政府，不仅给企业和教育提供了引导人才培养和使用的宽松环境，同时政府又通过法律手段为国家所急需的工业化、信息化人才铺路搭桥。美国近几年实施的“知识移民”和“收割机政策”，如 H1－B 技术签证法案，高额奖学金和年薪制度，科研经费优惠和各种人才奖励政策，以及提供培训，照顾家庭及子女入托，换岗和参加重要会议等人性化的各种待遇，使得美国成了世界工业化、信息化人才竞争中的最大赢家。美国的人才口号是：让全球最好的人才，在最合适的年龄从事最满意的工作，发挥最大的作用，得到最高的回报，并成为自己最好的合作伙伴。[②] 这些宽松、自由，富有生命力的人才发展环境，为美国的工业化、信息化人才队伍的建设做出了巨大贡献。

## 6.9 小结

(1) 加快推动技术创新与信息化人才培养。

世界上典型国家和地区在工业化与信息化的过程中都将推动技术创新与人才培养摆在突出位置。美国政府在投、融资环境建设，产学研互动的发展模式，以及政策法规体系等方面不断创新，以促进技术创新和技术扩散。英国政府将通过政府采购促进行业创新作为一项重要战略工作，还帮助 500 家企业与研究创新单位建立了联系，把大学研究与企业生产联系起来，促进双方交流合作的同时，更是培养了无数工业化、信息化融合的高素质人才。日本为推动自主技术的研究与开发，从注重民间研究转向加强官方研究，由政府直接主持重点科技领域的科研工作，政府还在政策上给予引导和支持，注重科学技术的普及教育，培养富有创造性的科技人才。此外，美国、英国和德国等国家对技术移民也格外重视，给予了很多优惠政策。

近年来，我国科技事业取得了巨大进步，人才总量大幅增加，在载人航天、探月工程、超级计算机等尖端科技领域实现重大跨越，工业化、信息化人才不断发展壮大。2010 年，我国的 R&D 经费支出达到 6 980 亿元，R&D 投入强度达到 1.75%，在发展中国家中位于前列，和世界先进水平的差距也在不断缩小；专利申请数量持续增加，科技论文发表数量也大幅增加，仅次于美国而位居世界第二位。但是，和主要发达国家和地区相比，我国在科学技术研究的投入，尤其是基础性研究的投入仍显不足，高质量技术创新成果相对缺乏，科技成果产业化率明显偏低，尚未建立产学研相互结合，相互促进的良性互动局面，创新文化尚未

---

① 邢志强，殷玉军，张彦浩，臧大乔：国外信息化人才建设的经验与启示. 河北示范大学学报（哲学社会科学版），2006（03）.

② 同上.

形成。总体上，技术创新能力不足，高技术人才缺乏，已经成为制约我国经济发展的重要“瓶颈”。在主要发达国家普遍重视技术创新和信息化人才培养的大环境下，作为发展中国家的我国要在未来国际竞争中赢得一席之地，就必须更加注重鼓励技术创新，更加注重对工业化、信息化人才的培养。

（2）把信息化基础设施建设上升到国家战略高度。

信息化基础设施建设是一个系统性工程，包含互联网、广播电视网、大型数据库、支持环境等诸多方面。政府既要在宏观层面注重化解公共品供给难题，提供信息基础设施建设平台，又要在微观层面注重通过经济、标准、行政等多种手段促进企业、大学和科研机构投资IT关键技术和终端设备，以政府资金撬动社会资金，全方位提高整个社会的信息化水平。社会信息化水平的提升不仅有利于提高工业部门的生产效率，降低整个社会的运行成本，提高运行效率，更能够培养、造就无数高水平、实用的工业化、信息化人才。

（3）重视教育的基础性作用。

世界上典型国家和地区在工业化、信息化过程中普遍非常重视教育。美国总统奥巴马在2011年的《美国创新战略》报告中，不遗余力地强调要改善教育系统，旨在培养具备21世纪知识和技能的新一代人才，打造世界级的劳动大军，为美国的信息化奠定人才基础。我国要切实改革现行教育体制，引导教育资源向基础性学科倾斜，完善教育评价机制，鼓励大学和公共事业、企业加强合作，注重培养学生的创造精神和创新创业精神；牢固树立“终身教育”观念，为我国工业化、信息化人才队伍建设营造良好的社会环境。

## 思考题

（1）两化融合人才和工业化人才的区别是什么？

（2）为什么世界范围内典型国家和地区重视工业化、信息化人才队伍建设？

（3）为什么我国大力培养两化融合人才队伍刻不容缓？

（4）典型国家和地区工业化、信息化人才队伍建设对你的启示是什么？

# 第七章

# 我国两化融合人才队伍建设的规划与建议

**本章提示**

全面提高信息化水平，推动信息化与工业化融合，是新形势下走中国特色新型工业化道路的必然要求。本章提出了加强我国两化融合人才队伍建设的几点对策建议，以期推动信息化与工业化深度融合。

## 7.1 两化融合人才队伍建设指导思想与战略目标

国家战略是战略体系中最高层次的战略，是为实现国家总目标而制定的总体性战略概括。战略目标是对活动预期取得的主要成果的期望值。战略目标的设定，同时也是国家战略的展开和具体化，是战略任务的进一步阐明和界定，具有宏观性、长期性、全面性、可分性、相对稳定性等特性。

### 7.1.1 我国两化融合人才队伍建设指导思想

大力推进信息化与工业化深度融合是党的十八大做出的重大战略部署。这不仅为我国经济社会发展指明了努力方向，也对两化融合人才培养提出了明确要求。培养一大批符合中国工业化与信息化融合发展需要的复合型创新人才，打造我国两化融合人才队伍成为两化深度融合发展的重要保障。

在新的历史发展时期，我国两化融合人才队伍建设的指导思想是：与国家中长期经济社会发展和新型工业化道路相适应，坚持“以人为本”，尊重发展规律，主动适应国内外经济发展环境新变化，把握新一代信息技术发展新机遇，以“服务发展，人才优先，以用为本，创新机制，高端引领，整体开发”为原则，注重两化融合人才创新能力的提升，注重两化融合人才队伍的水平和素质提高，注重两化融合人才队伍的可持续发展。以创造良性、开放的体制环境为重点，统筹规划，科学布局，建设结构合理的复合型人才队伍梯队，加快两化融合人才队伍的国际化，加速两化融合人力资源配置的市场化，加强两化融合人才管理的人本化。

### 7.1.2 我国两化融合人才队伍建设战略目标

我国两化融合人才队伍建设战略目标是：创新驱动，科学发展，建设规模宏大、结构合理、素质较高、布局科学的两化融合人才队伍，开创人才辈出、人尽其才的新局面，全面提升我国两化融合人才的创新能力，为我国两化深度融合发展提供强有力的人才支撑。

以我国两化融合人才队伍整体创新能力提升为根本，培养和吸引急需的两化融合复合型创新人才，优化队伍规模、结构和布局，实现我国两化融合人才队伍创新能力的历史性飞跃。

以我国两化融合人才队伍管理体制转型为着力点，加强基本制度建设，优化整体布局。建立两化融合人才队伍建设的保障机制，建立两化融合人才的培养和使用机制，逐步提升两化融合人才队伍的素质、竞争力以及使用效能，形成一支质量高、复合性强的两化融合人才队伍。

以造就宏大的高素质人才队伍为核心，突出培养一批既懂信息化，又懂相关领域工业化的复合型领军人才；重视扶持一批学术创新型人才、工程技术型人才、工业应用型人才以及管理型人才；重点引进一批有国际沟通能力和国际竞争力的融合型国际化人才；大力开发一批服务国家重大战略需求和重点领域的两化融合急需人才。

## 7.2　两化融合人才队伍建设的对策建议

### 7.2.1　加强统筹谋划，做好两化融合人才发展的战略规划

党的十八大报告指出，“坚持走中国特色新型工业化、信息化、城镇化、农业现代化道路，推动信息化和工业化深度融合，工业化和城镇化良性互动，城镇化和农业现代化相互协调，促进工业化、信息化、城镇化、农业现代化同步发展”。

在此时代背景和要求下，工信部需要深度推进两化融合人才建设，加强统筹谋划，采取有效措施，不断提升两化融合人才建设的层次和水平。制定两化融合人才建设的战略规划，是各级政府和行业管理机构保障两化融合推进工作从全局出发，符合两化融合发展规律的重要依据。

（1）加快出台两化融合指导意见，制定两化融合人才规划纲要。

首先，工信部应当学习贯彻全国人才工作会议精神和《国家中长期人才发展规划纲要（2010—2020 年）》宣传和部署，及时组织专门力量开展调查研究工作，尽快制定《全国两化融合人才发展中长期纲要（2010—2020 年）》《2010—2020 年全国两化融合人才队伍建设规划》《关于加快两化融合人才培养的若干意见》等指导意见，确保两化融合人才建设有明确的政策导向和意见支持，为走中国特色新型工业化道路，推进两化深度融合提供政策保障。

其次，由各省、市经济和信息化工作委员会制定相应地区的两化融合人才发展规划和目标，扎实推进两化融合人才培养工作，促进两化融合推进工作自上而下有序开展，实现中央和地方各个层面人才工作的协调一致。各推进主体对两化融合人才培养工作要统一认识，增强工作合力。

（2）完善各项配套措施体系，为人才发展提供组织保证。

工信部应当加快两化融合人才优先发展战略布局，把两化融合人才培养工作提升到更高的战略位置，成立两化融合人才建设管理的专门组织和部门，促进两化融合人才建设工作走

向体系化和规范化。

一是不断深化对两化融合人才发展客观规律的认识，统筹协调政府和社会各方力量，形成分工合理，责任明确，运转高效的两化融合人才建设组织推进体系；二是完善两化融合人才建设的各项相关政策，加强人才战略设计、人才成长路径规划、人才梯队建设、人才流向导引、人才评估认证和人才实用需求，形成两化融合人才建设政策引导体系；三是建立并完善集卓越人才培养、高层次人才创新、人才信息交流、海外人才引进、人才资源培训和中介服务于一体的服务支撑体系；四是加快建立以企业为主体，市场为导向，政府引导推动，产、学、研、用相结合的利于两化融合人才成长的技术创新体系。

通过建立和完善两化融合人才建设工作各项配套措施，形成中央和地方、政府和企业共同推进两化融合人才发展的协同工作格局，着力解决当前两化融合中影响、制约专业人才发展和高素质队伍建设的突出问题，为有效应对国内外经济发展环境的新变化，把握新一代信息技术发展的新机遇，促进经济平稳较快发展，提供有力的组织保证。

（3）加强基本制度建设，推动体制机制创新。

坚持把人才队伍科学发展作为引领两化深度融合的基本要求，着眼于我国社会主义现代化建设全局，推进两化融合人才建设的制度建设和体制机制创新。

在两化融合人才建设工作推进过程中，工信部应当积极探索既有分工，又有合作的部门内外沟通协调机制。外部应注重与中组部、教育部、人力资源和社会保障部等有关部门的密切联系，形成较为良好的外部支持环境，利于两化融合人才建设工作任务的协调完成；内部应亟须建立完善的，符合两化融合人才成长规律的，利于激励自主创新的人才评价制度。实施重大人才工程，加大创新人才培养支持力度，健全两化融合人才的激励机制。充分开发利用国内国际人才资源，积极引进海外人才。加快两化融合人才发展基本制度建设，推动体制机制创新，建立对国家两化融合发展贡献荣誉制度，形成激发人才创造活力和具有国际竞争力的人才制度优势。

**小案例 7.1**

## 发达国家教育信息化建设

在知识经济时代，发达国家十分重视教育信息化建设，都已建成了本国现代化的教育信息网络。多年来，以美国、日本、英国为代表的西方国家的政府和教育部门，一直在积极推行教育信息化发展战略，不断改革大、中、小学校的教育教学手段，大力推行教育信息技术，均已取得了可喜成绩。

**美国：率先实施教育信息化**

美国作为世界头号经济强国，在信息技术发展方面也始终走在世界前列。1993 年，美国克林顿政府提出了“国家信息基础设施”计划，开始发展以互联网为核心的综合化信息服务体系，推进信息技术在社会各个方面的应用，并把信息技术作为实施面向 21 世纪教育改革的重要途径。到 2003 年，美国政府及其相关科研机构已经发布多达数十份教育技术政策报告。其中，多数报告中包含涉及教育信息化方面的建议，积极敦促政府改善信息化硬件基础设施，开发信息资源和软件，支持教师专业发展，增加教育信息化经费投入，加强教育信息化的研究与评估等。目前美国的教育信息化建设，已经达到相当高的水平，全国大中小学校的网络普及率高，设备先进，应用广泛，许多学校利用信息技术减轻学生课业负担，提高学生的学习效率、综合素质、创新能力和信息素养，得到了社会的广泛认可。美国实施的教育信息化战略，成为世界各国效仿的榜样。许多国家积极制定教育信息化战略规划，鼎力推进本国的教育信息化建设进程。

**日本：多措并举实施教育信息化**

信息化的概念，起源于日本。早在20世纪60年代，日本学者从社会产业结构演进的角度提出的一种反映社会发展阶段的新学说中就包含了信息化的概念。日本在推动本国教育信息化的进程中，采取了政策推进、基础设施建设推进、学校信息教育推进等多种有效措施，取得了很好的效果。在政策推进方面，1992—2002年，日本文部科学省5次制订教育信息化实施计划，使得日本大、中、小学校的信息技术与教育整合进程大大提速。在基础设施建设方面，从1994年开始，为实现已经确立的教育信息化目标，日本政府加大经费投入，有力地推动了学校计算机基础设施和互联网的建设进程，甚至创建了所有年级的全部教师和学生都能够运用互联网交流的环境。日本计划到2010年年底，100%的家庭建成高速、高效的信息互联网络。在学校信息化教育方面，日本重视开展信息教育工作，在中学阶段开设“信息基础”“信息处理”选修课，在高中阶段开设“信息技术”必修课；日本还非常重视电子数字化教材的开发，积极开展信息技术与课程的整合，重视教师信息教育技能的培训。所有这些举措都极大地推动了日本的教育信息化建设的进程。

**英国：立法促进教育信息化建设**

英国是一个经济发达国家，在信息化教育领域以其战略上的远见卓识和策略上的求新务实著称。1998年，英国以立法的形式规定全国中小学将原来的选修课全部改为必修课，并拟定了中学信息技术课的9项评价标准。在政府教育经费投入中，法定的6%必须作为学校专款专用的微机购置费，以保证20%以上的中小学能够上网。从20世纪末以来，英国充分发挥综合国力强的优势，加大经费投入和科研开发，大力加强信息基础设施建设，积极发挥信息化教育的人才优势，促进了教育信息化水平的提升。英国的全国学习网络是欧洲最大的教育门户网站，具备强大的搜索功能。英国通过立法的形式促进教育信息化建设，使得英国在通过信息技术手段构建学习化社会方面迈出了坚实的一步；同时，英国教育产业化的发展，很大程度上得益于其教育信息化水平的提高。2000年，英国政府借助信息技术运作的“产业大学”，使人们的学习方式发生了革命性的变化。它们把学习者的需求和各类教育资源的供给及时、有效地结合起来。这个学习网由遍布全国、分布合理的各个学习中心构成，是一个面向所有人的学习需要并向所有学习者提供最适当学习资源的新型组织，极大地推动了英国终身学习社会的构建。

另外，德国、澳大利亚、意大利、捷克等国也十分重视教育信息化建设，并在提高教育教学质量，提升教育现代化水平等方面取得了明显成效。总起来看，国外教育信息化建设呈现出以下发展趋势：从重视教育教学和管理，转向重视学生自主学习能力的提高；从重视信息技术向重视教育本位回归；从重视硬件建设转向重视应用建设；更加重视教育信息系统、教育软件智能化程度的提升。

［资料来源：毕廷延．发达国家教育信息化建设．人民政协报，2010年5月26日．］

### 7.2.2　启动两化融合人才工程，促进两化融合人才合理流动

根据《国家中长期人才发展规划纲要（2010—2020年）》《人才规划纲要》，工信部应

着力建设一系列两化融合人才重点工程，同时引导两化融合人才在地区、行业之间的合理流动，实现两化融合人才队伍的可持续发展。

应当对国内具有行业背景，熟悉国内重大发展规划，具有高度热情和潜力的国内高精尖人才加大支持力度，平衡国内高端人才启用与国外人才引进的比例。积极支持国内高端两化融合人才到国际组织中进行锻炼和任职，积极支持将国内高端人才纳入国家创新人才培养体系当中。

引进海外高端人才，建立“海外人才回流与环流”机制。积极引进海外涉及两化融合科研领域，具有领域学术或技术带头人潜力的拔尖人才，建立符合两化融合人才发展战略的海外人才回流与环流机制。通过统筹国内外高层次人才资源，促进人才国际性流动和高端人才资源全球性整合，实现国内人才与国外人才相互支撑的效果。通过高质量、高层次人才的国际性集聚，涌现出一批具有国际领先水平的、活跃度较高的两化融合创新团队。

（1）实施两化融合创新人才推进计划。

由工信部牵头，多部委联合，在我国具有相对优势的科研领域设立两化融合科学家工作室，以培养、造就一批世界水平的两化融合领域科学家；瞄准世界科技前沿和战略性新兴产业，重点支持和培养一批具有发展潜力的中青年两化融合创新领军人才；着眼于推动企业两化融合进程，发挥企业自主创新优势，重点扶持两化融合创新人才；依托一批国家重大科研项目、国家重点工程和重大建设项目，建设若干两化融合重点领域研究创新团队；以高等学校、科研院所和高新技术产业开发区为依托，重点从16个量化融合示范区中建设两化融合创新人才培养示范基地。

（2）启动海外两化融合高层次人才引进计划。

重点围绕国家发展战略目标，在中央有关部门及地方政府分层次、有计划地引进一批在两化融合领域有突出贡献，能推动我国两化融合进一步发展的战略科学家和领军人才。其中，中央层面实施专属两化融合的“千人计划”，通过创新长期项目、短期项目，以及“两化融合外国专家千人计划”项目等，为海外两化融合高层次人才提供相应的发挥平台，引进海外高层次人才回国（来华），为我国两化融合进程与发展添砖加瓦。

首先，为海外高端人才建立从引进标准到职位要求、工作待遇等全程、全系列的出国人才回国工作机制。其次，积极引进在读博士期间或出国期间有重大科研项目和科研成果的国际人才。再次，积极培养我国本土两化融合人才，对回国后的高级人才采取国际化再学习，出国再进修的人才回流培养模式，给予相应的政策支持和资助性保障。

借鉴美国、韩国、德国、印度等国家在吸引国外信息化人才的做法，结合我国实际，我国可以对国内企业招募海外高端两化融合人才回国（来华）就业给予政策支持，如在资金、居住、职称、编制等方面。同时，对入境的两化融合人才实行简化签证手续，延长滞留期限等优惠政策。特别是，如果在现行情况下不适合全面开放双重国籍，可以参考印度的做法，实行“海外公民证”或“海外华裔卡”政策，以凝聚全球华裔人才的力量。

（3）启动两化融合青年英才开发计划。

两化融合人才队伍建设需要注重人才基础性培养和战略性开发，以提升我国未来人才在两化融合方面的综合竞争力。在与两化融合相关的重点学科领域，每年重点培养扶持一批青年拔尖人才：一是在重点行业、企业和示范区，面向两化融合的骨干人才创建一批国家青年英才建设基地，超前部署，使青年英才在“干”中学习和成长，成为未来的两化融合领军人才；二是在高水平研究型大学和科研院所的优势基础学科建设一批国家青年英才培养基地，按照“严入口，小规模，重特色，高水平”的原则，每年选拔一批拔尖大学生进行两化融合专门培养。为培养、造就国家未来所需的高素质、专业化两化融合管理人才，每年从应届高中、大学毕业生中筛选若干优秀人才，将其送到国外一流大学深造，进行定向跟踪培养。

（4）引导企业设置 CIO 岗位，鼓励 IT 人才流向实体经济。

引导企业设置 CIO 一职以及从事两化融合的部门、关键岗位，为引入中高端 IT 人才留出发展空间。只有企业高度重视两化融合人才，并且在组织结构和职位设计上考虑了两化融合人才的职业发展，才能从根本上解决 IT 人才流向实体的关键问题。作为 IT 人才，薪酬并不是第一位因素，职业发展以及技术能力的提升更为重要。政府可以引导国有企业带头，要求必须设置 CIO 一职并鼓励提高两化融合部门的地位。只有将类似要求加入企业两化融合水平的评价体系，才能提高企业的重视程度。对企业引入的高端 IT 人才，政府可以通过设置两化融合人才专项基金给予支持，并且在编制、落户、直系亲属就业等方面开设便捷通道。

（5）实施“人才援助计划”，促进区域间、行业间和企业间两化融合人才的合理流动。

为促进人才合理流动，政府可以采取“人才援助计划”，即鼓励发达地区的两化融合人才向不发达地区流动，两化融合水平高的行业中的两化融合人才向水平低的行业流动，先进企业的两化融合人才向落后企业流动。在援助期限内计划内的两化融合人才，负责向被援助的地区提供先进的经验、技能，在援助期限结束后回归原单位。对于期限结束后仍希望长期继续在被援助单位工作的人才，经援助方和被援助方协商同意的，鼓励留任，继续做贡献。

小案例 7.2

## 德国：实施“高技术战略”全球揽人才

在日趋激烈的全球人才资源竞争中，欧洲工业强国德国也面临严峻挑战。根据欧洲经济研究中心的预测，到 2014 年，德国因人口老龄化和经济结构转变造成的专业人才缺口将达到 18 万～48 万人。为此，德国政府于 2006 年推出了包括培养和吸引创新型高级人才的“高技术战略”。

**科学人才培养模式——“双元制”教育**

“双元制”是指职业学校和企业合作，共同培养专业技术人才的教育体系。德国一向重视通过实践培养专业技术人才的教育方式。年轻人即使不上大学，也可以成为掌握高级专业技能的人才。这与德国推行的“双元制”职业教育模式密不可分。目前，德国大约 60% 的青少年通过“双元制”模式接受职业教育培训。这种教育模式的优势在于，学生在校学习理论的同时，也在企业接受相应的技能培训，保证学生在毕业就职时已经具备相应的技术水平和职业素养。在“双元制”教育体系中，学生每周都有固定的时间到企业参加技能培训，结业后参加德国工商协会组织的全国统一结业考试，证明其具备从事某个行业的能力。随着全球化和经济结构转变趋势的日益加深，德国的“二元制”培训模式也随之做出调整，以适应新情况。比如，提高现有职业培训的标准，开发新的职业培训工种，设立跨企业的联合培训课程等。

**“高技术战略”助推专业人才培养**

吸引年轻人选择数学、信息学、自然科学和技术类专业，弥补人才缺口。创新是实现经济增长和社会富裕的发动机。对此有着清醒认识的德国政府2006年8月开始在全国范围内实施“高技术战略”，力图在全球人才、技术和市场领先地位的竞争中立于不败之地。近两年，德国相继推出“通过教育起飞”“保证就业岗位，提高增长动力和国家现代化——德国就业和稳定一揽子计划”以及“工作移民对保证德国专业人才基础的贡献”三项人才培养和动员计划，进一步加大了对人才培养的投入，从而为国家的未来发展打下坚实基础。具体措施包括：鼓励在职业教育中取得优秀成绩的学生继续攻读大学文凭，并向其提供晋级奖学金；向在校大学生和科研新生力量提供资金支持，做好高级人才储备；吸引年轻人选择数学、信息学、自然科学和技术类专业，弥补德国在这些领域的人才缺口；降低外国专业人才进入德国劳动市场的门槛等。

**三大措施吸引国外高端人才**

放宽技术移民政策，为外国高级人才“开绿灯”。在培养本国人才的同时，德国政府也致力于吸引外国高尖端人才到德国工作，从而提高德国的科研水平。措施主要体现在三方面：

一是提高德国作为先进的科研基地的知名度并增强吸引力。具体包括：资助部分德国高校的科研活动，增强其国际知名度、科研新生力量培养能力和对国内外大学生及学者的吸引力；加强学术界与经济界的联系，不断开辟新研究领域；在资金管理和员工任用上赋予非高校研究机构更多自由空间等。二是加强国际交流，吸引外国学者到德国搞科研。目前，德国教育和研究部主要通过与基金会合作，向外国杰出科学家提供高额研究资助，吸引他们赴德从事科研活动。三是放宽技术移民政策，为外国高级人才“开绿灯”。德国政府从2009年年初开始下调了外国高级人才直接获得德国无限期居留许可的收入标准，从8.64万欧元减少到6.48万欧元。此外，政府还降低了新欧盟国家大学毕业生进入德国劳动市场的门槛。对于非欧盟国家的大学毕业生，德国也不再局限于开放急需人才的IT行业劳动市场。只要某个工作岗位没有德国公民准备占用，企业就可择优录用外国员工。

［资料来源：焦宇．德国：实施“高技术战略”全球揽人才．经济参考报，2010年8月．］

### 7.2.3 产学研紧密结合，创新两化融合人才的培养与培训模式

（1）围绕两化深度融合人才的需求结构，形成人才梯队培养模式。

为实现人才体系建设，发挥对两化融合人才的支撑作用，工信部应组织制定两化融合人才培训规划，鼓励企业与高校合力打造两化融合人才梯队。

基础人员培养：以本科生培养为重点，涵盖职业类院校学生，重视学科结构的调整和布局，注重知识结构和体系建立，加强对重点专业知识的学习，重视素质和能力的全面培养。基础研究人员：成立以硕士、博士为中心的基础研究中心或者基地，发挥其基础性研究、探索性发现、原创性思维的作用，成为汇聚研究成果和开发潜能的基地，发挥青年学子主力军作用。高级研究人员：以行业领军人物、科研带头人为中心，创建“高度活跃”“高度开放”以及“高度创新”，具有国际一流水平的两化融合建设团队与高端人才联盟。发挥其领军人物与带头人的作用，加强与国际的交流与沟通，引领行业的发展。

（2）建立两化融合人才交流平台，提高两化融合人才队伍质量。

加强产学研的紧密合作，建立两化融合人才交流平台，是提升两化融合人才队伍质量的必要保证。可以现有的16家国家级两化融合试验区为依托，对不同行业，选择1～3家两化融合程度最好的企业作为标杆，鼓励建立交流平台，主要供同行业其他企业人员现场观摩学习以及培训使用。

具体的措施包括：①筛选出各个行业的标杆企业；②给予资金支持，支持企业建立两化融合交流平台，包括成果展览馆、运营现场观摩室和培训场所等；③每年组织行业内其他企业的人员赴平台学习交流。

其他企业通过对标杆企业的考察、交流，达到以下目的：①通过对比找到本企业两化融合中的不足并进行改进，合理融汇到本企业工作中，提升管理水平。②开阔视野，认清两化融合面临的机遇和挑战，把握两化融合的发展趋势，理清本企业发展的思路。③了解和熟悉业内先进的两化融合系统，为本企业改进或者引进系统指明方向。④学习优秀企业两化融合管理中的先进管理经验和模式。⑤学习优秀企业对两化融合人才队伍建设的宝贵经验。

（3）启动两化融合人才知识更新工程，强化专业技术人才的信息化知识与技能。

围绕我国两化融合重点优先发展的产业领域，如钢铁工业、机械工业、生物产业、新能源、新能源汽车、高端装备制造业和新材料等重点领域，开展大规模的信息化知识继续教育，培训两化融合基础专业技术人才，依托高等学校、科研院所和大型企业现有施教机构，建设一批国家级两化融合继续教育基地。

（4）面向两化深度融合的要求，加强高等院校复合型人才培养力度

复合型人才培养模式，是以信息技术及其在不同领域中的应用为结合点，培养具有社会责任感，基础扎实，知识面宽，富有创新精神与实践能力，既掌握传统专业知识，又掌握软件技术的复合型人才。为适应两化深度融合的战略需求，工信部所属高校应率先设置两化融合方向的学科与专业，调整课程体系与评价标准。鼓励高校的本科以及硕士专业采用“复合型”人才培养模式，即“双专业”人才培养模式。以双专业实践教学环节相综合为途径，推进该培养模式的研究与实践。按照两个专业主干学科知识的相关性，找准复合点，促进课程内容的合理融合与衔接；精心设计专业方向课程模块，实现传统专业知识与信息技术的融合，以及信息技术与工程技术的融合。

（5）启动高层次两化融合人才海外培训计划，建设两化融合高端人才的海外培训基地

发达国家和地区正在进行的第三次工业革命，特别是信息技术与新能源的结合，带动生产力的提高。它们无论是在技术上，还是在应用推广上，都处于领先地位。我国需要学习它们的先进经验，可通过建设海外培训基地促进人才交流。具体措施包括：①从美国或欧洲的发达国家选择若干两化融合水平世界领先的企业或者高水平研究培训机构，合作建设培训基地。这类企业所处的行业既可以属于传统工业，例如石油、钢铁等，也可以属于新兴产业，例如节能环保、生物制药等。我国新兴产业作为国家未来经济的重要支撑，相比钢铁等传统行业而言，两化融合发展还有很大的空间，容易体现后发优势。②定期组织国内企业的两化融合高端人才到海外基地培训，或者请基地的国外专家来国内教学。

小案例7.3

### 加快提升两化融合咨询服务联盟服务能力

两化融合是一次思想的大解放过程。只有发动全国范围内更广泛的力量共同推进，才能

更好地发挥出其对产业转型升级的整体性提升作用。现阶段，我国企业两化融合具有强烈需求，两化融合咨询服务市场拥有广阔发展前景，中国信息化和工业化融合咨询服务联盟的成立恰逢其时。联盟会标是以螺旋形状排列的，表示信息化的发展。两化深度融合战略发展过程是可持续且螺旋状上升的。应了杨部长的讲话内容，两化融合工作具有复杂性，我们不要将其简单化。借此机会，我以联盟的名义介绍一下“两化融合咨询服务”一些工作上的思考。

**一、两化融合推进需要大力培育第三方咨询服务市场**

两化融合既是一个长期的、战略性的发展过程，也是一种新的发展方式，更是一种新型的发展理念。无论是发达的工业化国家，还是新兴工业化国家，两化融合都没有现成经验和模式可供借鉴，不可能简单模仿和引进。我国两化融合推进需要大胆创新和努力探索，在大量数据和先进实践案例积累的基础上进行总结和提炼，挖掘适合我国企业两化融合发展的具体做法和路径，并快速、及时、有效地传递给两化融合各推进主体，使得国家政策、社会投融资、IT服务等与企业两化融合发展需求相匹配。这就需要建立起高效的第三方咨询服务市场，加速知识的总结、提升和转化。

培育第三方咨询服务市场能够充分体现政府转变职能的要求。除了政府部门之外，国内还有国家层面的行业协会、联合会，各地的行业协会以及联盟这样的机构。中央和地方政府部门可以整合当地的服务和专家资源，通过不断指导和培育第三方咨询服务市场全面推进企业两化融合，加速政府职能由运用行政手段为主转向运用市场手段为主，由微观、直接管理转变为宏观、间接管理；同时，可将市场服务活动与政府两化融合政策措施和推进活动相结合，促进两化融合明确推进工作目标，贴近需求，定量跟踪，持续改善。这样的会议正是政府工作思路和职能转变的体现。

培育第三方咨询服务市场是企业获得两化融合实效的重要保障。第三方两化融合专业服务机构具有更先进的理念和更科学、系统的方法，保障企业两化融合建设符合发展规律和企业战略。借助服务案例的有效积累，帮助企业了解行业整体情况、发展重点和主要方向，协助企业梳理自身业务和管理需求，完善企业两化融合实施的基础，保障技术与业务和管理相匹配，发挥两化融合最佳实效，并能够协助企业开展全员培训，合理提出基础设施、组织制度、信息资源等建设方案，保障两化融合有效推进。

培育第三方咨询服务市场是加速两化融合推进达成共识的有效途径。第三方咨询服务市场能够有效联结企业需求、政府政策、信息技术供应等各个层面，可以加速知识积累和传播，并在提供服务过程中实现各地区、各行各业和企业两化融合推进达成共识，保障各项推进工作符合两化融合发展规律和方向，加强两化融合不同推进主体工作的协调性和一致性，增强工作合力。

近几年，各地涌现了一批两化融合的专业服务机构，如上海、重庆、广东等地建立了两化融合促进中心、培训中心、技术创新实验室等，有效地推进了当地的两化融合工作；但总体来说，就我国两化融合咨询服务体系来说，现阶段还有待进一步完善。第三方两化融合咨询服务市场尚处萌芽阶段，核心业务尚不够明晰，产业覆盖面还远远不够，资源整合优势也没有充分发挥，多数机构仍以传统企业信息化服务为主，与符合两化融合内涵的专业服务存在较大差距，尚没有形成一个稳定、可持续推动咨询工作的组织体系和协作机制，难以支撑我国产业转型升级发展的需要。

## 二、联盟将不断打造和拓展核心业务

两化融合咨询服务联盟的成立能够进一步聚拢各方资源，动员、组织和规范各个方面的力量共同推进两化融合。联盟成立是个良好的开端，但联盟更需要在座各位共同努力，打造出一系列的两化融合咨询服务核心业务。只有这样，才能够使联盟更具生命力和活力。联盟最重要的是“服务”。这就注定了联盟将以长期运作和发展为着眼目标，不是简单地追逐短期利益。“服务为先”将是联盟亘古不变的准则。充分满足政府、行业和企业的各类需求会是首要考虑的问题。

联盟的服务对象广泛，面向工业企业。联盟应不断总结和提炼我国企业两化融合的最佳实践经验，指明企业建设的重点和方向，形成成熟的咨询方法和解决方案，帮助企业解决转型升级过程中面临的关键问题，务实引导我国企业走具有中国特色的两化融合实践道路；面向IT服务企业，提供数据、信息和高端咨询服务，帮助IT服务企业准确判断两化融合总体现状、共性关键技术和发展趋势，明确不同行业企业的特色需求，不断提升IT服务企业对企业的服务匹配度和专业能力，形成工业企业和服务企业互动发展的良好局面；面向行业组织，支持行业管理机构和行业服务组织摸清行业两化融合发展现状，找准行业共性特征和发展趋势，大幅提高行业两化融合服务工作的针对性和有效性，不断提升行业管理和服务的能力与水平；面向各级政府主管部门，支撑政府全面掌握和及时了解两化融合总体发展现状、薄弱环节、共性关键问题、切入点、发展规律和方向，为工信系统各级政府主管部门提供客观数据支持，显著提高相关政策、标准和规划的针对性和有效性。

联盟将以两化融合水平测度、认定、咨询、培训和成果推广服务为主业，为政府制定两化融合规划、政策和标准，以及实施监管等提供支持，为行业和企业提供专业信息咨询与技术服务，为第三方市场提供专业的数据和方法。具体来说，联盟的核心业务主要包括以下几个方面：

一是两化融合水平测度和等级认定服务。按照两化深度融合专项行动计划的工作要求，面向重点行业或地区提供企业两化融合整体性水平测度服务，摸清企业所处发展阶段等级，分析两化融合共性关键问题，树立一批示范企业，并依据测度分析结果开展企业分级分类引导和推进工作，组织开展企业对标、培训交流和咨询服务活动；基于数据积累，为企业提供详细评估和诊断服务，通过企业间对比分析，提供发展现状、不足、重点和方向。

二是企业两化融合管理体系认定和咨询服务。按照国家关于“企业两化融合管理体系”建设和推广行动的整体部署，加强自身能力建设，获取认定、咨询、培训等相关资质，开展企业两化融合管理体系的贯标、认定或咨询等服务，指导和帮助各行业企业实施企业两化融合管理体系。

三是两化融合系列交流与推广服务。深入分析和挖掘两化融合水平测度数据和案例，梳理共性特征、典型经验和发展规律，形成各类研究分析报告、发展指数等成果。在此基础上，组织高峰论坛、专题研讨、学术交流等各种形式的两化融合优秀成果提炼推广活动，积极开展培训交流和宣传推广，大力推进两化融合成果在各行业、各领域的应用推广。

四是两化融合专业咨询培训服务。整合和依托社会化专家资源和技术力量，逐步开展咨询和培训服务。基于评估诊断数据、经验和成果，面向企业、区域产业、行业提供战略发展层面的总体规划咨询，针对影响当前我国企业、区域、行业转型升级、创新发展的核心关键问题提供专业解决方案，组织开展两化融合专业人才、政府主管官员、企业CIO和技术骨干等不同层面的培训。充分发挥联盟协同工作机制和资源优势，提供专业成套服务。

五是制定两化融合相关标准规范。共同研讨两化融合评估咨询相关的全局和共性问题，完善两化融合评估咨询理论、方法体系等标准规范；按照国家发布的相关标准规范，结合行业、地区特色不断细化和完善，形成行业或地方标准规范；研究打造两化融合咨询服务范例，梳理、提炼和共享两化融合成果。

联盟将来的工作远不止以上内容。在“两化深度融合专项行动计划”正式文件发布以后，其中的几项重点工作都是联盟必须承担的任务。联盟内的单位都要参与。只有大家互相配合，才能把事情做好。

[资料来源：李新社．加快提升两化融合咨询服务联盟服务能力．网易科技，2013 年 10 月．]

### 7.2.4 以点带面先试先行，推动两化融合人才队伍建设试点工作

两化融合发展是一个系统的、历史的过程，而两化融合人才队伍建设也应遵循由局部建设到集成建设，由基本融合型人才培养到深度融合型人才培养的逻辑。因此，两化融合人才队伍的建设有必要选择重点地区、行业、企业先试先行，率先改革现有体制机制，制定针对性的政策，以积累两化融合人才建设的宝贵经验，带动其他行业和地区、企业两化融合人才工作的开展。

同时，选择两化融合水平先进的地区、行业、企业作为示范，总结其发展模式、先进经验，并引导其他地区、行业和企业交流、学习。

（1）实验区先试先行。

应在两化融合水平较高的标杆企业、行业和重点企业中，率先实施两化融合应用型人才计划；针对企业一线员工的信息化培养和参与，改革企业制度中阻碍两化融合人才培养和塑造的因素；围绕企业的设计、生产、销售、财务、物流、人力等不同业务或部门体系，制定相应的激励政策，全面培养适应两化融合发展的应用型人才。

可以在工业化与信息化发展比较发达，两化融合基础相对雄厚的地区深入开展试点工作，在现有实验区的基础上进行区域扩展和延伸，发挥区域集聚优势，建立区域内规范的专业人才培训机构，加强“干中学”人才培养平台建设，实施区域内企业人才继续教育或再培训计划，塑造一支有力推动区域发展的复合型两化融合人才队伍；同时，制定积极的人才政策，促进两化人才在不同区域间的流动，发挥人才流动的溢出效应。

（2）示范区以点带面。

两化融合水平的不均衡是客观存在的。有必要选择融合水平较好的地区、行业、企业，发挥其模范标杆作用。从现状看，东部和中部要好于西部地区；从行业看，钢铁、航空航天、军工等行业要好于纺织、化工等行业；从企业看，一般规律是央企好于其他国企，而国企好于民营企业。要积极总结示范区的人才建设模式和经验，找出它们在人才引进、人才培养、人才使用、梯队建设中的共性和差异性内容，吸取精髓，去其糟粕，以点带面，促进落后地区的两化融合人才建设工作，形成一种健康、可持续的人才发展模式。

**小案例 7.4**

自 2009 年首批 8 个国家级两化融合试验区被正式批复成立以来，国家级两化融合试验区工作开展得卓有成效。据不完全统计，3 年来第一批国家级两化融合试验区工业增加值年

均增长15.9%，生产性服务业年均增长23%，万元GDP能耗年均下降4.82%，重大安全事故伤亡人数年均下降17.8%，相关各个指标都高出全国平均水平。今后，试验区将在两化“深度”融合上继续做文章，进一步探索两化深度融合模式，完善两化深度融合支撑体系，加大两化融合对产业和区域经济发展的推动力度。

**持续推进 成效明显**

在日前召开的国家级两化融合试验区工作会上，工业和信息化部副部长杨学山对试验区的工作给予肯定。他说，经过3年的不懈探索和实践，首批8个国家级两化融合试验区已形成良好的政策环境，建立起协同推进的工作体系，积累了丰富的经验，在区域经济发展方式转变、企业核心竞争力提升、区域绿色安全发展等方面做出了突出贡献，取得了明显成效。

国家级两化融合试验区工作的开展，有效推动了传统产业整体竞争力提升和区域发展方式转变。据了解，2011年，唐山市规模以上企业工业增加值突破2 800亿元，3年来年均增长超过20%。电子商务在工业和商贸领域的应用逐渐深化，在有些地方形成了新的产业集聚优势。截至2011年11月，重庆市手机支付用户数达700万个，商户数近1.5万家，拉动形成了移动电子商务产业基地。很多地方建立了网上批发市场和网上商城，促进了批发市场的规范化发展。2011年，广州市电子商务交易额达8 240亿元，比2009年增长78%；生产性服务业产值突破1 000亿元，年均增长率超过16%。“通过推进主导产业中两化融合项目示范引领，全市两化融合项目对产业经济发展的拉动作用明显增强。”唐山市工业和信息化局副局长李技对《中国电子报》记者说，“2011年，装备制造业完成增加值353.3亿元，同比增长42.7%，增速高于全市平均增长水平27.1个百分点，占全市总量的12.5%。化工、建材、钢铁、能源行业也有较快增长，有力促进了全市工业经济效益稳步提升。”

重庆市经济和信息化委员会经济信息化处处长易小献在介绍经验时说：“通过实施两化融合战略，一方面，工业总量迅猛增长，引领发展作用增强；另一方面，信息产业迅速壮大，已发展成为支柱产业。其中，电子信息产业年均增长40%，形成品牌商、代工商、零部件企业垂直整合，集群发展的态势，亿台级全球最大笔记本电脑基地已见雏形；软件产业保持30%以上增长，规模达到380亿元，与制造业之比达到1∶20，工业企业整体竞争能力得到逐步提升。”

通过一年的努力，第二批8个国家级两化融合试验区工作成效也在逐步显现。沈阳市经济和信息化委员会工业信息化处处长江山在介绍沈阳国家级两化融合试验区的情况时说：“两化融合促进了工业结构调整，工业经济总量实现了跨越发展。今年全市规模以上工业预计实现产值11 600亿元，增长25.2%，装备制造业重新崛起。”

**各具特色 融合发展**

3年来，首批8个国家级两化融合试验区真抓实干，大胆创新，在国家提出的“规定动作”基础上，积极结合本地特点提出“自选动作”，立足本地实际，探索出各具特色的融合发展途径。

有“钢城”“煤都”之称的唐山作为重化工业城市，确立了“运用信息技术改造提升传统产业和探索现代化大型工业聚集区两化融合新模式”两条推进主线，扎实推进信息技术向钢铁、化工、建材、装备制造、煤炭等主导产业的渗透融合。在曹妃甸工业区确立“主导产业驱动型”的两化融合模式，在规划、基础支撑、平台建设等方面务实推进。在推进方法、业务模式、支撑体系等6个方面做出自己的亮点。

重庆作为全国六大老工业基地之一，紧紧围绕“6+1”支柱产业的改造提升，着力推进信息化与工业主导行业、工业服务业和新兴产业的深度融合，已基本形成以“集约、互动、耦合、创新”为主要特征的“后发地区”两化融合新模式。

上海已将“两化融合”融入上海经济社会发展，以及“四个中心”和现代化国际大都市建设全局。信息化与战略性新兴产业发展、高新技术产业化、传统产业改造提升、企业技术改造、中小企业发展等重点工作实现有效对接，信息化促进产业结构升级和经济转型发展的作用显著增强。

第二批8个国家级两化融合试验区也已初步理清工作思路，将试验区建设作为实现产业转型升级和经济发展方式转变的重要着力点，紧密结合当地实际，不断完善两化融合政策体系和推进机制，广泛开展多层次、多领域的试点探索。

据昆明市工业和信息化委员会副主任谢介民介绍，为加快两化融合试验区建设步伐，昆明采取重点突破、多措并举的工作方法，一方面积极推进两化融合示范建设，另一方面推进两化融合向纵深发展，取得初步成效。他说，未来昆明市将把“两化融合”作为全市加速新型工业化，拓展高端信息化，全面实现科学发展新跨越的重要战略举措，在更大范围内，更深层次上，推进两化深度融合，重点推进产业链融合示范工程、数字园区示范工程等六大工程。

湖南省经济和信息化委员会副主任李球说，长、株、潭城市群国家级两化融合试验区在致力于完善顶层设计和基础设施的同时，还启动了中小企业两化融合“登高计划”，启动了万家“数字企业”3年计划。据初步统计，今年全省“数字企业”建设覆盖面已达到597家，其中“数字企业”标杆企业的建设任务已提前全面完成。示范项目推广也在积极开展。

**排除障碍　深度融合**

随着第一批国家级两化融合试验区的顺利验收和第二批国家级两化融合试验区的成功起步，两化融合试验区工作取得可喜进展；然而在推进两化融合的过程中，试验区也面临不同程度的困难和挑战。首批8个国家级两化融合试验区当前面临的主要问题是如何在前一阶段工作的基础上，在两化“深度”融合上继续做文章，进一步探索两化深度融合模式，完善两化深度融合支撑体系，进一步发挥两化融合作用，加大两化融合对产业和区域经济发展的推动力度。作为首批国家级两化融合试验区代表，李技在国家级两化融合试验区工作会议上发言时说：“唐山暨曹妃甸国家级两化融合试验区今后将把支撑体系的完善和能力提升作为工作重点，予以深入推进。”他同时表示，唐山还将持续探索曹妃甸工业区两化深度融合模式，完善面向区域、产业、企业的两化融合评估体系和办法。

针对当地两化融合实际，上海认为目前还有“四个差距”，即信息资源共享的基础环境与应用意识存在差距，信息技术的深入应用与自主创新能力存在差距，不同企业之间的信息化应用条件和能力存在差距，信息化创新应用与信息化环境保障存在差距。

重庆提出，企业信息系统的集成性和协同性需要进一步加强，信息化公共服务平台的运营机制需要进一步完善，信息化与企业自主创新、生产制造、产业链协作等核心业务环节融合程度需要进一步提升。

相对于首批国家级两化融合试验区，第二批国家级两化融合试验区普遍存在对两化融合的认识不足，企业信息化水平偏低且发展不平衡，资金、人才严重不足等问题。

广西工业和信息化委员会副主任兰红星说：一方面，我区具备了在更大范围内，更深层次上相互促进融合的基础；但另一方面，广西工业企业发展基础与信息化应用基础参差不齐，在与大环境的融合上还没有形成良好的氛围，与真正意义上的“两化”融合还存在差距。

合肥市经济和信息化委员会副主任张作清也表示，存在对两化深度融合的重要性、必要性、紧迫性认识不足，重硬轻软，重建轻用，建设盲目性、推进片面性等现象。“两化融合工作处于广泛开展阶段，离深度融合还有一定距离。推进两化融合的思路创新、体制机制创新、管理创新、模式创新仍然不够。”陕西省工业和信息化厅信息化推进处副处长王根平表示：“许多企业没有认识到信息化建设对提高企业管理水平、创新能力和市场竞争力的重要作用，导致在整体规划、机构设置、人员配备、资金投入等方面的严重不足。”

谢介民说：“由于区域经济发展的不平衡，信息化基础和水平的不平衡，各个部门、地区、企业对两化融合的认识参差不齐。少数单位还把推进两化融合停留在购置信息化设备上；部分单位注重硬件升级而忽视管理提升和系统应用；有些单位忽视自身需求，盲目推行应用系统，大多数单位产品的融合提升做得还不够。”

[资料来源：陈艳敏．试验区引领两化深度融合．中国电子报，2012 年 4 月．]

### 7.2.5　建立两化融合人才评价体系，促进两化融合人才规范发展

（1）增强主管部门对企业两化融合人才队伍建设的考核力度。

两化融合的深度和广度是两化融合的重要指标。它们属于结果型指标，而人才属于驱动型指标，更能反映两化融合长远的发展动力，因此建议适度加大人才评价的权重，建立两化融合人才评价体系。在两化融合人才发展评估的基础上，建议主管部门把两化融合人才评价指标纳入对企业的两化融合指标体系中，并整体作为对企业考核的评价指标之一。强化企业对两化融合人才培养的重视程度，促进两化融合人才建设更快更好地发展。

在具体设置考核指标时，要考虑地区、行业的差异性，在指标类别、指标权重上贴合实际。充分发扬以评促建，以考促学，以学促能的思想，引导企业重视两化融合人才的引进、培养。

（2）制定形成面向企业的两化融合人才发展评估规范，定期发布《中国两化融合人才发展评价报告》。

发挥高校和研究机构的战略智库机构作用，充分总结先进企业的人才建设实践经验，提炼企业与行业两化融合人才发展评价成果，制定并形成面向企业的两化融合人才发展评估规范。由工信部组织定期发布《中国两化融合人才发展评价报告》，针对两化融合人才发展计划，重点从专业技术及应用成效、高端人才职业发展等方面进行工业企业两化融合人才发展成效分析，用于指导我国两化融合人才培养战略，提升中央政府、地方政府、行业和企业不同层面两化融合人才建设发展工作的协调性和一致性。

两化融合人才发展评价相关数据、成果和结论以服务于我国两化融合人才发展战略和人才发展规划体系建设为目的。评价报告既能够作为我国相关部门制定两化融合相关人才政策和规划的重要依据，又能保障两化融合创新发展决策的科学性，引导和促进工业企业两化融合人才竞争力持续提升。

小案例7.5

## 大力推进两化融合向纵深发展

信息技术是经济增长“倍增器”、发展方式“转换器”和产业升级“助推器”。围绕调整产业结构，转变发展方式，以信息化提升传统产业的任务十分艰巨。目前，新一代网络信息技术突飞猛进，信息化在危机后孕育着新的应用发展，面临着新的跨越和发展的机遇。

2010年是两化融合试验区三年试点工作目标能否实现的关键一年。总体工作思路是：贯彻落实中央经济工作会议与全国工业和信息化工作会议精神，按照“调结构，上水平，保持工业经济平稳较快发展”的总体要求，紧紧围绕促进工业由大变强，紧紧围绕战略性新兴产业培育发展，紧紧围绕产业经济可持续发展能力提升，按照企业、行业、区域三个层面展开，聚焦当地重点产业和重点企业，实现重点突破，形成亮点，推进试验区工作向纵深发展。下一步将重点做好以下工作：

一是进一步推进2009年启动的重点项目，狠抓示范效应。各地要加大对2009年重点任务的持续跟踪和推进力度。已经启动的项目要继续给予支持，根据进度安排，进行检查和指导帮助，使试点示范项目真正形成示范效应。

二是推进2010年各试验区新增试点示范项目建设。各地要重点在信息基础设施、节能减排、安全生产、中小企业、电子商务、评估、人才培养、物流信息化、产业园区、物联网、自主软件、促进中心、产业联盟等领域，围绕模式创新、制造业服务化、综合集成、产业链协同、智能产品、智能装备、自主可控等发展方向，根据当地情况，明确2010年重点建设项目清单。要继续重点支持一批骨干企业两化融合类项目、信息化服务平台类项目和产业园区信息化示范项目；支持推动一批条件成熟的企业信息技术部门从企业剥离，发展成为面向行业的信息技术服务商；提炼两化融合的成功模式，推荐行业信息化优秀解决方案，重点突破，形成新的亮点。

三是推进国家级两化融合试点示范工程。将启动实施两化融合试点示范工程，推进企业关键环节信息化提升、产业信息化服务平台、电子商务、信息化促进节能减排与安全生产、物流信息化等5类试点示范工程建设。编制试点示范工作指南，规范申报和批准流程，制定支持和奖励措施。国家级两化融合试点示范工程将优先支持试验区项目。各地要做好典型项目储备工作。

四是加强两化融合支撑体系建设。围绕两化融合的技术支撑、服务支撑和人才支撑开展试点和推进工作。组织开展支持信息技术服务业发展的政策试点，鼓励信息技术企业和工业企业加强合作和二次开发，支持面向工业市场转型、创业的信息技术企业发展。启动国家级两化融合促进中心建设工作，支持部分地方两化融合促进中心建设升级，成为国家级两化融合促进中心。编制国家级两化融合促进中心认定办法。各地要把当地两化融合促进中心建设作为基础性工作，依托已有机构，加快两化融合支撑体系建设。推进两化融合人才培训工作，提升两化融合的认识水平和实践能力。

五是加大对两化融合项目的资金支持力度。把运用信息技术改造、提升传统产业作为技术改造的重要内容，安排部分中小企业专项基金支持面向中小企业的公共服务平台建设，利用电子发展基金支持工业行业信息化应用以及工业软件的开发和市场化，资金支持向试验区倾斜。积极组织试验区两化融合项目申请国家政策性贷款支持。

六是适时增加国家级两化融合试验区试点。根据工作情况，结合国家区域生产力布局，适时选择扩大国家级两化融合试验区试点范围。支持各地建设省级两化融合试验区。

［资料来源：徐愈．大力推进两化融合向纵深发展．经济日报，2010 年 2 月．］

### 7.2.6　完善两化融合人才队伍建设的保障措施

（1）设立两化融合研究专项基金，稳定持续资助“两化融合人才发展战略”方面的研究工作。

以工信部牵头，科技、教育等部门的相关领导、专家参与，以国家科学技术专项基金的方式，稳定、持续资助“两化融合人才发展战略”方面的研究工作，动态、全面地掌握在创新驱动发展模式下两化融合人才队伍建设状况。站在科技发展和产业需要的高度，对未来我国“两化融合”人才的需求状况、素质要求、培养体系、管理体系、成长规律、成长环境、动力机制、人才政策和相关法律法规，以及国外发展状况等进行跟踪研究，以便为国家有关部门提供权威的、实时的决策依据。

（2）启动两化融合人才数据库及信息网络平台建设工作。

开展两化融合人才资源统计工作，全面掌握两化融合人才基本情况。充分利用信息化手段，由工信部协同工业企业开发建设覆盖我国工业企业两化融合全局的人才建设评估服务平台，提供统一的人才信息发布、成果交流共享、人才咨询培训、人才评估认定等多项服务。

两化融合人才建设评估服务平台应开发支持各企业开展两化融合人才发展水平自我评估和区域、行业范围内的对比评估认定功能，从而实现人才评估数据资源的集中管理和充分共享，全方位、多层次地促进和引导工业企业人才发展，更加系统化和规范化地开展两化融合推进工作。

在新的历史时期，我国两化融合人才队伍建设应以促进两化融合人才的全面发展为根本，本着“基础在教育，强化在培养，建设在使用”的理念，加强 5 个“注重”：一是注重信息化人才和工业实体人才的深度融合。二是注重以点带面的知识交流方式。三是注重理论和实践的深度结合。四是注重对高端人才的使用和培养。五是注重提高整体队伍的素质和后备力量的培养，实现两化融合人才队伍的可持续发展。要以创造人才辈出和人尽其才的良性体制环境为核心，加快人才队伍的国际化，加速人力资源配置的市场化，充分调动各方高层次人才资源向我国两化融合事业汇集，在两化融合推进过程中造就一支规模宏大、素质优良的人才队伍，集思广益，献计献策，推动信息化与工业化融合向更深层次发展，为实现我国由工业大国向工业强国转变，全面建设小康社会做出应有贡献。

小案例 7.6

**人才工作信息化建设亟待顶层设计**

当今社会已经是信息化时代。加快人才工作信息化建设步伐，是人才工作的有效抓手。当前从全国来看，大部分地区已经开展了人才工作信息化建设，部分地区还把人才工作信息化提升到了战略工程的高度，从较高层面制定了发展规划。比如河北省在中长期人才发展规划中把人才工作信息化建设工程列为八大重点人才工程之一。可以说，我国人才工作信息化建设工作正呈现出良好的发展态势。

从覆盖面来看，人才工作信息化正在由地区的，行业、部门内部的局部信息化向全国的、全省的、整个行业的、整个部门的全面信息化过渡。信息化不再局限于某个地区、某个部门、某个领域，甚至是某个岗位，正逐步向全面化、整体化迈进。

从发挥的作用来看，人才工作信息化正在从配合作用提升为主导引领作用，正在从技术工具提升为战略手段。

从资源整合的角度来看，人才工作信息化正在向一网式服务过渡。一站式服务突出的是在一个办公地点为用户提供综合服务。一网式服务突出的是利用一个网络平台为用户提供整体服务。科学、快捷、简便成为它的主要特征。

但是，从整体情况来看，人才工作信息化建设还有一段很长的路要走，主要表现为：人才工作信息化建设尚处于初级阶段，缺乏有综合权威影响力的品牌，人才工作信息化建设还没有成为人才工作的神经中枢。

近几年，各地纷纷以人才工作信息网络为载体进行信息化建设探索，目前已经初步形成中央、省、市、县为主体的四级人才网络格局。各地人才类相关网站既是人才工作信息化的窗口，也是人才工作信息化水平的综合展现。

从中央层面来看，建立了由中央人才工作协调小组办公室指导的中国人才网，由人力资源和社会保障部主管的中国国家人才网、全国公共招聘网和中国就业网，由教育部主管的新职业网等。中央级人才网站往往实力雄厚，站位高，影响大，在人才工作宣传、人才交流公共信息服务、毕业生就业服务等方面发挥着日益重要的作用。

从省级层面来看，江苏省关于人才的网站较为典型。江苏省人才工作领导小组办公室于2010年主办的江苏人才工作网，是我国省级层面建设较早的人才工作网站。它的主要特点是发展较快，融入人才工作程度较深。由江苏省人力资源和社会保障厅主办的江苏人才网的主要功能是为各类人才提供综合性网络服务。由江苏省教育厅主办的江苏毕业生就业网和江苏省高校毕业生就业网络联盟的亮点在于网站还配备了网络办事大厅，在线为毕业生提供户口档案、电子图像采集、学历学位认证、求职招聘等优质服务。江苏省人才业务基本能够实现网上办理，学校毕业生以及各类求职者和招聘单位几乎足不出户就可以进行信息交流，享受就业服务。

虽然我国在人才工作信息化建设方面取得了一定的成绩，但在一定程度上信息化平台目前还不能充分满足用户的需求，信息化建设还有大量的工作需要努力去做。

主要表现为：第一，缺乏整合众多信息化品牌的力量。目前我国各级各类人才类网站众多，涉及人才工作、毕业生服务、人才服务、企事业单位招聘、公务员招考等。这最终给用户使用造成一定困难。反映在求职方面，给他们造成的困难就是需要登录若干网站，重复性登记个人信息。第二，缺乏整合信息孤岛的综合手段。各个人才类网站信息不能共享，各类信息难以协同联动，不能使整体效益最大化，信息化难以充分发挥作用。第三，缺乏在人才工作各个环节充分利用信息化手段的意识。第四，信息化一次性建设容易，一次性投入资金容易，持续投入资金难，长期维护难，长期保持工作活动难，缺乏相应保障机制。

这些现状提醒我们，必须充分认识到人才工作信息化建设的战略意义。利用信息技术梳理或者重塑人才工作的各个环节，有利于提高人才工作管理水平和服务效率，有利于各级领导科学决策。它是带动人才工作跨越式发展的一项重要战略措施。要努力使人才网成为人才工作的中枢神经，发挥引领作用。

要加强品牌意识，全国人才工作信息化要形成合力。国家层面要重点整合、培育，形成一个全国性的人才工作信息化核心品牌；各省要重点培育，形成一个核心品牌；省级以下单位要根据各自特点，既可以独立建设核心品牌，也可逐步依托上级单位优势建设核心品牌。

要加强业务经办，提供一网式服务。人才工作门户网站从服务对象上划分，要对毕业生、基础人才、初级人才、中级人才、高层次人才、人才工作者、行政管理人才、企业管理人才、科技人才等不同层次和类型的人才实现全覆盖。从工作内容上分，包含人才工作的所有环节。人才测评、培训、培养、开发、配置、使用、考核、工作分析、预测预报、业务经办等所有工作或者是直接在门户网站查询办理，或者是统一受理，信息化为人才工作全过程提供保障。

要加强信息整合，实现一点登录，全国共享。人才相关服务信息实现统一存储，分类索引。数据字典灵活智能定制。在各级人才管理服务部门统一规划控制下，基础信息对社会免费发布，其他信息按区域、时间、对象配置不同权限，人才服务工作者、人才服务对象按需使用，实现信息按需共享。

要加强顶层设计，处理好顶层设计与逐步推进的关系。系统性、高标准进行人才信息化建设规划，人才工作牵头抓总部门通过信息化手段对国家的人才现状，包括人才培养、使用、流动、管理、吸引、待遇、激励、产出等环节进行全方位的观察与思考。用系统论的思想与方法，搞好顶层设计以及架构组合、运行机制，发现薄弱环节、关键缺陷及时加以调节与改善。实施信息化开放平台发展战略，整合现有信息化资源，依托信息化提供的分析统计数据和云人才数据库，搭建开放的信息化平台，完善公共信息指标服务体系，搭建统一信息服务平台，提升信息支撑能力，使信息化工作引领人才工作创新发展。

［资料来源：苏国斌．人才工作信息化建设亟待顶层设计．中国人才，2013 年 5 月．］

## 思考题

（1）我国两化融合人才队伍建设的指导思想是什么？

（2）我国两化融合人才队伍建设的战略目标是什么？

（3）应该从哪几个方面推进我国两化融合人才队伍建设？

（4）为促进我国两化融合人才队伍建设，你认为应出台怎样的政策？